Gabriele Winker
Care Revolution

X T E X T E

X T E X T E

Das vermeintliche »Ende der Geschichte« hat sich längst vielmehr als ein Ende der Gewissheiten entpuppt. Mehr denn je stellt sich nicht nur die Frage nach der jeweiligen »Generation X«. Jenseits solcher populären Figuren ist auch die Wissenschaft gefordert, ihren Beitrag zu einer anspruchsvollen Zeitdiagnose zu leisten. Die Reihe X-TEXTE widmet sich dieser Aufgabe und bietet ein Forum für ein Denken ›für und wider die Zeit‹. Die hier versammelten Essays dechiffrieren unsere Gegenwart jenseits vereinfachender Formeln und Orakel. Sie verbinden sensible Beobachtungen mit scharfer Analyse und präsentieren beides in einer angenehm lesbaren Form.

Denken für und wider die Zeit

Gabriele Winker (Prof. Dr.) lehrt und forscht an der TU Hamburg-Harburg und ist Mitbegründerin des Feministischen Instituts Hamburg.

Gabriele Winker

Care Revolution

Schritte in eine solidarische Gesellschaft

[transcript]

Bibliografische Information der Deutschen Nationalbibliothek
Die Deutsche Nationalbibliothek verzeichnet diese Publikation in der Deutschen Nationalbibliografie; detaillierte bibliografische Daten sind im Internet über http://dnb.d-nb.de abrufbar.

Umschlaggestaltung: Kordula Röckenhaus, Bielefeld
Printed in Germany
Print-ISBN 978-3-8376-3040-4
PDF-ISBN 978-3-8394-3040-8
EPUB-ISBN 978-3-7328-3040-4

Gedruckt auf alterungsbeständigem Papier mit chlorfrei gebleichtem Zellstoff.
Besuchen Sie uns im Internet: *http://www.transcript-verlag.de*
Bitte fordern Sie unser Gesamtverzeichnis und andere Broschüren an unter: *info@transcript-verlag.de*

Inhalt

Vorwort | 7

1 Einleitung | 9

2 Unzureichende Ressourcen für Care-Arbeit | 15
2.1 Zwei Begriffe für sorgende Arbeit | 16
2.1.1 Zum Begriff Reproduktionsarbeit | 17
2.1.2 Zum Begriff Care-Arbeit | 22
2.2 Von Familienernährern und Hausfrauen zu Arbeitskraftmanager_innen | 27
2.3 Mangelnde staatliche Unterstützung für Care-Arbeitende | 33
2.3.1 Neoliberaler Umbau des Sozialsystems | 33
2.3.2 Familienpolitik als Wirtschaftspolitik | 36
2.3.3 Pflegepolitik unter dem Diktat der Kostenbegrenzung | 45
2.4 Strategische Entthematisierung von Care-Arbeit | 52

3 Zeitnot und Existenzunsicherheit bei Care-Arbeitenden | 55
3.1 Differenzierte familiäre Strategien | 56
3.1.1 Ökonomisiertes Reproduktionsmodell | 58
3.1.2 Paarzentriertes Reproduktionsmodell | 61
3.1.3 Prekäres Reproduktionsmodell | 64
3.1.4 Subsistenzorientiertes Reproduktionsmodell | 66
3.1.5 Übermäßige Anforderungen in allen Modellen | 68
3.2 Belastende Arbeitsbedingungen in Care-Berufen | 71
3.2.1 Erzieher_innen in Kindertagesstätten | 72
3.2.2 Pflegekräfte in der stationären Altenpflege | 75
3.2.3 Care-Beschäftigte in Privathaushalten | 78
3.3 Erschöpfte Sorgearbeitende | 82

4 Krise sozialer Reproduktion | 91
4.1 Kapitalismusanalyse aus intersektionaler Perspektive | 93
4.2 Kostenreduktion als Reaktion auf die Überakkumulationskrise | 97
4.3 Facetten der Krise sozialer Reproduktion | 101
4.3.1 Steigende Kosten der Reproduktion der Arbeitskraft im Gesundheitsbereich | 101
4.3.2 Qualifikationsdefizite wegen beschränkter Ressourcen im Bildungssystem | 106
4.3.3 Fehlende Fachkräfte aufgrund von Belastungen in der Reproduktionsarbeit | 109
4.3.4 Demotivation und krankheitsbedingte Ausfälle der Beschäftigten | 112
4.4 Krise sozialer Reproduktion als Moment der Überakkumulationskrise | 114

5 Auf dem Weg zu einer Care-Bewegung | 119
5.1 Care-Initiativen zwischen Reformforderungen und grundlegender Gesellschaftskritik | 120
5.2 Chancen solidarischen Handelns | 131
5.2.1 Gemeinsamkeiten trotz unterschiedlicher Lebenslagen | 131
5.2.2 Überschneidungen in der Zielsetzung trotz unterschiedlicher Politikkonzepte | 134

6 Care Revolution als Transformationsstrategie | 139
6.1 Das Konzept der Care Revolution | 140
6.2 Schritte in eine solidarische Gesellschaft | 148
6.2.1 Vernetzung von Care-Aktivist_innen | 152
6.2.2 Realisierung von Zeitsouveränität und Existenzsicherheit | 154
6.2.3 Ausbau sozialer Infrastruktur | 160
6.2.4 Demokratisierung und Selbstverwaltung des Care-Bereichs | 165
6.2.5 Vergesellschaftung aller Produktionsmittel | 170
6.2.6 Kultur des Miteinanders und der Solidarität | 176

7 Ausblick | 179

Literatur | 183

Tabellen | 201

Vorwort

Sorgearbeit, meist von Frauen geleistet und häufig nicht entlohnt, nimmt als Thema meiner wissenschaftlichen und politischen Tätigkeit seit vielen Jahren einen großen Raum ein. Mir geht es darum, ihre Organisation im Kapitalismus und die damit verbundenen sozialen Ungleichheiten zu verstehen und zu benennen. Dabei wird mir immer klarer, dass gerade in Zeiten der neoliberalen Individualisierung jegliche politische Initiative Menschen als soziale Wesen mit ihren Bedürfnissen nach Kooperation, Unterstützung oder Zuwendung ernst zu nehmen hat. Entsprechend stelle ich den Wunsch, für sich und andere zu sorgen und selbst Sorge zu erfahren, ins Zentrum meines Transformationsvorschlags. Meine Hoffnung ist, dass sich in diesem Konzept der Care Revolution viele Sorgearbeitende treffen und gemeinsam Schritte gehen können. Daraus kann sich die konkrete Utopie einer solidarischen Gesellschaft entwickeln, mit sicherlich spannenden und überraschenden Wendungen.

Mir ist es wichtig, die Ergebnisse meiner wissenschaftlichen Arbeit und meiner politischen Erfahrungen noch umfassender zur Diskussion zu stellen; deswegen habe ich sie in diesem Buch zusammengefasst. Dieses Buch wäre allerdings nie zustande gekommen ohne all die vielen Freund_innen, Kolleg_innen, Mitstreiter_innen, welche die Idee der Care Revolution positiv aufgenommen, weitergedacht und vor allem Schritte in diese Richtung unternommen haben. Insbesondere bei der Vorbereitung und Durchführung der Aktionskonferenz Care Revolution im März 2014 und der daran anschließenden Gründung des bundesweiten Netzwerkes Care Revolution habe ich viel gelernt. Mit zahlreichen engagierten Menschen durfte ich zusammen debattieren, streiten, demonstrieren und träumen. Dabei habe ich viel konstruktive Kritik und Ermutigung erfahren.

Alle, die mein Denken und Handeln maßgeblich beeinflusst haben, kann ich hier nicht aufzählen. Stellvertretend nenne ich einige der vielen Menschen, mit denen ich in regelmäßigem Austausch meine feministisch-marxistischen Überlegungen zu einem an Care orientierten Weg in eine solidarische Gesellschaft schärfen konnte. Ich danke in diesem Sinn herzlich: Alexandra Wischnewski, Anja Ann Wiesental, Anna Köster-Eiserfunke, Arnold Schnittger, Barbara Fried, Jette Hausotter, Jutta Meyer-Siebert, Kathrin Ganz, Kathrin Schrader, Mario Candeias, Martin Winker, Melanie Groß, Stefan Paulus, Tanja Carstensen, Veronika Steidl, Wibke Derboven und selbstverständlich auch all den vielen hier nicht namentlich genannten Care-Revolutionär_innen. Besonders danken möchte ich meinem Freund und Lektor, Matthias Neumann, der auch die Internetrecherche zur Darstellung einzelner Care-Initiativen in Kapitel 5 durchgeführt hat und mich mit kritisch-solidarischen Hinweisen immer wieder zum Weiterdenken und Weiterschreiben angeregt hat. Ohne die Inspiration all dieser Aktivist_innen hätte ich dieses Projekt nicht zu Ende gebracht. Ich hoffe sehr, dass es zu Diskussionen und politischem Handeln voller Energie anregt. Auf die Care Revolution!

Gabriele Winker im Januar 2015

1 Einleitung

In der Bundesrepublik Deutschland, einem der reichsten Länder der Welt, werden Jahr für Jahr mehr Güter und Dienstleistungen produziert. Dies illustrieren die Wachstumsraten des Bruttoinlandsprodukts. Gleichzeitig nehmen Armut und prekäre Lebensverhältnisse zu. Gründe dafür sind Teilzeitbeschäftigungen, Niedriglöhne, Zeiten der Erwerbslosigkeit und in der Folge unzureichende Renten. Während nach wie vor viele Menschen von Erwerbslosigkeit betroffen sind, arbeiten Beschäftigte immer intensiver und – wenn in Vollzeit tätig – auch länger. Bei der oft ergebnislosen Suche nach einem Arbeitsplatz oder im Bemühen, den Anforderungen der Berufsarbeit gerecht zu werden, verlieren sich viele Menschen in Stress und Hektik. Die resultierende Zeitnot gefährdet zunehmend die Qualität sozialer Beziehungen. Jede_r Einzelne ist damit beschäftigt, sich selbst über Wasser zu halten.

Das Wirtschaftswachstum geht nicht mit einer Erhöhung der gesamtgesellschaftlichen Lebensqualität einher, sondern mit einer zunehmend ungleichen Verteilung und damit einer verschärften Polarisierung zwischen reich und arm. Dies führt zu massiven Problemen für die große Mehrheit der Menschen: Wegen des Mangels an zeitlichen und materiellen Ressourcen werden viele den hohen Anforderungen etwa an lebenslange Qualifizierung oder körperliche Fitness nicht gerecht. Sie hasten im alltäglichen Hamsterrad und sehen keine Möglichkeit zum Absprung; in der Folge kommt die Sorge für sich selbst zu kurz.

Besondere Belastungen und Überforderungen erleben Menschen, die Sorgearbeit für andere Personen übernehmen. Entweder reduzieren sie wegen der Sorgeverpflichtungen ihre Erwerbsarbeitszeit und finden sich aktuell oder in Zukunft in einer prekären Lebenslage wieder oder aber sie leben mit einer hohen Doppelbelastung und dem dauernden Gefühl, den Anforderungen nicht gerecht zu werden, auch wenn sie selbst bis an ihre physischen und psychischen Grenzen gehen. So werden Kindererziehung und Unterstützung pflegebedürftiger Angehöriger oder Freund_innen zu einem Balanceakt, der immer wieder scheitert. Verschärfend kommt in dieser Situation hinzu, dass sozialstaatliche Unterstützungsleistungen im Gesundheits- oder Bildungssystem ab- statt ausgebaut werden. Arbeit ohne Ende wird somit zur alltäglichen Realität. Muße ist zum Fremdwort geworden. So wird in diesem Prozess profitgeleiteten Wachstums nicht nur, wie allgemein wahrgenommen, das Ökosystem der Erde zerstört, sondern gleichzeitig der Mensch.

Die Unzufriedenheit mit diesen und vielen anderen alltäglichen Bedrängungen ist groß. Gleichzeitig nimmt eine Mehrheit der Bevölkerung ihre Lebensumstände, in denen sie sich zurechtfinden muss, als nicht veränderbar hin. Eine Verbesserung erscheint nur möglich, indem jede_r sich selbst eine bessere Nische erkämpft. Dies hängt in hohem Maß damit zusammen, dass beinahe flächendeckend das neoliberale Credo wirkt: Jede Person ist für ihr eigenes Leben selbst verantwortlich; niemand darf sich in der sogenannten Hängematte eines stark ausgedünnten Sozialsystems ausruhen. Von jeder Person wird Leistung im Beruf, aber auch in der Ausbildung, im Studium, in der Schule, ja bereits im Kindergarten erwartet. Wer diesen Leistungswahn nicht mitmachen will oder kann, verliert den Anschluss. Selbst schuld, ist ein häufiger Kommentar der Durchsetzungsfähigen und -willigen.

Dabei wird oft übersehen, dass diese bedrückende Entwicklung nicht diejenigen hervorbringen, die unter ihr leiden. Vielmehr liegt dieser Situation ein System zugrunde, das bewusst in Frage gestellt werden muss, soll sich tatsächlich etwas ändern. In einer kapitalistischen Gesellschaft wird nur dort investiert und gegen Lohn gearbeitet, wo Profite erwartet werden. Sorgetätigkeiten sind meist nicht gewinnträchtig, sondern stellen einen Kostenfaktor dar, den es aus kapitalistischer Sicht zu minimieren gilt. Die staatliche Daseinsvorsorge wird in der gegenwärtigen Krisensituation den steigenden Anforderungen immer weniger gerecht. Die entstehende Lücke wird durch unbezahlte Arbeit insbesondere von Frauen in Familien gefüllt. So lassen sich Lohnkosten und Staatsausgaben begrenzen, was direkt oder indirekt den Profit erhöht.

Dieses Primat der Kapitalverwertung zeigt sich auch im Umgang des Staates mit Migrant_innen. Innerhalb der Europäischen Union sind Freizügigkeit und Zugang zum Arbeitsmarkt garantiert, nicht allerdings der Zugang zur Grundsicherung. Die von außerhalb der EU nach Deutschland migrierenden Menschen werden eingesetzt, wenn sie als Fachkräfte gut ausgebildet oder im Niedriglohnbereich noch günstiger als die einheimische Bevölkerung sind. Ansonsten werden sie aus der BRD ausgewiesen beziehungsweise bereits an den Grenzen der EU abgewiesen.

Doch wie lässt sich diese Situation beeinflussen oder grundlegend verändern? Viele Menschen sind resigniert. Täglich wird über die Massenmedien vermittelt, dass es zu dieser Form des Wirtschaftens keine Alternative gebe. So scheint in der BRD eine Art gesamtgesellschaftlicher Depression vorzuherrschen: Das erlebte soziale Leid nimmt zu, aber positive Einflussnahme und Gegensteuern scheinen nicht möglich zu sein. Es fehlt weitgehend die Vorstellung, dass Menschen grundsätzlich auf ihre Lebensbedingungen Einfluss nehmen können, es sei denn durch Selbstoptimierung und bestmögliche Anpassung.

Gleichzeitig wächst allerdings das Bewusstsein, dass in der heutigen Gesellschaft etwas grundlegend nicht stimmt. Im Rahmen des kapitalistischen Systems lassen sich schon lange viele menschliche Bedürfnisse nicht befriedigen. Insbesondere in den Bereichen von Erziehung und Bildung sowie von Gesundheit und Pflege sind die Mängel offensichtlich. So gibt es durchaus an vielen Orten Menschen, die sich im Kleinen gegen die Hindernisse wehren, die ihnen bei der Bewältigung ihres Alltags in den Weg gelegt werden. Zahlreiche Initiativen auch in der BRD setzen sich bereits für bessere Kinderbetreuung, für qualitativ hochwertige soziale Infrastruktur, für existenzielle Absicherung aller Menschen ein, insbesondere auch von Familien mit Kindern oder unterstützungsbedürftigen Angehörigen, von chronisch Kranken oder Geflüchteten. Notwendig ist allerdings, dass diese vielfältigen sozialen Initiativen, die als Reaktion auf Missstände und soziales Leid im Alltag entstehen, an politischer Kraft gewinnen, indem sie sich gegenseitig wahrnehmen, sich zusammenschließen und damit sichtbarer werden. In einer solchen Care-Bewegung, die grundlegende Bedürfnisse von Menschen ins Zentrum sozialer Auseinandersetzungen stellt, können sich wichtige Ansatzpunkte für Gesellschaftsveränderung entwickeln.

Das vorliegende Buch wendet sich gegen das neoliberale Credo und die dahinter stehenden gesellschaftlichen Strukturen, indem es einen einfachen

Gedankengang als Grundlage nimmt: Jeder Mensch hat das Recht auf ein erfülltes Leben, ein gutes Leben. Eine Gesellschaft muss sich daran messen lassen, ob sie in der Lage ist, die Bedingungen hierfür zu gewährleisten. Ist dies für die große Mehrheit der Bevölkerung nicht der Fall, obwohl die Möglichkeit bestünde, steht dieses System in Frage.

In dieser Situation gilt, was Rosa Luxemburg 1918 sagt: „Die revolutionäre Tat ist stets, *auszusprechen das, was ist.*" (Luxemburg 2000: 462) In diesem Sinn möchte ich hier einiges von dem, was Menschen in Hinblick auf Care in der BRD erfahren, zur Sprache bringen und analysieren. Ferner setze ich mich im Folgenden damit auseinander, warum diese Entwicklung so ist, wie sie ist, worin also die Gründe für die Einschränkungen in den alltäglichen Lebensbedingungen liegen. Gleichzeitig gehe ich auf die Suche nach Handlungsmöglichkeiten. Es geht mir darum, Wege zu einer Organisation des Zusammenlebens zu skizzieren, in der die gesellschaftlichen Entscheidungen nicht mehr an Macht, Einflusssphären, Konkurrenz und Gewinnmaximierung orientiert sind, sondern an dem Ziel, allen Menschen ein gutes Leben zu ermöglichen. Ich möchte darstellen, wie eine solche Gesellschaft im solidarischen politischen Handeln in der Familie, im Beruf, am Wohnort sowie in überregionaler und globaler Kooperation mit Leben erfüllt werden kann.

Sowohl in der Analyse als auch bei den Handlungsalternativen konzentriere ich mich auf die politisch-ökonomische Situation in der BRD. Das halte ich für erforderlich, weil die politischen und rechtlichen Rahmenbedingungen sich zwischen den Staaten stark unterscheiden. Dadurch kommen allerdings die transnationalen Zusammenhänge in der Darstellung zu kurz. Eine umfassende globale Analyse würde nicht nur den Rahmen des Buches sprengen, sondern sie ist mir derzeit auch nicht möglich.

Aus der genannten Aufgabenstellung ergibt sich für das vorliegende Buch folgender Aufbau: Zunächst beschreibe ich in Kapitel 2 die gesellschaftlichen Rahmenbedingungen, die häufig zur mangelnden Selbstsorge und zu großen Belastungen in der Sorge für andere führen. Zu Beginn gehe ich auf die Bedeutung und den Umfang von unentlohnter und erwerbsförmiger Care-Arbeit ein. Daran anschließend analysiere ich, welche Auswirkungen veränderte ökonomische und sozialpolitische Entwicklungen auf die in Familien erbrachte Reproduktionsarbeit haben. Es wird deutlich, dass heute Sorgearbeit weiterhin möglichst kostengünstig in Privathaushalten primär von Frauen geleistet wird. Alle Personen haben jedoch gleichzeitig die Aufgabe, je individuell über Erwerbsarbeit ihre Existenz zu sichern. Ferner erläutere ich, wie Familien-, Pflege- und Sozialpolitik konsequent neoliberal ausgerichtet sind. Somit ist die Unterstützung von Care-Arbeitenden derzeit kein Ziel staatlichen Handelns, sondern Mittel zum Zweck der Wirtschaftspolitik. Abschließend begründe ich, dass eine entscheidende Voraussetzung für dieses Vorgehen ist, dass Reproduktionsarbeit als notwendige Tätigkeit, die Zeit benötigt, nicht thematisiert wird.

In der Folge gehe ich in Kapitel 3 darauf ein, wie in dieser schwierigen Situation familiäre Care-Arbeitende je nach ihren finanziellen Ressourcen und je nach dem Ausmaß der Sorgeverpflichtungen unterschiedlich reagieren. Dabei zeigt sich, dass alle familiären Handlungsstrategien mit großen Belastungen für Sorgearbeitende verbunden sind und in keiner Weise das Kriterium guter Sorge und Selbstsorge für alle Beteiligten erfüllen. Daran anschließend stelle ich die Arbeitsbedingungen im entlohnten Care-Bereich dar, wo beispielsweise Erzieher_innen, Pflegekräfte oder Haushaltsarbeiter_innen bei geringem Lohn und in teilweise sozial nicht abgesicherten Beschäftigungsverhältnissen gesellschaftlich notwendige Care-Arbeit leisten und, vergleichbar mit der Situation Sorgearbeitender in Familien, grundlegend unter Überlastung leiden.

In Kapitel 4 erläutere ich, dass die Überforderungen in der Sorge und Selbstsorge nicht auf massenhaftem individuellem Versagen beruhen, sondern in der Logik des kapitalistischen Systems begründet sind. Es wird deutlich, warum es unter dieser Voraussetzung nicht gelingen kann, ein gesellschaftliches Zusammenleben zu realisieren, das es allen Menschen ermöglicht, sich zu bilden und zu entwickeln, sozialen Aufgaben wie der Kindererziehung ohne Existenzsorgen nachzugehen und auch als kranke oder gesundheitlich eingeschränkte Menschen eine optimale Versorgung zu erhalten. Dies gilt gegenwärtig in ganz besonderem Maß, da sich die Ökonomie weltweit in einer Krise befindet. Der Versuch, in der Folge die Staatsausgaben zu begrenzen, beschränkt die Mittel, die für die soziale Infrastruktur notwendig sind. Diese Entwicklung hat ein Ausmaß erreicht, bei dem die Reproduktion der Arbeitskraft selbst leidet. Deswegen beeinträchtigt diese kostensenkende Politik wiederum die Verwertung des Kapitals, denn Unternehmen benötigen flexible, gesunde, qualifizierte, motivierte Fachkräfte. Diese Entwicklung bezeichne ich als Krise sozialer Reproduktion.

Diese Krise sozialer Reproduktion verschlechtert die Arbeits- und Lebensbedingungen vieler Menschen. Gleichzeitig gibt es bereits eine Vielzahl von Initiativen in Care-Bereichen, die sich dagegen zur Wehr setzen. In Kapitel 5 gehe ich am Beispiel von neun Initiativen auf deren Ziele, Themen und Aktionen ein. Ich zeige, dass sie mit verschiedenartigen Handlungsstrategien unterschiedliche Ziele verfolgen, aber auch grundsätzliche Gemeinsamkeiten haben. So orientieren sich die Gruppen und Organisationen an den Bedürfnissen sowohl der Sorgearbeitenden als auch der Menschen, die umsorgt werden. Menschliche Würde ist hierbei ein zentraler Begriff. Indem sie sich aufeinander beziehen und punktuell zusammenarbeiten, können diese Initiativen sichtbarer und politisch handlungsmächtiger werden.

Als Konsequenz meiner Analyse plädiere ich in Kapitel 6 für einen Perspektivenwechsel. Mit dem Begriff der Care Revolution bezeichne ich eine Transformationsstrategie, die zeitliche und materielle Ressourcen für Selbstsorge und Sorge für andere und damit menschliche Bedürfnisse konsequent ins Zentrum der Politik stellt. Ich erläutere einzelne Schritte einer solchen Care Revolution. Dabei geht es darum, dass alle Menschen die Möglichkeit erhalten, ihre Bedürfnisse zu befriedigen und ihre Fähigkeiten in vielen Lebensbereichen jenseits des dominanten Leistungsprinzips zu entfalten. Dieses Ziel einer solidarischen Gesellschaft skizziere ich als konkrete Utopie, die sich auf jetzt schon vorhandene Möglichkeiten und reale Akteur_innen bezieht. Die Überlegungen, die ich hier entwickle, sind als Anregung für weiterführende Diskussionen gedacht.

Das Buch endet in Kapitel 7 mit einem Ausblick, in dem ich die Ergebnisse kurz zusammenfasse. Dabei wird deutlich, dass der krisenhafte Kapitalismus selbst die Systemfrage und den Übergang in eine solidarische Gesellschaft auf die Agenda setzt, indem er unfähig ist, die Befriedigung grundlegender menschlicher Bedürfnisse zu ermöglichen. Auch wenn das Erreichen dieses Ziels massive soziale Auseinandersetzungen voraussetzt, gibt es heute bereits vielfältige Aktivitäten, in denen Aktivist_innen sich gegenseitig solidarisch unterstützen und politische Erfolge erzielen. Gerade weil das alltägliche Leben voller Belastungen, Überforderungen und Existenznöte ist, möchte das Buch mit der Transformationsstrategie einer Care Revolution und dem Ziel einer solidarischen Gesellschaft Mut machen und vermitteln, dass es sich gut anfühlen kann, sich als Care Revolutionär_in gemeinsam mit anderen auf den Weg zu machen.

2 Unzureichende Ressourcen für Care-Arbeit

In diesem Kapitel beschäftige ich mich mit dem Stellenwert von Care-Arbeit beziehungsweise Sorgearbeit. Diese beiden Begriffe verwende ich synonym. Sorgearbeit ist eine Tätigkeit, die jede Person ausführt. Menschen kochen, erziehen Kinder, beraten Freund_innen, versorgen unterstützungsbedürftige Angehörige. Viele Menschen sind in diesem Bereich auch berufstätig, beispielsweise als Haushaltsarbeiter_in, Pflegekraft, Erzieher_in, Lehrer_in oder Sozialarbeiter_in. Gleichzeitig wird diese Sorgearbeit in der heutigen Gesellschaft primär von Frauen geleistet, abgewertet, nicht ausreichend unterstützt und schlecht entlohnt. Im Folgenden geht es mir darum, die Gründe hierfür darzulegen.

Um mich der Besonderheit und dem gesellschaftlichen Stellenwert von Care-Arbeit anzunähern, nehme ich in Abschnitt 2.1 zunächst eine Begriffsbestimmung vor: Ich halte eine Abgrenzung von Care-Arbeit und Reproduktionsarbeit für sinnvoll und plädiere daher für die Verwendung beider Begriffe in ihrer jeweiligen Besonderheit. In Abschnitt 2.2 verdeutliche ich, wie sich die Rahmenbedingungen für die zur Reproduktion der Arbeitskraft notwendige Arbeit, die in Familien getätigt wird, in den letzten 40 Jahren entscheidend verändert haben. Dies hat zu enormen Belastungen für familiäre Sorgearbeitende geführt. Daran anschließend zeige ich in Abschnitt 2.3, dass die neoliberale Familien- und Pflegepolitik der Problematik von fehlender Zeit und unzureichender finanzieller Unterstützung für Sorgearbeit nicht entgegenwirkt, sondern diese durch ihre Kostensenkungspolitik verschärft. Gleichzeitig verschlechtern sich dadurch auch die Arbeitsbedingungen der Beschäftigten im Care-Bereich. In Abschnitt 2.4

komme ich zu der Feststellung, dass in der bundesdeutschen Gesellschaft Care-Arbeit systematisch entthematisiert und abgewertet wird, auch wenn sie für alle Menschen lebensnotwendig und für die Aufrechterhaltung des kapitalistischen Systems grundlegend ist.

2.1 ZWEI BEGRIFFE FÜR SORGENDE ARBEIT

Obwohl Menschen auf Sorgearbeit existenziell angewiesen sind, fehlt eine präzise Begriffsbestimmung dieser Arbeit. Zwar beinhaltet Arbeit grundsätzlich alle Tätigkeiten zum Zweck der Existenzsicherung (McDowell 2009), dennoch wird im Alltagssprachgebrauch Arbeit meist mit entlohnter Arbeit gleichgesetzt. Damit verschwindet die unentlohnte Sorgearbeit aus dem Bewusstsein, wird unreflektiert zur Freizeit gerechnet und bleibt damit unsichtbar.

Auch innerhalb sozialer Bewegungen gibt es zwei Probleme mit der Begriffsbestimmung. Erstens wird problematisiert, ob überhaupt einer der Begriffe – Reproduktionsarbeit und Care-Arbeit – dafür taugt, politisch gegen die Abwertung von sorgenden Tätigkeiten in Familien und in Care-Berufen einzutreten, da beide Begriffe unverständlich seien. Auch der Begriff Sorgearbeit wird für nicht geeignet gehalten. Dahinter steht das oben beschriebene Problem, dass nicht entlohnte Sorgearbeit in der Regel überhaupt nicht benannt wird und es deswegen ungewohnt ist, von den alltäglichen sorgenden Tätigkeiten als Arbeit zu sprechen. Ich halte es daher bereits für einen wertvollen politischen Schritt, sich die Begriffe Care- oder Sorgearbeit sowie Reproduktionsarbeit anzueignen. Nur auf diese Weise lässt sich Sorgetätigkeit als notwendige Arbeit ins Zentrum politischer Diskussionen holen.

Zweitens wird häufig anhand der Entscheidung für einen der beiden Begriffe, Reproduktionsarbeit oder Care-Arbeit, versucht, politische Abgrenzungen deutlich zu machen, da mit dem jeweiligen Begriff bestimmte konkrete Inhalte verbunden seien. Diese Einordnung von Sprechenden oder Schreibenden über die Benutzung oder Nicht-Benutzung von Begriffen verhindert allerdings den gerade erst beginnenden Prozess der vertieften Auseinandersetzung mit einem sehr großen Lebensbereich. Das sind die beiden Gründe, warum ich zu Beginn eine differenzierte Begriffsbestimmung vorlege. Diese soll das Lesen im weiteren Verlauf erleichtern und klärt hoffentlich, warum es durchaus sinnvoll sein kann, beide Begriffe zu verwenden, um auf diese Weise differenzierter argumentieren zu können.

Lange bevor sich, verstärkt seit der Jahrtausendwende, in der BRD der Begriff der Care-Arbeit eingebürgert hat, wurde der Begriff Reproduktionsarbeit verwendet. Dieser ist im Rahmen der zweiten Frauenbewegung entstanden und wurde damals vor allem von marxistisch orientierten Feminist_innen benutzt. Wie ich im Folgenden ausführen werde, verstehe ich unter Reproduktionsarbeit als Gegenstück zur Lohnarbeit die unentlohnte Arbeit, meist in familiären Zusammenhängen und von Frauen ausgeführt, die für die Reproduktion der Arbeitskraft notwendig ist. Der Begriff der Reproduktionsarbeit unterscheidet somit die unentlohnte Haus- und Sorgearbeit von der Lohnarbeit und fokussiert auf die Form und Funktion dieser Arbeit im Kapitalismus. Der Begriff Care-Arbeit nimmt dagegen die Arbeitsinhalte in den Blick und bezeichnet die konkreten Sorgetätigkeiten, also das Erziehen, das Pflegen, das Betreuen, das Lehren, das Beraten. Diese Care-Arbeit kann unentlohnt in Familien oder auch in Vereinen oder Initiativen erbracht werden. Sie kann aber auch entlohnt in staatlichen Institutionen, in Einrichtungen von sogenannten Wohlfahrtsverbänden oder in privatwirtschaftlichen Unternehmen stattfinden. Da Care-Arbeit auf die arbeitsinhaltliche Seite von sorgenden Tätigkeiten verweist, hat sie auch in der Diskussion grundlegender menschlicher Bedürfnisse und des Entwurfs einer Gesellschaft, die an diesen Bedürfnissen orientiert ist, einen zentralen Stellenwert. Deswegen spreche ich auch von Care Revolution.

Im Folgenden vertiefe ich die Differenzierung der beiden Begriffe – Reproduktionsarbeit und Care-Arbeit –, um im weiteren Verlauf der Argumentation verdeutlichen zu können, mit welcher Perspektive ich jeweils auf Arbeit in Familien und Care-Berufen schaue.

2.1.1 Zum Begriff Reproduktionsarbeit

Die zweite Frauenbewegung sowie die Frauen- und Geschlechterforschung kritisieren seit fast einem halben Jahrhundert mit Nachdruck die Engführung des Arbeitsbegriffs als Erwerbsarbeit und machen deutlich, wie unverzichtbar für das gesellschaftliche Wohlergehen die unbezahlte Haus- und Sorgearbeit ist (u.a. Bock/Duden 1977, Kontos/Walser 1979). In den 1970er Jahren wurde für diese unbezahlten Tätigkeiten in Familien von feministisch-marxistischer Seite der Begriff Reproduktionsarbeit eingeführt. Darunter werden Tätigkeiten jenseits der Lohnarbeit (oder einer anderen Erwerbsarbeit) gefasst, die zur Erhaltung der menschlichen Arbeitskraft notwendig sind (Notz 2010). Die Untersuchung von Silvia Kontos und Karin Walser (1979: 19) „geht aus von der allgemeinen gesellschaftlichen Funktion der familialen Hausfrauenarbeit als der immer noch *zentralen Institution zur Reproduktion menschlicher Arbeitskraft* und begreift die Hausarbeit dementsprechend als eine *Einheit von materiellen und psychischen Reproduktionsleistungen*".

Daran anschließend verstehe ich unter Reproduktionsarbeit die unter den jeweiligen kapitalistischen Bedingungen zur Reproduktion der Arbeitskraft notwendigen Tätigkeiten, die nicht warenförmig, sondern ausschließlich gebrauchswertorientiert in familialen und zivilgesellschaftlichen Bereichen geleistet werden. Diese umfassen vor allem die Ernährung, Erziehung und Bildung von Kindern und Jugendlichen als neuer Generation von Arbeitskräften sowie die Reproduktion der eigenen Arbeitsfähigkeit und auch Unterstützungsleistungen zur Reproduktion der Arbeitsfähigkeit anderer Erwerbspersonen. Reproduktionsarbeit im breiten Sinn fokussiert dabei nicht nur auf die Wiederherstellung von Arbeitskraft, sondern bezieht das Wohlbefinden unterstützungsbedürftiger Menschen und damit auch die Versorgung ehemaliger Arbeitskräfte ein. Dies halte ich deswegen für angemessen, weil sich der Einbezug alter und kranker Menschen in den Arbeitsmarkt historisch verändert. Derzeit wird beispielsweise das Rentenalter erhöht, der Zugang zur Erwerbsminderungsrente erschwert und die Rentenbezüge so gekürzt, dass Rentner_innen zur Absicherung ihrer Existenz auch im hohen Alter erwerbstätig sein müssen. Ebenso wird über das Versprechen, die Existenz ehemaliger Arbeitskräfte abzusichern, das kapitalistische System politisch stabilisiert.

Zu betonen ist, dass Reproduktionsarbeit in dieser Definition nicht nur die Sorgearbeit für andere umfasst, sondern auch all das, was eine Person tut, um sich selbst zu versorgen und immer wieder neu zu stabilisieren, so dass sie leistungsfähig bleibt und sich als Arbeitskraft verkaufen kann. Demgemäß gehört Selbstsorge, also die Sorgearbeit für sich selbst, zur Reproduktionsarbeit, was auch Kerstin Jürgens (2006) mit Nachdruck betont. „Bliebe diese Leistung [der Selbstsorge – GW] aus, würde nicht nur die Nutzung von Arbeitskraft, sondern auch die Person insgesamt scheitern." (Heiden/Jürgens 2013: 18)

Dem Begriff der Arbeit – sei es Lohn- oder Reproduktionsarbeit – stelle ich in Anlehnung an das von Karl Marx konzipierte „Reich der Freiheit“ (MEW 25: 828) den Begriff der Muße gegenüber. Arbeit bestimme ich als zielbezogene und zweckgerichtete Tätigkeit zur Existenzsicherung – unmittelbar oder mittelbar als Bestandteil der gesellschaftlichen Produktion von Gütern und Dienstleistungen. Dagegen verstehe ich unter Muße Tätigkeiten, die nicht durch eine äußere Zweckmäßigkeit, sondern aus sich heraus motiviert sind und als Selbstzweck ausgeführt werden.

Inwiefern eine Person Tätigkeiten der Selbstsorge – Mahlzeiten zubereiten, Sport treiben, sich weiterbilden – als Selbstzweck oder für die Aufrechterhaltung des Arbeitsvermögens für einen Arbeitsplatz oder Beruf betreibt, ist weder allgemein-gesellschaftlich noch für das einzelne persönliche Leben klar zu beantworten. Die vorgenommene Trennung ist eher analytischer Natur: Steht im Vordergrund einer Tätigkeit die Aufrechterhaltung der eigenen Arbeitskraft, so verstehe ich dies als Selbstsorge beziehungsweise Sorgearbeit für sich selbst. Steht im Vordergrund, dass die Tätigkeit nicht von dieser Leistungsanforderung bestimmt ist und tatsächlich als Selbstzweck ausgeübt wird, benenne ich dies als Muße.

Der Umfang der Reproduktionsarbeit betrug in der BRD im Jahre 2001 mit einem Gesamtvolumen von 96 Mrd. Stunden das 1,7-fache der insgesamt 56 Mrd. Stunden Erwerbsarbeit (BMFSFJ/Statistisches Bundesamt 2003: 11).[1] Diese Arbeiten wurden zu 61% von Frauen erbracht (ebd.: 9). Das hier genannte Ausmaß der Reproduktionsarbeit unterschätzt den tatsächlichen Umfang, da sich diese Studie auf Haus- und Sorgearbeit im engeren Sinn konzentriert; viele Aufgaben im Bereich der Bildung und der Gesundheit sind nicht erfasst. So werden Haus- und Gartenarbeit, Kochen und Spülen, Wohnungsreinigung, Wäsche, Tier- und Pflanzenpflege, Einkaufen und Haushaltsorganisation, Betreuung und Pflege von Kindern und von erwachsenen Haushaltsmitgliedern sowie ehrenamtliche Tätigkeiten einbezogen. Nicht einbezogen sind jedoch Tätigkeiten wie das lebenslange Lernen oder die Aufrechterhaltung der körperlichen Fitness, die immer

1 Diese umfassende Zeitstudie, in der die realisierte Erwerbsarbeit ebenso quantifiziert wird wie die unentlohnte Haus- und Sorgearbeit, wird nur alle 10 Jahre durchgeführt, da sie sehr aufwendig ist. Die Datengewinnung der aktuellen Studie ist abgeschlossen, die neuen Ergebnisse waren jedoch bei Drucklegung noch nicht veröffentlicht.

mehr Bedeutung gewinnen, um als Lohnarbeiter_in tätig bleiben zu können.

Bei der Frage nach der Verschränkung von Lohn- und Reproduktionsarbeit ist es hilfreich, auf die arbeitswerttheoretischen Überlegungen von Marx zurückzugreifen, auch wenn er den Begriff der Reproduktionsarbeit nicht kennt. Ihm zufolge ist der Wert der Arbeitskraft gleich dem jeder anderen Ware durch die gesellschaftlich im Durchschnitt notwendige Arbeitszeit bestimmt, die zur Produktion beziehungsweise Reproduktion dieser spezifischen Ware notwendig ist (MEW 23: 184). In diesen Wert fließen nicht nur die Kosten für die Aufrechterhaltung der Arbeitskraft der Lohnarbeitenden ein, sondern auch die Reproduktionskosten für eine neue Generation (ebd.: 185f., 417). Lohnarbeitende erhalten den Wert ihrer Arbeitskraft in Form des Lohns, von dem sie sich selbst unterhalten und Kinder groß ziehen können. Der Wert der Ware Arbeitskraft und damit auch der Durchschnittslohn hängt also direkt von der Menge der Güter und Dienstleistungen ab, die Lohnarbeitende für ihre eigene Reproduktion und die von ihnen finanziell abhängiger Familienmitglieder benötigen. Dabei betont Marx, dass „die Wertbestimmung der Arbeitskraft ein historisches und moralisches Element“ enthält (ebd.: 185). Das bedeutet, dass das gesellschaftliche Kräfteverhältnis zwischen Kapitalbesitzenden und Lohnabhängigen, über das bestimmt wird, was zum gesellschaftlich anerkannten Niveau der Reproduktion gehört, in die Wertbestimmung der Arbeitskraft einfließt.

Marx betrachtet allerdings bei der Wertbestimmung der Arbeitskraft nur die Sphäre der Warenproduktion und vernachlässigt damit den Teil der zur Reproduktion der Arbeitskraft notwendigen Arbeit, der nicht entlohnt wird. Arbeiter_innen reproduzieren sich nicht nur dadurch, dass sie Waren konsumieren, die sie von ihrem Lohn kaufen, sondern auch durch all die Haus- und Sorgearbeit, die nicht entlohnt in privaten Haushalten ausgeführt wird. Feminist_innen präzisieren entsprechend das Konzept der Reproduktion der Arbeitskraft, indem sie auch die nicht entlohnte Arbeit einbeziehen, die in Familien außerhalb der Sphäre der Warenproduktion zur Reproduktion der Arbeiter_innen geleistet wird (Federici 2012). Sie weisen darauf hin, dass der jeweilige Anteil der gekauften Waren und der nicht entlohnten Haus- und Sorgearbeit an der Reproduktion der Arbeitskraft in gewissem Maß verschiebbar ist.

Im Unterschied zu jeder anderen Ware hat nun die Ware Arbeitskraft die Besonderheit, dass sie mehr Güter und Dienstleistungen produzieren kann als zu ihrer Reproduktion nötig ist. Diese Differenz, den Mehrwert, eignen sich die Produktionsmittelbesitzenden an. Daraus ergibt sich, dass es für die Verwertung des Kapitals nicht nur wichtig ist, dass Arbeitskraft reproduziert wird, sondern auch, dass diese Reproduktion möglichst günstig stattfindet. Wie dies konkret passiert – in Kleinfamilien oder in Wohngemeinschaften oder mit Unterstützung von im Haushalt zu niedrigen Löhnen Beschäftigten –, ist in der Logik des kapitalistischen Verwertungsprozesses weitgehend unbedeutend. Entscheidend ist, dass die entstehenden Reproduktionskosten die Profitrate nicht allzu sehr belasten und gleichzeitig zur Reproduktion einer Arbeitskraft führen, die hinsichtlich ihrer Qualifikation und ihrer physischen und psychischen Gesundheit in der Warenproduktion rentabel einsetzbar ist.

Mit steigender Erwerbsbeteiligung von Frauen fällt der durchschnittliche Lohn, da kein Familienlohn mehr erforderlich ist und zwei Familienmitglieder zur Deckung der Kosten des Lebensunterhalts einer Familie beitragen. Auch wenn eine solche Familie wegen fehlender Zeit für die Reproduktionsarbeit mehr Fertigwaren und Dienstleistungen kauft und damit für zwei Familienmitglieder mehr Lohn bezahlt werden muss als früher für eines, ist dies für die Verwertungsbedingungen dennoch günstig, da zwei Lohnarbeitende eine deutlich höhere Mehrarbeit liefern (MEW 23: 417). In dem Maß, in dem diese Personen neben der Erwerbstätigkeit zusätzlich unentlohnt Reproduktionsarbeit leisten, senkt dies den Wert der Arbeitskraft. Denn damit sind die Reproduktionskosten deutlich geringer als es der Fall wäre, wenn diese Arbeit entlohnt von Care-Beschäftigten realisiert würde. Zwar schafft die Reproduktionsarbeit selbst keinen Mehrwert, da die Arbeitskraft nicht warenförmig produziert wird. Sie kann aber indirekt die Höhe des Mehrwerts positiv beeinflussen, indem sie die durchschnittlichen Reproduktionskosten der Arbeitskraft verringert, weil bestimmte Waren wie beispielsweise der Nachhilfeunterricht durch ein Bildungsunternehmen, das Essen im Restaurant oder die Massage im Fitnessstudio nicht einbezogen werden müssen.

Deutlich wird, dass Lohn- und Reproduktionsarbeit strukturell aufeinander angewiesen sind. Auch hat die jeweilige Organisationsform gesellschaftlicher Reproduktion der Arbeitskraft einen wesentlichen Einfluss auf die Kosten der Ware Arbeitskraft, also den Durchschnittslohn (vgl. auch Paulus 2013).

2.1.2 Zum Begriff Care-Arbeit

Während sich der Begriff der unentlohnten Reproduktionsarbeit als Pendant zur Lohnarbeit auf die Bedeutung familiärer Sorgetätigkeiten für die Kapitalverwertung bezieht, rücken mit der seit den 1990er Jahren international verstärkt geführten Care-Debatte die konkreten Arbeitsinhalte der Sorgetätigkeiten, deren Besonderheiten und die dafür notwendigen Kompetenzen in den Vordergrund des Interesses. Im Zentrum der Diskussion stehen dabei Tätigkeiten in der Erziehung und Bildung sowie der Gesundheit und Pflege. Care-Arbeit zielt auf die Unterstützung der Entwicklung, Wiederherstellung und Aufrechterhaltung von intellektuellen, körperlichen und emotionalen Fähigkeiten einer Person (England/Folbre 2003, England 2005). Es handelt sich bei Care-Arbeit, wie Mascha Madörin (2006: 283) zusammenfasst, „um Leben erhaltende, lebensnotwendige Tätigkeiten, ohne die Gesellschaften nicht existenzfähig wären und wirtschaftliches Wachstum unmöglich wäre“. Während an dieser Stelle in den Debatten um Reproduktionsarbeit weiter nach der ökonomischen Bedeutung der Reproduktion der Arbeitskraft in der kapitalistischen Gesellschaft gefragt wird, begnügt sich die Care-Debatte mit dem Gedanken der Aufrechterhaltung des Arbeitsvermögens.

Der Begriff Care-Arbeit ersetzt zunächst im englischsprachigen Raum in den 1990er Jahren den davor üblichen Begriff der Hausarbeit. Berenice Fisher und Joan Tronto verwenden bereits 1990 den Begriff *caring work* und weisen darauf hin, dass *caring work* eine soziale Aktivität ist, die Machtstrukturen und sozialer Ungleichheit unterworfen ist. Dabei stehen zunächst die nicht entlohnten Sorgetätigkeiten primär von Frauen in familiären Zusammenhängen im Zentrum. Nancy Folbre (1995) bezieht etwas später auch die bezahlte Care-Arbeit ein. Heute ist es weitgehend unumstritten, dass Care-Arbeit bezahlte und unbezahlte Tätigkeiten umfasst. Madörin (2007: 142) konstatiert, dass in der internationalen Fachdebatte der feministischen Ökonomie „unter Care-Tätigkeiten meistens alle unbezahlten Arbeiten im Haushalt und alle bezahlten und unbezahlten Betreuungs- und Pflegearbeiten verstanden“ werden.

In einer kapitalistischen Gesellschaft können Care-Tätigkeiten auf unterschiedliche Weise realisiert werden. In der Regel werden sie in einem Mix aus unbezahlten Tätigkeiten innerhalb von Familien einerseits sowie staatlichen und privatwirtschaftlichen Dienstleistungen andererseits geleistet. So werden unter Care-Arbeit sowohl die Gesamtheit der familialen Sorgearbeit als auch Erziehungs- und Betreuungstätigkeiten in Institutionen wie Kindergärten, Schulen und Altersheimen verstanden (Brückner 2010). Empfänger_innen von bezahlter und unbezahlter Care-Arbeit sind damit Kinder sowie unterstützungsbedürftige Erwachsene, die zeitweise krank oder pflegebedürftig sind oder wegen dauerhafter intellektueller, physischer oder psychischer Beeinträchtigungen besondere Hilfeleistungen benötigen. Dazu kommt die unbezahlte familiäre Care-Arbeit zumeist von Frauen für primär männliche gesunde Erwachsene (Donath 2000, Gubitzer/Mader 2011). Teil dieses Komplexes von Sorgearbeit ist auch die Selbstsorge der einzelnen Haushaltsmitglieder.

Maren A. Jochimsen (2003) betont in diesem Zusammenhang, dass es sich bei Care-Arbeit oft um asymmetrische menschliche Beziehungen handelt, insofern eine Person auf Care-Leistungen angewiesen ist und die pflegende beziehungsweise betreuende Person für die abhängige Person Verantwortung übernimmt. Damit geht es in der Care-Arbeit häufig auch um Abhängigkeitsverhältnisse. Gerade Kleinkinder und Schwerkranke sind beinahe vollständig auf von anderen Menschen geleistete Sorgearbeit angewiesen. Die sorgeleistenden Personen stehen dann in der Verantwortung und können sich kaum gegen die Arbeitsanforderungen zur Wehr setzen; ihre Möglichkeit, die Arbeit zu verweigern, ist beschränkt. Entsprechend verweist Susan Himmelweit (2007) darauf, dass sich die Care-Debatte primär auf jene Verhältnisse bezieht, in denen Menschen deutlich mehr Care benötigen als sie geben können und andere entsprechend hohe Sorgeaufgaben haben. Dagegen steht weniger im Fokus, dass die Care-Arbeit auch zwischen zwei gesunden Erwachsenen häufig ungleich aufgeteilt ist. Dies hängt stark mit geschlechterhierarchischer Arbeitsteilung und der Wirksamkeit von Geschlechterstereotypen zusammen.

Insgesamt wird betont, dass es überwiegend Frauen sind, die die sorgenden Tätigkeiten ausführen. Da familiale Care-Arbeit keine gesellschaftliche Anerkennung als Arbeit erfährt, werden entsprechend auch personennahe Tätigkeiten wie Betreuung und Pflege in staatlichen oder privatwirtschaftlichen Dienstleistungsbereichen gering entlohnt.

Gleichzeitig wird in der Care-Debatte darauf verwiesen, welch hohe ökonomische Bedeutung dem Bereich der Care-Arbeit zukommt. Allerdings fehlt dazu nach wie vor umfassendes und differenziertes statistisches Material. Aus den vorhandenen Daten geht hervor, dass 2010 in der BRD 19,0% aller Erwerbstätigen in den Bereichen Gesundheits- und Sozialwesen (10,6%), Erziehung und Unterricht (6,2%) sowie Häusliche Dienste (2,2%) tätig waren (Statistisches Bundesamt 2013a: 343, vgl. Daten zur Schweiz bei Madörin 2007). Allerdings wird in den statistischen Daten im Bereich der privaten Haushalte die große Gruppe der in der Schattenwirtschaft arbeitenden Haushaltsarbeiter_innen nicht exakt erfasst. Da in den genannten Care-Bereichen überproportional in Teilzeit gearbeitet wird, lag der Anteil dieser Bereiche an der gesamten Erwerbsarbeitszeit mit 16,8% unter dem Anteil der Erwerbstätigen (Statistisches Bundesamt 2013a: 344). Berücksichtigt man die Unterschiede in der durchschnittlichen Arbeitszeit, ergibt sich, dass in der bezahlten Care-Arbeit (9 Mrd. Std.) und in der unbezahlten Care-Arbeit (96 Mrd. Std., vgl. BMFSFJ/Statistisches Bundesamt 2003: 11) mit zusammen 105 Milliarden Arbeitsstunden das 2,2-fache an Arbeitszeit geleistet wird, verglichen mit den übrigen Wirtschaftsbereichen (Landwirtschaft, Güterproduktion, nicht personenbezogene Dienstleistungen) (47 Mrd. Std.).[2] Anders ausgedrückt entfallen auf die Care-Arbeit insgesamt, also den bezahlten und unbezahlten Bereich zusammengenommen, in der BRD circa 69% der gesamten gesellschaftlichen Arbeitszeit.

In der wissenschaftlichen Care-Debatte beschäftigten sich viele Autor_innen mit den arbeitsinhaltlichen Besonderheiten von Care-Arbeit. Dabei ist man sich weitgehend einig, dass bei der Care-Arbeit der Personenbezug, die Beziehungen zwischen Menschen, im Zentrum steht. Kathleen Lynch und Judy Walsh (2009: 36) definieren sehr unterschiedliche Typen von Care-Arbeit als „other-centred work". Die Fokussierung auf andere Menschen ist damit das entscheidende Merkmal von Care-Arbeit, das mit großer zwischenmenschlicher Verantwortung verbunden ist. Da-

2 Für die Berechnung des Volumens der bezahlten Arbeitszeit in den Care-Bereichen sowie in den anderen Wirtschaftsbereichen ziehe ich die Daten von 2005 heran, da sie von den verfügbaren Daten zeitlich am Nächsten an den 2003 veröffentlichten Daten für die unbezahlte Sorgearbeit liegen und dem dort ausgewiesenen Arbeitsvolumen aller Wirtschaftsbereiche von 56 Mill. Arbeitsstunden entsprechen.

nach sind Lehrer_innen, Ärzt_innen, Therapeut_innen, Coaches, Pflegekräfte, Hebammen, aber auch Eltern und pflegende Angehörige Care-Arbeitende.

Einig ist man sich weiter, dass in der Care-Arbeit die Kommunikation einen hohen Stellenwert hat, weil interaktive Prozesse zwischen Sorgeleistenden und Sorgeempfangenden bedeutsam sind. Gerade weil Care-Arbeit kommunikationsorientiert und auf konkrete einzelne Menschen bezogen ist, ist sie auch sehr zeitintensiv. Sie kann damit nicht beliebig verkürzt oder standardisiert werden, ohne an Qualität zu verlieren. Dies hat die Auswirkung, dass in diesem Bereich Produktivitätssteigerungen, die nicht gleichzeitig die Qualität der Care-Arbeit verschlechtern, nur begrenzt möglich sind (Himmelweit 2007, Madörin 2011).

Ferner ist es kaum möglich, eine sinnvolle Trennlinie zwischen Haushaltsarbeit und Sorgearbeit zu ziehen. Denn diese Tätigkeitsbereiche überschneiden sich in der Praxis. Oft finden Kochen und Putzen beispielsweise neben und mit den zu betreuenden Kindern oder zu pflegenden Personen statt. Ich folge daher dem Vorschlag von Luise Gubitzer und Katharina Mader (2011), die die Unterteilung in direkte und unterstützende Care-Arbeit vorschlagen: Direkte Care-Arbeit ist jene mit und an anderen Menschen. Unterstützende Care-Arbeit wird für Personen gemacht, wie beispielsweise die Besorgung von Medikamenten und alle Hausarbeiten.

Care-Arbeit ist auch eine an individuellen Bedürfnislagen orientierte Arbeit. Bridget Anderson (2001: 6) betont zu Recht, dass es einen Zusammenhang zwischen dem Status des Haushalts und den zu erledigenden Arbeiten gibt: „Domestic work is also concerned with the reproduction of life-style, and crucially, of status.“ Ferner wird das Ausmaß der Sorgearbeit von weiteren Dimensionen bestimmt wie der Anzahl der (Klein-)Kinder oder sonstiger bedürftiger Personen, der Größe und Beschaffenheit der Wohnung sowie individuellen Bedürfnissen der Haushaltsmitglieder (Haidinger 2008). In welchem Umfang die so differenzierte Care-Arbeit dann auch tatsächlich realisiert wird, ist von den zur Verfügung stehenden finanziellen und zeitlichen Ressourcen abhängig und von der Möglichkeit, sie an Haushaltsarbeiter_innen abzugeben.

In der wissenschaftlichen Debatte ist die Frage umstritten, ob Care-Arbeit eine spezielle Motivation der Sorgearbeitenden voraussetzt. Nancy Folbre (1995) beispielsweise weist in einer Diskussion feministischer Erklärungen für die Übernahme oft unbezahlter oder schlecht entlohnter Care-

Arbeit durch Frauen auf unterschiedliche mögliche Motive hin. In ihrer Typologie von Motiven für Care-Arbeit nennt sie Reziprozität, Altruismus und Verpflichtung. Reziprozität versteht sie als schwache Form des Austausches; die Care-Arbeitende geht davon aus, dass sich ihr Engagement zumindest in einer ferneren Zukunft für sie auszahlt in dem Sinn, dass sie ebenfalls umsorgt und gepflegt wird. Unter Altruismus versteht Folbre im Zusammenhang mit Care die Situation, dass Care-Arbeitende Freude daran haben, anderen ein gutes Leben zu ermöglichen. Die eigene Zufriedenheit ergibt sich danach daraus, dass die umsorgte Person glücklich ist. Das dritte Motiv beruht auf den moralischen Kategorien von Verpflichtung und Verantwortung beispielsweise aufgrund von Normen in verwandtschaftlichen Beziehungen.

Es gibt also die Position, dass Care-Arbeit eine besondere altruistische Motivation aufgrund spezifischer ethischer Werte erfordert. Das ist allerdings in der feministischen Care-Debatte umstritten. Sinnvoller erscheint mir, davon auszugehen, dass im Care-Bereich in hohem Maß Arbeitsmotivation und auch Verantwortungsbewusstsein erforderlich sind, um ein gutes Arbeitsergebnis zu erzielen. Neben den entsprechenden gesellschaftlichen Rahmenbedingungen, auf die ich im Folgenden eingehe, ist dafür eine hohe Qualifikation und Kompetenz wichtig. So verweisen Fisher und Tronto (1990) darauf, dass Care-Arbeit Zeit, materielle Ressourcen, Wissen und Kompetenzen benötigt.

Inwiefern Selbstsorge als Teil der Care-Arbeit betrachtet werden soll, ist umstritten. Schließlich wird von Beginn an Care als Sorge um und für andere begriffen (Folbre 1995). Entsprechend wird die Sorgearbeit für sich selbst in der Care-Debatte meist nicht benannt. Allerdings nimmt bereits Tronto (1993: X) explizit auf Selbstsorge Bezug. Aktuell betonen Margrit Brückner (2012) sowie Ulrike Knobloch (2013a), dass Care-Arbeit auch Selbstsorge beziehungsweise Sorgearbeit für sich selbst beinhaltet. Sorgearbeit für sich selbst ist im Beruf, in der Familie und in allen anderen Lebensbereichen notwendig, um das eigene Arbeitsvermögen aufrechtzuhalten. Sie umfasst die Sorge um die eigene Gesundheit und Bildung sowie die Anstrengungen, unter den gegebenen Rahmenbedingungen im Alltag funktionsfähig zu bleiben. Insofern finde ich es wichtig, Selbstsorge als Teil der Care-Arbeit zu betrachten.

Nachdem ich hier anhand von Begriffsbestimmungen eine Vorstellung vom Umfang der Reproduktionsarbeit und der Care-Arbeit gegeben, den gesellschaftlichen Stellenwert von Reproduktionsarbeit erläutert und arbeitsinhaltliche Bestimmungen von Care-Arbeit vorgenommen habe, geht es mir im folgenden Abschnitt darum, die Veränderungen der Rahmenbedingungen zu verdeutlichen, unter denen Reproduktionsarbeit geleistet wird.

2.2 VON FAMILIENERNÄHRERN UND HAUSFRAUEN ZU ARBEITSKRAFTMANAGER_INNEN

In der Hochphase des Fordismus in Westdeutschland (1960er bis Mitte der 1970er Jahre) übernahmen typischerweise nicht erwerbstätige oder teilzeitbeschäftigte Ehefrauen die Reproduktionsarbeit in familiären Bezügen. Als Gegenstück erhielten die meist männlichen Ernährer einen sogenannten Familienlohn, der aus heutiger Sicht verhältnismäßig hoch war und die Alimentation der Ehefrau und der Kinder erlaubte. So gehen Ina Berninger und Irene Dingeldey (2013) davon aus, dass sich in Westdeutschland die Mehrheit der männlichen Erwerbstätigen mit mittlerer berufsfachlicher Qualifikation mindestens bis Mitte der 1970er den freiwilligen oder erzwungenen Verzicht von Frauen auf Berufstätigkeit im wahrsten Sinn des Wortes leisten konnten. Individuelle und soziale Risiken wie Krankheit, Berufsunfähigkeit, Erwerbslosigkeit und Altersversorgung waren für den Ernährer ebenso wie für seine Ehefrau weitgehend durch beitragsfinanzierte Sicherungssysteme und damit verbundene staatliche Sozialleistungen gewährleistet.

Die westdeutsche Variante dieses fordistischen Systems wurde propagandistisch gefärbt als soziale Marktwirtschaft bezeichnet. Es war „eine Kombination von wirtschaftlicher Dynamik und relativ geringer sozialer Ungleichheit." (Lehndorff 2011) Dabei bleibt allerdings meist wenig beachtet, dass dieses System auf Kosten der Eigenständigkeit und der Entwicklungsmöglichkeiten von Frauen funktionierte. Von Frauen wurde erwartet, nach der Heirat oder zumindest nach der Geburt des ersten Kindes ihre Erwerbsarbeit aufzugeben und sich ganz der Reproduktionsarbeit in der Familie zu widmen. Es gab die Möglichkeit des Zuverdiensts, wenn die Kinder eigenständiger wurden und keine Pflegebedürftigen zu unterstützen waren. Von Männern wurde erwartet, dass sie kontinuierlich und in Vollzeit erwerbstätig sind und die Familie ernähren. Finanziell wurde diese Hausfrauenehe durch das 1958 eingeführte Ehegattensplitting privilegiert.

So waren Frauen finanziell von ihrem Mann abhängig, ihnen fehlte eine eigene Existenzabsicherung und ihre familiären Sorgetätigkeiten wurden nicht als Arbeit anerkannt. Die Folgen waren Erfahrungen von Diskriminierung und Unterdrückung. Noch bis zur Reform des Familienrechts 1977 gab es die rechtliche Regelung des sogenannten Ehegattenvorbehalts, der es einem Ehemann erlaubte, seiner Ehefrau die Erwerbstätigkeit zu verbieten.

Allerdings trugen Reallöhne, die in den 1960er und 1970er Jahren schneller stiegen als die Arbeitsproduktivität (Krämer 2011: 17f.), zum Fall der Profitrate bei, wie Stephan Krüger zeigt (2010: 465). Mit den Wirtschaftskrisen, die sich seit Mitte der 1970er Jahre verschärfen, wird deutlich, dass der Familienlohn sowie die damit verbundenen Kosten der Sozialversicherung zur Absicherung aller Familienmitglieder für die Unternehmen verhältnismäßig teuer sind. Das Ernährermodell wird für die Kapitalverwertung wegen der zunehmenden internationalen Konkurrenz unattraktiv; ihm wird mit dem schrittweisen Wegfall des Familienlohns die materielle Basis entzogen. Dazu tragen zunächst die steigende Erwerbslosigkeit und der Abbau von sozial abgesicherten Vollzeitarbeitsplätzen bei, ebenso die Auslagerung von Tätigkeiten an schlechter entlohnende Zulieferbetriebe. Seit der Jahrtausendwende spielen vermehrt auch direkte Lohnkürzungen eine Rolle. So wird das Ernährermodell nicht nur von der zweiten Frauenbewegung wegen patriarchaler Unterdrückung und Diskriminierung bekämpft, sondern verliert seit den 1980er Jahren insbesondere aufgrund seiner hohen ökonomischen Kosten schrittweise an Bedeutung.

Zusammen mit den Emanzipationsbestrebungen vieler Frauen führt diese Tendenz seit den 1970er Jahren zu einem Anstieg der Frauenerwerbstätigkeit. Zügig steigt die Erwerbsquote der 15- bis unter 65-jährigen Frauen zwischen 1991 und 2013 von 60,7% auf 72,4% (Statistisches Bundesamt 2014a: 129). So gewinnt das „adult-worker model" (Lewis 2001) an Bedeutung, das im Deutschen nicht ganz treffend als Zwei-Verdiener-Modell oder Zwei-Erwerbstätigen-Modell übersetzt wird. Denn im Zentrum steht dabei nicht, dass zwei Erwerbstätige in einer Familie berufstätig sein sollen, sondern alle erwerbsfähigen Personen haben – unabhängig von Geschlecht, Familienstatus und Anzahl der zu betreuenden Kinder und Angehörigen – durch den Verkauf ihrer Arbeitskraft für ihren eigenen Lebensunterhalt aufzukommen. Diese Anforderung wird mit dem neoliberalen Konzept der Eigenverantwortung und Selbsttätigkeit begründet.

Das Bundesfamilienministerium setzt sich daher neben der Erhöhung der Geburtenrate seit 2003 als zentrale Aufgabe, die Frauenerwerbsbeteiligung zu steigern (Rürup/Gruescu 2003: 56). Auch für die Europäische Union ist das Adult-Worker-Modell, die Berufstätigkeit und ökonomische Unabhängigkeit möglichst aller Erwerbsfähigen, als Ziel in der im Jahr 2000 beschlossenen Lissabon-Strategie festgelegt. Diese Strategie sollte die Europäische Union innerhalb von zehn Jahren zum dynamischsten Wirtschaftsraum der Welt machen. Die 2005 bekräftigten Wachstumsziele beinhalten explizit auch die Steigerung der Frauenerwerbstätigkeit als erklärtes Ziel aller EU-Staaten (Annesley 2007).

So wird das Ernährermodell von einer „massiven Erosionsdynamik" (Jürgens 2010: 563) erfasst. Mit ihm verliert auch das traditionelle Konzept der Hausfrau an Bedeutung. Entsprechend steht vielen Frauen – zumal bei hoch flexiblen Arbeitszeitanforderungen im Beruf – deutlich weniger Zeit für die Reproduktionsarbeit im Haushalt zur Verfügung. Diese Entwicklung führt dazu, dass Teile der Sorgearbeit aus dem Haushalt ausgelagert und auf kommerzieller oder sozialstaatlicher Grundlage neu organisiert werden. Daraus erklärt sich beispielsweise der schrittweise Ausbau im Bereich der Kita-Betreuung auch für kleine Kinder. Gleichzeitig gibt es allerdings an anderen Stellen einen deutlichen Abbau von öffentlichen Sozialleistungen; darauf werde ich im folgenden Abschnitt ausführlicher eingehen. Parallel zur Integration von Frauen in den Arbeitsmarkt verharren die inhaltlichen und zeitlichen Anforderungen an die Reproduktionsarbeit auf einem hohen Niveau. Dazu kommt, dass diese Aufgaben mit immer weiter steigenden qualitativen Anforderungen vor allem im Bereich der Bildung und Gesundheit verbunden werden.

Verändert hat sich seit der Krise des Fordismus, dass heute nicht mehr von solch großer Bedeutung ist, in welcher Familienform die Reproduktionsarbeit unsichtbar und unentgeltlich getätigt wird. Die früher als Norm geltende Form der Familie von zwei heterosexuell aufeinander bezogenen verheirateten Erwachsenen, die Kinder groß ziehen und Verwandte im Alter pflegen, bröckelt seit Jahrzehnten. Im Jahr 2013 stellen beispielsweise Ehepaare nur noch 70% der Familien mit minderjährigen Kindern im Vergleich zu 81% im Jahr 1996. Alleinerziehende Mütter und Väter machen 20% der Familien mit Kindern unter 18 Jahren aus (1996: 14%), während

10% Lebensgemeinschaften mit minderjährigen Kindern sind (1996: 5%) (Statistisches Bundesamt 2014b: 126). So wird familiäre Reproduktionsarbeit – politisch akzeptiert – nicht nur in heterosexuellen Kernfamilien im Rahmen einer Ehe ausgeführt, sondern auch von unverheirateten Paaren, in Patchwork-Familien oder Familien mit eingetragenen Lebenspartnerschaften, von Alleinerziehenden und in anderen individuellen Beziehungsnetzen.[3] Insofern ist es sinnvoll, all diese Formen des Zusammenlebens, in denen Menschen sich umeinander sorgen und verbindlich Verantwortung übernehmen, auch jenseits verwandtschaftlicher Beziehungen als Familie zu benennen.

Diese Familien werden zu Schaltstellen eines umfassenden und komplexen Managements. Wegen der nicht gesicherten Ganztagesbetreuung von Kindern ist es die Aufgabe der Eltern, primär der Mütter, mobil und flexibel für das Mittagessen oder Fahrdienste zu Sport- oder Musikaktivitäten zur Verfügung zu stehen. Aufgabe der Eltern ist es sicherzustellen, dass die zukünftige Arbeitskraft bereits in frühen Jahren vielfältige Kompetenzen erwirbt, sich gesund entwickelt und daran gewöhnt wird, Leistung zu bringen. Ähnliche Anforderungen erzeugen die Verhältnisse im schulischen Bildungsbereich. Die Lernprozesse von Kindern werden in überfüllten Klassen mit überforderten Lehrpersonen nicht genügend unterstützt, und Familien werden zu Nachhilfebetrieben. Vor diesem Hintergrund ist es nicht verwunderlich, dass mehr als 40% der Eltern mit minderjährigen Kindern unter Zeitdruck leiden (BMFSFJ 2012a: 41). Sorgearbeitende benötigen ein ausgeklügeltes System des Zeitmanagements, um die vielfältigen Aufgaben überhaupt bewerkstelligen zu können; nicht selten scheitert ein solch prekäres System.

Es nehmen allerdings nicht nur die Aufgaben im Bereich der Kindererziehung und Kinderbetreuung zu, sondern auch die Anforderungen im Zusammenhang mit der Unterstützung pflegebedürftiger Angehöriger. Aufgrund demografischer Entwicklungen erhöht sich die Zahl der Pflegebedürftigen stetig. Im Dezember 2011 erhielten 2,5 Millionen Menschen in

3 Kathrin Ganz (2007) macht darauf aufmerksam, dass es gerade durch diese Entwicklung „ambivalente Spielräume“ für andere, auch queere Familienformen gibt. Ihre gesellschaftliche Integration wird zur logischen Konsequenz, soweit die Mitglieder bereit sind, die Versorgungsaufgaben für ihre – auch nicht verwandten – Familienangehörigen zu übernehmen.

Deutschland Leistungen aus der Pflegeversicherung (Statistisches Bundesamt 2013b: 5). Innerhalb von 12 Jahren ist deren Zahl um knapp ein Viertel gestiegen (ebd.: 7). Der Sachverständigenrat zur Begutachtung der Entwicklung im Gesundheitswesen (2009: 91f.) rechnet damit, dass die Zahl der Leistungsempfänger_innen der Pflegeversicherung bis 2030 auf knapp 3 Millionen und bis 2050 auf mindestens 4 Millionen zunehmen wird.

Im Jahr 2011 wurden 70% aller Pflegebedürftigen – 1,76 Millionen Personen – in der eigenen Wohnung, also nicht stationär versorgt. Ein Drittel davon nimmt zusätzlich zur häuslichen Pflege einen ambulanten Dienst in Anspruch. Bei den anderen zwei Dritteln dieser zu Hause Versorgten wird ausschließlich Pflegegeld ausgezahlt. 2011 war dies bei 1,18 Millionen Pflegebedürftigen der Fall (Statistisches Bundesamt 2013b: 5). Das bedeutet, dass in diesen Fällen die Angehörigen, primär Frauen, entweder selbst rund um die Uhr pflegerisch tätig werden oder zusätzlich eine Pflegekraft organisieren. Im Jahr 2009 hielt weit über die Hälfte der Pflegepersonen (58,3%) die Pflegesituation für sehr belastend. Deutlich mehr als ein Drittel (37,7%) gaben an, dass sie kaum noch Kontakt zu anderen Menschen haben (Runde et al. 2009: 29).

Ferner wird auch die Selbstsorge immer aufwendiger, da es die eigene Qualifikation fortwährend zu verbessern gilt. Gleichzeitig muss erlernt werden, mit permanenter Überforderung und Gesundheitsrisiken so umzugehen, dass die Arbeitsfähigkeit erhalten bleibt. Zeit für die Selbstsorge zu finden, ist besonders für diejenigen Menschen schwierig, die unterschiedliche, immer dichter werdende Zeitpläne der Familienmitglieder zu synchronisieren haben.

Im Neoliberalismus wird die Verantwortung für das Gelingen dieser umfassenden Reproduktionsarbeit individualisiert. Dies ist der Grund, warum Tanja Carstensen und ich in feministischer Erweiterung der Arbeitskraftunternehmerthese von G. Günter Voß und Hans J. Pongratz (1998) darauf verweisen, dass die Handlungsprämissen des Arbeitskraftunternehmers (Selbst-Kontrolle, Selbst-Ökonomisierung und Selbst-Rationalisierung) Anforderungen an das Reproduktionshandeln gleichermaßen nach sich ziehen und voraussetzen. Wir sprechen deswegen von Arbeitskraftmanager_innen (Winker/Carstensen 2007). Erstens beziehen wir die Selbst-Kontrolle auch auf die konkrete Ausgestaltung der notwendigen Reproduktionsarbeit, die in Eigenregie zu realisieren ist, da sich traditionelle Normen und damit Gewissheiten und Sicherheiten auflösen. Zweitens ergänzen wir die Selbst-Ökonomisierung in Bezug auf den Beruf durch eine Orientierung an familienbiografischen Planungen im Sinn einer Selbst-Sozialisierung. Denn Familienplanung und die Frage nach dem richtigen Zeitpunkt, Kinder zu bekommen, unterliegen ebenfalls einem strategischen Kalkül, das von Individuen Entscheidungen erfordert, für die sie die Verantwortung zu tragen haben. Drittens ist im Rahmen der Orientierung an einer bewussten umfassenden Organisation des Alltags, die bei Voß/Pongratz als Selbst-Rationalisierung bezeichnet wird, auch die Reproduktionsarbeit zu berücksichtigen.

Damit plädieren wir für eine Perspektive, welche die aktive Koordinierung und Synchronisation von Tätigkeiten ganz verschiedener Art in allen Lebensbereichen betont. Wir beziehen damit Reproduktionsarbeit grundlegend in die Analyse ein. Sie ist – ähnlich wie die Erwerbsarbeit – flexibilisiert, verdichtet und von jeder einzelnen Person eigenständig zu organisieren. Karin Jurczyk et al. (2009) beschäftigen sich vom gleichen Ausgangspunkt aus empirisch mit dem Handeln von Menschen in entgrenzten Arbeits- und Lebensverhältnissen. Sie zeigen, dass die Anforderungen an „individuelles Grenzmanagement" (ebd.: 60ff., 313ff.) im Familienkontext aufgrund der notwendigen Koordinierungsleistungen besonders hoch sind. Dies gelte auch für die alltägliche Gestaltung des Verhältnisses von Familien- und Erwerbssphäre.

Im Zuge des Anstiegs der Frauenerwerbsquote bei gleichzeitig sehr hohen Reproduktionsanforderungen sind Arbeitskraftmanager_innen zunehmend überfordert. Doch anstatt angesichts dieser enormen Belastungen politische Konzepte für eine neuartige Arbeitsteilung breit zu diskutieren und umzusetzen, bleibt die gesellschaftlich notwendige Arbeit, die unbezahlt in Familien geleistet wird, im hegemonialen Diskurs als Nicht-Arbeit weitgehend unsichtbar. Reproduktionsarbeit findet in einem kapitalistischen System nur insoweit Unterstützung, als dies für das Ziel der Kapitalverwertung von Bedeutung ist. Benötigt werden hoch kompetente, mobile Arbeitskräfte zu möglichst geringen Löhnen und Gehältern. Im Adult-Worker-Modell bleibt jedoch unklar, wer diese gesellschaftlich notwendige Arbeit bei gleichzeitig hoher Frauenerwerbstätigkeit übernimmt. Um diese Frage zu beantworten, diskutiere ich im Folgenden, inwiefern die derzeitige staatliche Politik die familiären Sorgearbeitenden unterstützt.

2.3 MANGELNDE STAATLICHE UNTERSTÜTZUNG FÜR CARE-ARBEITENDE

Im Folgenden möchte ich in Abschnitt 2.3.1 skizzieren, wie der bundesdeutsche Sozialstaat sich zunächst mit der einsetzenden Wirtschaftskrise Mitte der 1970er Jahre, dann erneut ab Mitte der 1990er Jahre und schließlich auf extreme Weise ab 2003 mit der Agenda 2010 und den Hartz-Gesetzen verändert. In den für die Care-Arbeit wichtigen Bereichen setzt sich seither eine Vorstellung von Sozialpolitik durch, die primär die Erhöhung der Frauenerwerbsquote im Blick hat und ansonsten Kostenreduktion betreibt. Das möchte ich am Beispiel der Familienpolitik in Abschnitt 2.3.2 und der Pflegepolitik in Abschnitt 2.3.3 zeigen.

2.3.1 Neoliberaler Umbau des Sozialsystems

Der bundesdeutsche Sozialstaat beruht auf zwei Säulen: Einerseits gibt es direkte staatliche Transferleistungen und Sozialversicherungen, die eine individuelle Schutz- und Gratifikationsfunktion wahrnehmen. Andererseits existieren soziale Institutionen als Bestandteil der öffentlichen Daseinsvorsorge, etwa Kitas, Schulen, Krankenhäuser, Altenheime, in denen Care-Beschäftigte Leistungen erbringen, die von der Bevölkerung nachgefragt werden können.

Die sozialstaatlichen Leistungen, die einzelnen Menschen bei Bedarf gewährt werden, lassen sich wiederum in drei Kategorien einteilen: Fürsorgeleistungen, Versorgungsleistungen und Versicherungsleistungen. Die Fürsorgeleistungen umfassen staatliche Hilfe für bedürftige Einwohner_innen, wie zum Beispiel Wohngeld, Arbeitslosengeld II oder auch Grundsicherung. Unter Versorgungsleistungen fallen die staatlichen Leistungen für bestimmte Gruppen von Einwohner_innen. Dazu gehören Entschädigungszahlungen an Hinterbliebene von Kriegsopfern, das Kindergeld oder die Beamtenversorgung. Die Versicherungsleistungen dienen der Vorsorge bei Einkommensausfall etwa wegen Alter, Erwerbslosigkeit, Invalidität, Krankheit, Mutterschaft, Pflegeabhängigkeit oder durch den Tod des Ernährers oder der Ernährerin. Während die ersten beiden Leistungsgruppen in der BRD ausschließlich steuerfinanziert sind, ist die dritte Leistungsgruppe auf dem Sozialversicherungssystem aufgebaut. Die Finanzmittel dafür stammen zu zwei Drittel aus Beiträgen der Versicherten und zu einem Drittel aus Steuereinnahmen. Leistungen aus dem Sozialversicherungssystem sind strikt lohnzentriert (Butterwegge 2014: 11-36).

Diese staatlichen Transfer- und Versicherungsleistungen ebenso wie die Unterstützung durch soziale Institutionen sind seit längerem und verstärkt seit 2003 mit den Hartz-Gesetzen dem sozialpolitischen Leitbild der Aktivierung unterworfen. Menschen, die auf staatliche Unterstützung angewiesen sind, werden dazu aufgerufen, eigenständig die Verantwortung für ihren Lebensunterhalt zu tragen. Gleichzeitig verschlechtern sich die Rahmenbedingungen für die Leistungserbringung in den Einrichtungen der sozialen Daseinsvorsorge. Mit der Übertragung der Logik des Wettbewerbs auf staatliches Handeln im Sozialbereich sollen Kosten verringert werden. Diese Ökonomisierung sozialer Dienstleistungen hat gerade bei personenbezogenen Dienstleistungen direkte Auswirkungen auf die Qualität der Arbeitsergebnisse, da sie unmittelbar helfend, beratend, unterstützend oder pflegend ausgerichtet sind. Damit sind sie auch relativ personalintensiv und lassen sich ohne Qualitätsverlust kaum rationalisieren (Hielscher et al. 2013: 12). Beide Säulen der Sozialpolitik sind derzeit einem permanenten Um- und Abbau ausgesetzt mit der Zielrichtung, aus Kostengründen gesellschaftliche Aufgaben auf einzelne Individuen oder in Familien zu verlagern.

Die volkswirtschaftlichen Daten vermitteln auf den ersten Blick ein stabiles Bild des deutschen Sozialstaats. Im Zeitverlauf lassen sich jedoch mehrere Phasen unterscheiden. Bis 1975 steigt die Sozialleistungsquote, der Anteil der Summe aller sozialen Leistungen am Bruttoinlandsprodukt. In den folgenden fünfzehn Jahren verbleibt die Sozialleistungsquote bis 1990 mit leicht sinkender Tendenz auf diesem Niveau. Dabei gilt es festzuhalten, dass sich in den 1980er Jahren die Erwerbslosenzahlen mehr als verdoppeln, ohne dass sich dies in einem entsprechenden Anstieg der sozialen Leistungen ausdrückt. Ab 1990 steigt die Quote wegen der sozialen Kosten infolge der Übernahme der DDR-Volkswirtschaft bis 1996 deutlich an und verharrt dann auf diesem Niveau – knapp unter 30% (BMAS 2013a: 8). In der zweiten Hälfte der 1990er Jahre öffnen Gesetzesänderungen bislang öffentlich organisierte Bereiche zunehmend für private Dienstleistungsbetriebe, insbesondere durch die Einführung der Pflegeversicherung und durch erste Einschnitte in das Rentenniveau. Es lässt sich festhalten, dass seit 1975 ein Umbau des Sozialsystems stattfindet, ohne dass offen mit seinen seit circa 100 Jahren bestehenden Konstruktionsprinzipien gebrochen wird.

Dies ändert sich mit der Agenda 2010, der Regierungserklärung von Bundeskanzler Gerhard Schröder vom 14. März 2003. Den Kern des neuen sozialpolitischen Kurses bilden die sogenannten Hartz-Gesetze. Mit der neu eingeführten Grundsicherung werden die Ansprüche vieler Erwerbsloser, die sich davor prozentual an der Lohnhöhe orientiert hatten, stark eingeschränkt. Gleichzeitig werden Erwerbslose unter Sanktionsandrohungen gezwungen, jede Lohnarbeit unabhängig von ihrer Qualifikation und der Lohnhöhe anzunehmen. Seitdem sinkt die Sozialleistungsquote, die 2003 bei 30,8% lag, tendenziell. Nur 2009 wird mit 31,5% ein historisch hoher Wert ausgewiesen. Diesen Anstieg in der globalen Finanzkrise verdankt sie zum einen dem Rückgang des Bruttoinlandsprodukts und zum anderen dem extensiven Einsatz des Kurzarbeitergelds, das über die Sozialversicherung finanziert und von der Agentur für Arbeit geleistet wird. Zudem werden seit 2009 Leistungen zur privaten Kranken-, Pflege- und Rentenversicherung in die Statistik des Sozialbudgets einbezogen. Inzwischen liegt die Sozialleistungsquote trotz des Einbezugs dieser zusätzlichen Leistungen wieder auf dem Niveau von knapp unter 30% (ebd.).

Die Beschränkung der Sozialausgaben ist vor allem für ärmere Menschen ein Problem. Die Sozialleistungsquote ist deswegen vor dem Hintergrund der wachsenden Ungleichheit der Einkommensverteilung, gemessen am Gini-Koeffizienten,[4] zu sehen. Danach nahm die Ungleichheit der Markteinkommen (Erwerbs- und Kapitaleinkommen) der Personen in privaten Haushalten von 1991 bis 2005 nahezu kontinuierlich von 0,41 auf 0,5 zu. In den Jahren danach ist der Gini-Koeffizient leicht zurückgegangen, maßgeblich dafür dürfte der Rückgang der Erwerbslosigkeit in dieser Zeit sein. Diese Tendenz hat sich aber im Jahr 2011 nicht fortgesetzt. Die Ungleichheit der Haushaltseinkommen verharrt somit insgesamt auf einem hohen Niveau (Grabka/Goebel 2013).

Damit sind die Haushalte auch sehr ungleich mit Mitteln ausgestattet, um auf den Rückgang staatlicher Sozialleistungen reagieren zu können. Viele Menschen sind zunehmend auf sozialpolitische Leistungen angewie-

4 Je höher der Wert des Gini-Koeffizienten ist, desto stärker ausgeprägt ist die gemessene Ungleichheit, in diesem Fall die Ungleichheit der Einkommensverteilung. 0 bedeutet völlige Gleichverteilung und 1 maximale Ungleichverteilung.

sen. Die aktuelle Sozialpolitik kommt diesen Anforderungen jedoch nur sehr selektiv nach. Dies zeige ich im Folgenden und konzentriere mich dabei auf die gesetzlichen Regulierungen, die Auswirkungen auf die familiäre Reproduktionsarbeit haben. Deswegen stehen in den nächsten beiden Abschnitten staatliche Maßnahmen im Zentrum, die explizit oder auch implizit in den Bereich der Familien- und Pflegepolitik fallen.

2.3.2 Familienpolitik als Wirtschaftspolitik

Nach einer Befragung des Instituts für Demoskopie Allensbach soll Familienpolitik nach Ansicht der Mehrheit der Bevölkerung eine Entlastung und Unterstützung der Familien bewirken (IfD 2013: 4). Dieses Ziel steht aber nicht auf der familienpolitischen Agenda der Bundesregierung. Das Familienministerium priorisiert als Ziele die Erhöhung der Geburtenrate sowie eine Steigerung der Erwerbsbeteiligung von Frauen (Rürup/Gruescu 2003: 56), da dies gleichzeitig das Wirtschaftswachstum fördern würde. Entsprechend unterstützt die derzeitige Familienpolitik Reproduktionsarbeit nur, sofern es diesen Zwecken zuträglich ist. Nur dort, wo ansonsten negative Folgen für die Geburtenrate oder die Frauenerwerbsquote drohen, sollen staatliche Sozialausgaben – zu möglichst geringen Kosten – getätigt werden. Im Folgenden betrachte ich die wichtigsten gesetzlichen Regulierungen, die Familien mit Kindern unterstützen sollen, und vermerke dabei, welche Gruppen tatsächlich davon profitieren und welche ausgegrenzt werden.

Eltern mit niedrigen und mittleren Einkommen erhalten monatlich 180 bis 215 Euro Kindergeld pro Kind, je nach Kinderanzahl. Gutverdienende Eltern können dagegen über einen Kinderfreibetrag und damit verbundene Steuererleichterungen einen deutlich höheren Betrag erzielen. In Deutschland nimmt also die staatliche finanzielle Unterstützung von Kindern mit steigendem elterlichem Einkommen zu. Bei Eltern, die auf Hartz IV angewiesen sind, wird das Kindergeld mit dem Arbeitslosengeld II verrechnet, so dass auch die Kinder nur mit dem gesetzlichen Existenzminimum ausgestattet werden.

Alle lohnabhängigen Eltern haben seit 2007 gegenüber dem Unternehmen über das Bundeselterngeld- und Elternzeitgesetz (BEEG) grundsätzlich den Anspruch, bis zur Vollendung des dritten Lebensjahrs ihres Kindes die Erwerbsarbeit zu unterbrechen oder die Arbeitszeit zu reduzieren. Allerdings besteht der Anspruch auf Reduzierung der Arbeitszeit nur in Betrieben mit mehr als 15 Beschäftigten. In der Regel ist im Anschluss an die Reduktion eine Rückkehr auf das Arbeitszeitarrangement vor der Geburt des Kindes möglich; dieser Anspruch besteht jedoch nur bis zum Ende der Elternzeit. Damit wird das Problem primär vieler Mütter nicht gelöst, in einer Teilzeitbeschäftigung auch dann verhaftet zu bleiben, wenn die Kinder älter werden und weniger Sorgearbeit erforderlich ist. Während der Elternzeit ist eine Teilzeitarbeit bis zu 30 Wochenstunden zulässig und mit Zustimmung des Unternehmens kann ein Teil der Elternzeit bis zu zwölf Monaten, ab Juli 2015 bis zu 24 Monaten, angespart und auf eine Zeit bis zur Vollendung des achten Lebensjahres des Kindes übertragen werden. Für befristet Beschäftigte sind diese Regelungen keine Unterstützung. Deren Arbeitsvertrag läuft zum festgesetzten Termin trotz Elternzeit aus, da diese nicht als Unterbrechung der Erwerbsarbeit gewertet und entsprechend die Laufzeit des Vertrags nicht verlängert wird.

Das ebenfalls mit Verabschiedung des BEEG seit 2007 ausbezahlte Elterngeld soll Anreize schaffen, dass mehr Kinder geboren werden und gleichzeitig Mütter schnell wieder in die Erwerbsarbeit einsteigen. Es ersetzt als neue familienpolitische Leistung das bis dahin ausgezahlte Erziehungsgeld. Im Unterschied zum Erziehungsgeld ist das Elterngeld als vorübergehende Lohnersatzleistung zu verstehen. Die Höhe des Elterngelds liegt entsprechend zwischen 300 und 1800 Euro. Es kann bis zu 14 Monate gezahlt werden, wobei die letzten beiden Monate nur dann gewährt werden, wenn beide Elternteile – abwechselnd oder auch gemeinsam – die Erwerbsarbeit unterbrechen oder auf maximal 30 Wochenstunden reduzieren. Alleinerziehende erhalten 14 Monate Elterngeld.

Mit diesem Gesetz wird das Konzept, in der Familienpolitik zwischen Leistungsträger_innen und Leistungsempfänger_innen zu unterscheiden, fortgesetzt und vertieft: Gut verdienende Eltern können bis zu 1800 Euro pro Monat Elterngeld als Lohnersatzleistung beziehen. Mütter und Väter ohne Einkommen wie Erwerbslose, Studierende, Hausfrauen und Hausmänner erhalten dagegen nur ein Mindestelterngeld in Höhe von 300 Euro pro Monat. Seit 2011 werden selbst diese 300 Euro für Eltern im Hartz-IV-Bezug mit dem Arbeitslosengeld II verrechnet. Das entspricht faktisch einer Streichung. Bereits bei der Einführung des Elterngelds verwies das Bundesfamilienministerium in einer Presseerklärung vom 11.05.2006 zynisch darauf, dass durch die Kürzung bei Erwerbslosen „die notwendigen Abstandsgebote zum Erwerbseinkommen eingehalten und positive Anreize zu[r] Erwerbsarbeit gesetzt“[5] werden.

Mit dem Elterngeld soll erreicht werden, dass Väter über die zwei zusätzlichen Elterngeldmonate dazu gebracht werden, in verstärktem Umfang familiäre Reproduktionsarbeit für Kinder zu übernehmen. Auch dabei sieht das Gesetz eine Differenzierung vor. Denn die zwei zusätzlichen Monate Elterngeld gibt es nur für Partner, die ihre Erwerbstätigkeit unterbrechen, nicht für Väter, die nicht erwerbstätig sind. Hier zeigt sich, wie selektiv darauf geachtet wird, für Erwerbstätige Anreize zu schaffen, nicht aber für die ohnehin schon ausgegrenzten und abgeschriebenen Eltern.

Nach einer Gesetzesnovelle der Großen Koalition gibt es ab Juli 2015 eine neue Variante des einkommensabhängigen Elterngelds, das sogenannte Elterngeld plus. Es soll Müttern und Vätern die Möglichkeit bieten, in Teilzeit zu arbeiten und trotzdem staatliche Unterstützung zu erhalten. Die Eltern bekommen in diesem Fall zwar nur halb so viel Geld wie die Bezieher_innen des regulären Elterngeldes. Dafür ist aber der Zeitraum, in dem die Familie Unterstützung erhält, mit 24 Monaten doppelt so lang wie bisher. Sind beide Elternteile jeweils zwischen 25 und 30 Stunden pro Woche erwerbstätig, gibt es einen Partnerschaftsbonus von vier Monaten. Dies gilt auch für Alleinerziehende. Damit wird es, so Bundesfamilienministerin Manuela Schwesig, „für Mütter und Väter künftig einfacher, Elterngeldbezug und Teilzeitarbeit miteinander zu kombinieren“.[6] Dahinter steht das Ziel von Wirtschaft und Politik, durch Flexibilitätsangebote bezüglich des Umfangs und der Lage der Arbeitszeit gut qualifizierte junge Fachkräfte auch während der Elternzeit im Betrieb zu halten.

Es geht also beim Elterngeld explizit nicht um eine allgemeine finanzielle Unterstützung, die es allen Eltern ermöglichen würde, sich existenziell abgesichert und mit ausreichend Zeit um ein kleines Kind zu sorgen und ihm einen guten Start ins Leben zu ermöglichen. Dieses Gesetz trägt vielmehr zur Stabilisierung der finanziellen Kluft zwischen arm und reich bei. Kinder gut verdienender Eltern sind bereits bei der Geburt mehr wert als Kinder von erwerbslosen Eltern. Mit der Ausrichtung des Elterngelds an der Höhe des bisherigen Einkommens wird das Prinzip der Versorgungsleistung in eklatanter Weise missachtet, die grundsätzlich nach der erbrach-

5 http://www.bmfsfj.de/BMFSFJ/Service/Archiv/16-legislatur,did=75678.html

6 http://www.bmfsfj.de/BMFSFJ/familie,did=207628.html

ten Leistung, in diesem Fall, Kinder zu gebären und zu erziehen, gewährt wird. Das Elterngeld wird wie Leistungen aus der Sozialversicherung in Abhängigkeit vom Lohn gezahlt, obwohl es nicht über eine Sozialversicherung finanziert wird, sondern direkt über den Staatshaushalt aus Steuereinnahmen.

Die empirischen Daten zeigen, dass Männer deutlich höhere monatliche Elterngeldzahlungen als Frauen erhalten und dass insbesondere Frauen häufig mit dem Elterngeld unterhalb der Armutsgrenze liegen, da sie vor der Geburt eines Kindes überwiegend in Teilzeit, im Niedriglohnbereich oder anderweitig prekär beschäftigt waren (Schutter/Zerle-Elsäßer 2012). Somit sind die Leidtragenden dieser neuen Elterngeld-Regelung schlecht verdienende Eltern, Empfänger_innen von Arbeitslosengeld, Studierende sowie Hausfrauen und -männer. Sie müssen finanzielle Einbußen im Vergleich zum Vorläufer des Elterngelds, dem Erziehungsgeld, hinnehmen, das mit einem Regelbetrag von 300 Euro monatlich zwei Jahre lang gezahlt wurde.

Die offizielle Begründung lautet, die Bundesregierung wolle mit diesem Gesetz „einen finanziellen Schonraum in der Frühphase der Elternschaft eröffnen und dazu beitragen, dass es beiden Elternteilen durch Vermeidung von Gehaltseinbußen auf Dauer besser gelingt, ihre wirtschaftliche Existenz zu sichern“.[7] An dieser Begründung wird deutlich, dass das Elterngeld nicht Erwerbslose zur Zielgruppe hat, da diesen – mit oder ohne Kinder – kein Gehalt zur Verfügung steht. Eltern, die dem neoliberalen Anspruch nach eigenverantwortlicher Existenzsicherung nicht gerecht werden, sind nicht förderungswürdig. Aus Sicht der Bundesregierung folgerichtig können auch Geflüchtete und Asylsuchende, die keinen rechtmäßigen Daueraufenthalt in der BRD nachweisen können, von diesem Gesetz nicht profitieren.

Im Fokus des neuen Gesetzes zum Elterngeld stehen gut verdienende berufstätige Frauen und auch Männer, für die erhöhte Zeugungs- und Gebäranreize geschaffen werden sollen. Sie sollen motiviert werden, die nächste Generation von Arbeitskräften auf die Welt zu bringen und gemäß den erhöhten Bildungsanforderungen zu erziehen. Damit scheint die Bundesregierung ihren eigenen Bildungsinstitutionen nicht mehr zuzutrauen, Kinder aus den unterschiedlichsten Familien zu hoch qualifizierten jungen Menschen auszubilden und die unter anderem von PISA- und IGLU-

7 https://www.juris.de/jportal/docs/news_anlage/jpk/fub/mat/1602785.pdf, S.2.

Studien immer wieder diagnostizierte Abhängigkeit des Bildungserfolgs von der sozialen Herkunft der Kinder aufzubrechen (u.a. Autorengruppe Bildungsberichterstattung 2014: 8 und 38f., Statistisches Bundesamt/WZB 2013: 75ff.).

Ob allerdings das Elterngeld in der Zukunft tatsächlich dazu beiträgt, dass mehr berufstätige Frauen und Männer sich für ein Leben mit Kindern entscheiden, ist mehr als fraglich. In einem Land wie der BRD, in dem es enorm schwierig ist, die Sorgearbeit für Kinder mit Erwerbsarbeit zu verbinden, ist es zur Sicherung der eigenen Existenz der erfolgversprechendste Weg, auf Kinder zu verzichten. Daneben verringert die Zukunftsunsicherheit durch die Zunahme prekärer Erwerbsarbeitsverhältnisse und die fehlende soziale Absicherung bei Verlust des Arbeitsplatzes die Bereitschaft, Verantwortung für Kinder zu übernehmen. Fakt ist, dass derzeit das Geburtenniveau in Deutschland weiter auf einem niedrigen Stand, bei circa 1,4 Kindern pro Frau, verharrt. Damit ist die Geburtenrate in der BRD eine der niedrigsten weltweit.

In dem Maß, wie die berufstätige und finanziell unabhängige Mutter als Ideal propagiert wird, wird mit einem Ausbau der Kindertagesbetreuung die Erwerbstätigkeit von Müttern mit jungen Kindern gefördert. Vor diesem Hintergrund erfährt die Kindertagesbetreuung in den vergangenen Jahren aufgrund ihrer arbeitsmarktpolitischen Bedeutung eine erhöhte politische Aufmerksamkeit. Sie gilt als ein Bereich gesellschaftlicher Infrastruktur, der für die wirtschaftlichen und sozialen Perspektiven der BRD entscheidend ist (Hielscher et al. 2013: 215).

So wird seit den 1990er Jahren die Tagesbetreuung ausgebaut, zunächst im Kindergartenbereich für die Altersgruppe von drei Jahren bis zum Schuleintritt. Auf dem sogenannten Krippengipfel haben Bund, Länder und Kommunen 2007 vereinbart, bis zum Jahr 2013 bundesweit für 35% der Kinder unter 3 Jahren ein Angebot zur Kindertagesbetreuung in einer Kindertageseinrichtung oder durch eine Tagesmutter beziehungsweise einen Tagesvater zu schaffen. Damals wurde von einem Bedarf von 750.000 Plätzen ausgegangen, 2013 werden rund 780.000 Plätze für erforderlich gehalten, was einer Betreuungsquote von 39% entspricht. Seit dem 1.8.2013 gibt es einen Rechtsanspruch auf einen Kitaplatz für ein- bis unter dreijährige Kinder. In der vom Bundesfamilienministerium 2008 herausgegebenen Studie „Sozialbilanz Familie" findet sich folgende Begründung für den Ausbau der Kitaplätze:

„In dynamischer Hinsicht sind Wachstumsimpulse durch den Ausbau der frühkindlichen Förderung zu erwarten. Zum einen führt die bessere frühkindliche Bildung zu einer Zunahme des Humankapitals der Kinder und späteren Erwerbspersonen. Zum anderen führen die geringeren Erwerbsunterbrechungen bei den Eltern zu geringeren Humankapitalabschreibungen, so dass auch hieraus positive Impulse auf Qualifikationen und Erwerbstätigkeit abgeleitet werden können." (BMFSFJ 2008: 108)

Unverblümter an der Verwertung der Arbeitskraft orientiert lässt sich eine familienpolitische Maßnahme kaum mehr begründen.

Wegen dieser arbeitsmarktpolitischen Zielsetzung ist der Ausbau der Infrastruktur zur öffentlichen Betreuung von Kindern unter drei Jahren inzwischen ein Stück vorangeschritten, auch wenn die ehrgeizigen Pläne nicht eingehalten wurden. Inzwischen werden bundesweit nicht nur knapp 94% der Kinder zwischen drei und sechs Jahren in einer Kita oder bei einer Tagespflegeperson betreut, sondern auch knapp 30% der Kleinkinder unter drei Jahren (Statistische Ämter 2013: 7 und 41). Allerdings fehlen nach wie vor in vielen Regionen und Städten passende Angebote. Ein Vollzeitbetreuungsplatz steht gerade erst für knapp 16% der Kinder unter drei Jahren zur Verfügung (ebd.: 14). Aufgrund der wirtschaftspolitischen Argumentation ist auch nachvollziehbar, dass nach § 24 SGB VIII Kinder von berufstätigen Eltern Vorrang haben. Das Kindeswohl bleibt dabei zweitrangig.

Mit dem Ausbau der Kitas ist allerdings noch nicht darüber entschieden, wer die Kosten der Betreuung zu begleichen hat. Faktisch wird dies in den Bundesländern unterschiedlich geregelt. In Berlin sind beispielsweise seit 2011 die letzten drei Kita-Jahre vor dem Schulbesuch beitragsfrei. Eine fünfstündige beitragsfreie Grundbetreuung für Kinder von der Geburt bis zur Einschulung ist seit dem 1.8.2014 in Hamburg realisiert und in Rheinland-Pfalz sind bereits seit dem 1.8.2010 für Kinder ab zwei Jahre Kitas gebührenfrei. Andernorts gibt es viele Eltern, die sich einen für ihre finanziellen Verhältnisse zu teuren Kita-Platz überhaupt nicht leisten können.

So bleibt die Kinderbetreuung für viele Eltern nach wie vor ein großes Problem. Dabei erschwert nicht nur das Fehlen von Plätzen in Kitas und in der Tagespflege die Verbindung von Beruf und Familie. Manchmal ist das Unplanbare die größte Herausforderung für Familien im Alltag. Gerade berufstätige Mütter und Väter erleben häufig kurzfristige Betreuungsengpässe durch die Krankheit von Kindern oder auch der Tagesmutter beziehungsweise des Tagesvaters. Wie die bereits angeführte Studie des Instituts für Demoskopie Allensbach (IfD 2013: 12) zeigt, kommt in einer solchen Situation die Hälfte der Mütter von betreuungsbedürftigen Kindern in Schwierigkeiten. Oft springen in dieser Notsituation die eigenen Eltern oder Schwiegereltern ein; 71% der Eltern von betreuungsbedürftigen Kindern berichten über einen solchen Einsatz der älteren Generation (ebd.: 13f.).

Ferner werden immer mehr Stimmen laut, die darauf verweisen, dass Kitas keine Verwahranstalten sein, sondern auch eine gute Qualität der Betreuung bieten sollen. Diese bleibt jedoch derzeit deutlich hinter dem Ausbautempo zurück. So kommt eine Studie der Bertelsmann-Stiftung 2014 zu dem Ergebnis, dass in Kitas die Qualität oft leidet, weil nicht genügend Erzieher_innen eingestellt sind, um gute frühkindliche Bildung zu gewährleisten. Die Personalschlüssel für Kitas in Deutschland weichen teilweise erheblich von cincm kindgerechten und pädagogisch sinnvollen Betreuungsverhältnis ab. Die Bertelsmann-Stiftung (2014) empfiehlt, dass bei unter Dreijährigen eine Fachkraft für höchstens drei Kinder verantwortlich sein soll. Für die Altersgruppe ab drei Jahren sollte der Personalschlüssel nicht schlechter als 1 zu 7,5 sein.

Dieser Wert wird nirgends erreicht, grundsätzlich ist die nach diesen Kriterien berechnete Personalausstattung in Ostdeutschland schlechter als in Westdeutschland, wobei allerdings in den neuen Bundesländern mehr pädagogische Fachkräfte, also mehr Erzieher_innen und weniger Kinderpfleger_innen, eingestellt sind (Viernickel/Voss 2012: 43, Hielscher et al. 2013: 179). Würden die von der Bertelsmann-Stiftung (2014) vorgeschlagenen Personalschlüssel für alle Kitas in Deutschland verbindlich gelten, wären nach Berechnungen der Stiftung 120.000 zusätzliche Erzieher_innen erforderlich. Dieser Ausbau würde einem Anstieg der jährlich im Kita-Bereich anfallenden Personalkosten um mehr als ein Drittel (36%) entsprechen. In diese Berechnung ist noch nicht einbezogen, dass neue Fachaufgaben wie die Sprachförderung oder die verstärkte Zusammenarbeit mit Eltern derzeit neu integriert werden, was mit einem höheren Personalbedarf einhergeht. Ebenfalls ist nicht berücksichtigt, dass Erzieher_innen entsprechend ihrer notwendig hohen fachlichen Qualifikation entlohnt werden müssten. Es gibt also einen hohen Ausbau- und Finanzierungsbedarf, der im Rahmen der Austeritätspolitik nicht in Angriff genommen wird. Dies wirkt sich negativ nicht nur auf die Kinder aus, sondern auch auf die Arbeitsbedingungen von Erzieher_innen (vgl. Abschnitt 3.2.1).

Ein zentrales Gesetz der neoliberalen Politik, das für viele Frauen einschneidende Folgen hat und ihr Risiko erhöht, wegen Kinderbetreuung in prekäre Lebensbedingungen abzurutschen, ist das Gesetz zur Änderung des Unterhaltsrechts. Verabschiedet wurde es mit der Zielsetzung, einen weiteren Impuls zur verstärkten Erwerbstätigkeit von Frauen mit Kindern zu geben. So kommt es nach dem Inkrafttreten des veränderten Unterhaltsrechts 2008 zu massiven Einschränkungen im nachehelichen Unterhaltsanspruch. Nach dieser Neuregelung haben bei Scheidung alle Kinder unterhaltspflichtiger Partner_innen Vorrang vor dem Unterhalt für geschiedene Frauen oder auch Männer. Deren Unterhalt kann entsprechend auch ganz entfallen, selbst wenn sie für die Kindererziehung hauptverantwortlich sind. Das zwingt Personen, die primär die Reproduktionsarbeit übernommen haben, nach der Scheidung ihren Lebensunterhalt selbständig zu bestreiten. Ausgenommen von der Erwerbspflicht sind Eltern mit Kindern unter drei Jahren, die einen Anspruch auf Betreuungsunterhalt haben. Dieser kann in begründeten Fällen verlängert werden. Da Frauen nach wie vor deutlich weniger verdienen als Männer, vor allem im Anschluss an eine Familienphase schlechtere Einstiegsmöglichkeiten auf dem Arbeitsmarkt haben und nicht ohne weiteres eine Teilzeitstelle aufstocken können, werden sich mit diesem neuen Recht viele Frauen nach einer Scheidung in prekären Lebensverhältnissen wiederfinden. Sie sind mit der Doppelbelastung von Familien- und Berufsarbeit ebenso konfrontiert wie mit Altersarmut.

Damit setzt die Familienpolitik sehr konsequent das neoliberale Ziel um, die Frauenerwerbstätigkeit zu fördern. So muss heute auch jede verheiratete Person möglichst in Vollzeit im Beruf bleiben, auch wenn sie umfangreiche familiäre Sorgeaufgaben übernimmt, da sie ansonsten im Fall der Scheidung in finanzielle Schwierigkeiten gerät und sich im Alter in Armut wiederfindet. Dies wird mit dem Unterhaltsrecht ganz direkt betrieben. Auch das zweite Ziel der Familienpolitik, die Geburtenrate zu steigern, wird auf diese Weise indirekt gefördert. Die aus ihren finanziellen Pflichten Entlassenen, meist Männer, sind nunmehr frei und finanziell ungebunden für ihr weiteres Leben, zumindest gegenüber der ehemaligen Partnerin, und haben die Möglichkeit, mit einer neuen Partnerin weitere Kinder in die Welt zu setzen. Damit löst sich die Rechtslage auch an diesem Punkt vom alten Konzept des Familienernährers, auch wenn es immer noch als Bild und ideologische Konstruktion durch öffentliche und private Diskurse geistert.

Seit dem Rentenreformgesetz 1992 werden für Kinder, die ab 1992 geboren wurden, für die Erziehungszeit drei Entgeltpunkte, mit der am 1.7.2014 erfolgten Einführung der sogenannten Mütterrente für vor 1992 geborene Kinder zwei Entgeltpunkte in der gesetzlichen Rentenversicherung angerechnet. Ein Entgeltpunkt entspricht dem Rentenanspruch, den Erwerbstätige im Durchschnitt pro Jahr erwerben. Allerdings haben sich gleichzeitig die Rentenbedingungen massiv zuungunsten der Versicherten verschlechtert. Die schrittweise Erhöhung des Rentenzugangsalters von 65 auf 67 Jahre führt wegen der schlechten Arbeitsmarktchancen von Älteren erwartbar zu hohen Rentenabschlägen. Gleichzeitig ist das Netto-Rentenniveau vor Steuern für Standardrentner_innen[8] in den Jahren seit 1985 kontinuierlich gesunken: von 57,4% (1985) auf 52,9% (2000), 51,6% (2010) und 48,9% (2013) (Deutsche Rentenversicherung 2014a: 258). Nach den Vorausberechnungen der Bundesregierung im Rentenversicherungsbericht 2014 wird das Sicherungsniveau vor Steuern auf 47,0% im Jahre 2020 und weiter auf 44,4% im Jahr 2028 sinken (BMAS 2014: 39f.). Die Zahl der Rentner_innen, die mit Minijobs bis ins hohe Alter ihre Rente aufstocken, steigt bereits heute an. Sie putzen oder tragen Werbeblättchen aus, um trotz ihrer viel zu geringen Rente irgendwie über die Runden zu kommen. Es ist davon auszugehen, dass auch viele geschiedene Frauen, die zugunsten familiärer Sorgearbeit ihre Erwerbsbeteiligung reduziert haben, sich im Alter in Armut wiederfinden.

Zusammenfassend lässt sich festhalten: Die derzeitige Politik zielt darauf ab, dass alle erwachsenen Personen umfassend erwerbstätig sind und gleichzeitig die Familien möglichst viel gesellschaftlich notwendige Reproduktionsarbeit übernehmen. Auf diese Weise reduziert sie die staatlichen Ausgaben. Faktisch sind es vor allem Frauen, die diese doppelte Arbeitsbelastung tragen. Familien werden nur dort unterstützt, wo ansonsten das Wachstum der Ökonomie beeinträchtigt wird. Dies geschieht durch Maßnahmen, die auf die Erhöhung der Frauenerwerbsquote bei gleichzeitiger Erhöhung der Geburtenrate abzielen. Familienpolitik ist damit im Kern Wirtschaftspolitik.

8 Die Standardrentner_in war 45 Jahre lang jeweils zum Durchschnittsverdienst erwerbstätig. Aus den dabei erworbenen Rentenansprüchen ergibt sich die Standardrente. Das Rentenniveau setzt diese Standardrente ins Verhältnis zum Durchschnittslohn.

2.3.3 Pflegepolitik unter dem Diktat der Kostenbegrenzung

Bei der Betreuung unterstützungsbedürftiger, meist älterer Menschen ist die staatliche Unterstützung noch deutlich geringer als bei der Sorgearbeit für Kinder, da jene im Gegensatz zu jungen Menschen nicht mehr als gegenwärtige oder zukünftige Arbeitskräfte eingestuft werden. Zwar trat 1995/96 in einem zweistufigen Verfahren die Pflegeversicherung[9] als fünfte Säule der Sozialversicherung neben der Kranken-, Unfall-, Renten- und Arbeitslosenversicherung in Kraft. Pflegebedürftigkeit wird damit als Lebensrisiko anerkannt. Allerdings war man sich über die unterschiedlichen Interessenlagen von beteiligten Sozial-, Finanz- und Ordnungspolitiker_innen hinweg darin einig, dass ambulante Behandlung Vorrang vor stationärer haben müsse und keine Bedarfsdeckung angestrebt wird. So setzte sich das Primat der Kostenbegrenzung durch. Die Pflegeversicherung wird nach dem Teilkasko-Prinzip verankert; an die Stelle der Bedarfsdeckung tritt die Budgetierung der Leistungen (Hielscher et al. 2013: 45). Das bedeutet, dass die Leistungen von vornherein bestimmte Pauschalbeträge nicht überschreiten können, unabhängig von der tatsächlichen Bedürftigkeit der zu pflegenden Personen. Um die Kosten möglichst gering zu halten, wird auf die Pflegearbeit der Angehörigen gesetzt. Die Pflegepersonen und gegebenenfalls ihre Angehörigen haben darüber hinaus bei Überschreitung der gewährten Pauschalen für die Kostendifferenz aufzukommen.

Ein weiteres Element des Teilkasko-Prinzips liegt in der Einschränkung des Kreises der leistungsberechtigten Personen. Sie müssen eine Pflegestufe vorweisen, um Leistungen aus der Pflegeversicherung zu erhalten. Dabei erhalten längst nicht alle pflegedürftigen Personen eine Pflegestufe. Darüber hinaus trägt die Verwendung eines „rein verrichtungsbezogen und einseitig somatisch fixierten Konzeptes von Pflegebedürftigkeit“ (Naegele 2014: 29f.) zur Ausgrenzung von Personen mit eingeschränkter Alltagskompetenz aus dem Leistungskatalog der Pflegeversicherung bei. Dies

9 Nach einer Erhöhung zum 1.1.2015 um 0,3% beträgt der Beitragssatz 2,35%, der paritätisch von Unternehmen und Lohnabhängigen bezahlt wird. Kinderlose Versicherte zahlen im Alter von 23 bis 65 Jahren seit 2005 einen Zuschlag von 0,25 Prozentpunkten zur Pflegeversicherung, woran sich die Unternehmen nicht beteiligen.

„war von Anfang an aus Kostenbegrenzungsgründen politisch intendiert“ (ebd.: 30).

Für Leistungsempfänger_innen besteht die Wahlmöglichkeit zwischen pauschalisierten, nicht kostendeckenden Geldleistungen im Bereich der häuslichen Pflege und pauschalisierten Sachleistungen, ebenfalls mit begrenztem Kostenrahmen, in der ambulanten und stationären Pflege. Eine Differenzierung erfolgt über drei Pflegestufen sowie Härtefallregelungen bei einem außergewöhnlich hohen Pflegeaufwand. Anders als bei der gesetzlichen Krankenversicherung gibt es für die Pflegeleistungen allerdings keine automatische Regeldynamisierung, die Sätze der Pflegestufen werden also nicht automatisch an die Inflationsrate angepasst. Der Bundestag hat nach der Einführung der Pflegeversicherung 1995/96 erstmals 2008 Anpassungen in drei Stufen vorgenommen. Dadurch kommt es zur „schleichenden Leistungsentwertung“, die Deckungsgrade der Leistungsbeiträge nehmen ab (ebd.: 18).

In der Konstruktion der Pflegeversicherung wird ferner das Zweiklassen-Konzept entsprechend der Krankenversicherung übernommen. In der privaten Pflegeversicherung sind tendenziell jüngere, einkommensstärkere und gesündere Menschen versichert, in der sozialen[10] dagegen ältere, einkommensschwächere und kränkere. Der kumulierte Effekt der besseren Einkommens- und Risikostruktur in der privaten Pflegeversicherung führt unmittelbar zu einem geringeren Anteil von Pflegebedürftigen und zu niedrigeren Ausgaben je versicherter Person. Mit einer die gesamte Bevölkerung umschließenden Bürgerversicherung oder zumindest durch einen Finanzausgleich zwischen den Systemen könnte bereits heute bei gleichen Kosten eine umfassendere Versorgung gewährleistet werden, da in der privaten Versicherung ein großer Teil der Beiträge für Altersrückstellungen benutzt wird (Rothgang 2011). Da es diesen Ausgleichsmechanismus nicht gibt, wird bei den sozial Pflegeversicherten aus Kostengründen eine extrem enge zeitliche Taktung vorgenommen, auch als Minutenpflege bezeichnet.

10 Die Pflegeversicherung ist eine Pflichtversicherung, über die alle Einwohner_innen Risiken der Pflegebedürftigkeit abzusichern haben. Deswegen sind gemäß § 23 SGB XI auch diejenigen Personen, die privat krankenversichert sind, gezwungen, eine private Pflegeversicherung abzuschließen. Neben der privaten gibt es die soziale Pflegeversicherung, über die Personen mit einer gesetzlichen Krankenversicherung pflegeversichert sind.

Ferner werden viele aktivierende Maßnahmen für Pflegebedürftige, die ihnen ein Stück mehr Lebensqualität ermöglichen würden, nicht finanziert.

Die fehlende Bedarfsdeckung führt dazu, dass zum einen Pflegebedürftige oder deren Angehörige häufig nicht die Möglichkeit haben, die zusätzlichen Kosten einer stationären oder ambulanten Pflege zu tragen. Zum anderen werden durch eben diesen Vorrang der Kostensenkung entlohnte Pflegeleistungen unter Zeitdruck erbracht, so dass Angehörige vermeiden wollen, Pflegebedürftige dieser Situation auszusetzen. Beide Gründe erklären, warum 70% aller Pflegebedürftigen zu Haus gepflegt werden; 47% aller Pflegebedürftigen erhalten ausschließlich Pflegegeld. So wird das Ziel der Pflegeversicherung, „vorrangig die häusliche Pflege und die Pflegebereitschaft der Angehörigen und Nachbarn [zu] unterstützen" (§ 3 SGB XI), Realität. Letztendlich wird es primär zur Aufgabe von Familien, den Pflegebedürftigen ein selbständiges und selbstbestimmtes Leben in der gewohnten häuslichen Umgebung zu sichern, wie es im öffentlichen Diskurs immer wieder postuliert wird. Dies gilt in besonderem Maß für Familien mit migrantischen Pflegebedürftigen, da diesen kaum stationäre Angebote zur Verfügung stehen, in denen ihre Sprache verstanden wird und in denen auf ihren kulturellen Hintergrund eingegangen wird. Dort, wo es keine Angehörigen gibt oder die Angehörigen nicht in hinreichendem Umfang den zu Pflegenden zur Verfügung stehen, werden sie häufig von Haushaltsarbeiter_innen unterstützt (zu deren Arbeitsbedingungen vgl. 3.2.3).

Für diese beiden Fälle ist das Pflegegeld vorgesehen: Entweder stellt es einen Sockelbetrag dar, der aufgestockt werden muss, um eine Pflegekraft zu beschäftigen, oder aber das Pflegegeld wird als geringfügige Anerkennung der Leistung der Angehörigen oder Freund_innen eingesetzt. In seiner Höhe liegt das Pflegegeld je nach Pflegestufe zwischen 123 und 728 Euro und damit deutlich niedriger als entsprechende Leistungen für den ambulanten oder stationären Pflegedienst.[11] Den Pflegenden ist es nicht möglich,

11 Am 17. April 2014 hat das Bundesverfassungsgericht festgestellt, dass die deutlich unterschiedliche Höhe von Pflegegeld und sogenannten Sachleistungen für ambulante oder stationäre Pflege nicht gegen den im Grundgesetz verankerten Gleichheitsgrundsatz und auch nicht gegen den Schutz von Ehe und Familie verstößt. Dahinter steht der Gedanke, dass familiäre, nachbarschaftliche oder ehrenamtliche Pflege grundsätzlich ohne finanzielle Gegenleistung erbracht wird

damit ihren Lebensunterhalt zu sichern. So werden Familienangehörige, die für die Pflege ihren Beruf aufgeben müssen, in die Armut getrieben. Entsprechend sind 56% der Pflegepersonen der Meinung, dass der Staat nicht genug für die häusliche Pflege tut (Runde et al. 2009: 31).

In der generationenübergreifenden Pflege sind es weit überproportional Frauen, also primär Töchter und Schwiegertöchter, die Eltern oder andere ältere Verwandte pflegen, auch wenn sich der Anteil der pflegenden Männer von 1996 bis 2011 von 6% auf knapp 11% annähernd verdoppelt hat (Rothgang/Müller/Unger 2013: 104-106). Allerdings pflegen Männer innerhalb einer Generation, also meist in höherem Alter, deutlich mehr. Fasst man alle Pflegesituationen zusammen und erfasst nicht nur die Hauptpflegepersonen, sondern alle an der Pflege Beteiligten, so kommen Heinz Rothgang, Rolf Müller und Rainer Unter (2013: 108) auf einen Anteil der an der Pflege beteiligten Männer von 35%, der in den letzten zehn Jahren nahezu konstant blieb. Das bedeutet aber auch, dass es zu knapp zwei Drittel weibliche Familienangehörige sind, die pflegerische Arbeit ausführen.

Diejenigen Pflegenden, die weiter berufstätig sind, stehen vor dem Problem, wie sie ihre Erwerbsarbeit mit familiärer Pflegearbeit verbinden können. Die Rahmenbedingungen für die Übernahme von Pflegeverantwortung durch Beschäftigte sind in zwei Gesetzen geregelt. Dies ist zum einen das Pflegezeitgesetz (PflegeZG), das seit Juli 2008 gilt, zum anderen das Gesetz zur Vereinbarkeit von Pflege und Beruf, auch Familienpflegezeitgesetz (FPfZG) genannt, das im Januar 2012 in Kraft getreten ist.

Das Pflegezeitgesetz verfolgt explizit das Ziel, Angehörigen die Übernahme privater Pflegeverantwortung auch bei Berufstätigkeit zu erleichtern. Es regelt zwei verschiedene Freistellungsansprüche: zum einen die kurzzeitige Arbeitsverhinderung gemäß § 2 PflegeZG und zum anderen die sogenannte Pflegezeit bis zu 6 Monaten gemäß § 3 PflegeZG. Gemäß der Regelung der kurzzeitigen Arbeitsverhinderung in § 2 PflegeZG haben Beschäftigte das Recht, der Erwerbsarbeit für bis zu 10 Arbeitstage im Jahr fernzubleiben, wenn dies erforderlich ist, um für einen pflegebedürftigen nahen Angehörigen in einer akut aufgetretenen Pflegesituation eine bedarfsgerechte Pflege zu organisieren oder eine pflegerische Versorgung in dieser Zeit sicherzustellen. Das Pflegezeitgesetz kannte bis zu seiner Novellie-

(vgl. Homepage des Sozialverbands VdK, http://www.vdk.de/deutschland/pages/themen/pflege/67454/pflegegeld_darf_geringer_als_sachleistungen_sein).

rung, die am 1.1.2015 in Kraft trat, keine Anspruchsgrundlage für eine Entgeltfortzahlung des Unternehmens und auch keine Lohnersatzleistung. Seit der Novellierung gibt es diese Lohnersatzleistung für 10 Tage, die den Verdienstausfall in dieser Zeit zu einem Großteil auffangen soll. Mit der Pflegezeit nach § 3 PflegeZG haben Beschäftigte einen Anspruch auf vollständige oder teilweise Freistellung für maximal sechs Monate, wenn sie einen pflegebedürftigen nahen Angehörigen in häuslicher Umgebung pflegen. Obwohl es dafür keine Entgeltfortzahlung gibt, besteht dieser Anspruch nur für Unternehmen mit mehr als 15 Beschäftigten. Sofern Beschäftigte nur eine teilweise Freistellung (Teilzeit) anstreben, da sie während dieser Zeit sich auch finanziell absichern müssen, kann das Unternehmen den Wünschen hinsichtlich der Verteilung der Arbeitszeit dringende betriebliche Belange entgegenhalten.

Bisher ist die Inanspruchnahme der genannten Regelungen deutlich hinter den Erwartungen zurückgeblieben. Im Jahr 2009 nahmen 2,1% der Pflegenden unter 65 Jahren die Pflegezeit in Anspruch und 2,7% die kurzfristige Freistellung (Runde et al. 2009: 40-43). Hauptkritikpunkte sind der fehlende finanzielle Ausgleich sowie die mangelnde zeitliche Vereinbarkeit von Erwerbsarbeit und Pflegeaufgaben.

Das Familienpflegezeitgesetz sieht vor, dass Beschäftigte ihre wöchentliche Arbeitszeit maximal zwei Jahre lang reduzieren können, um nahe Angehörige zu pflegen. Der Mindestumfang der verbleibenden Arbeitszeit muss 15 Wochenstunden betragen. Die Unternehmen stocken den Beschäftigten während dieser Familienpflegezeit das Gehalt um die Hälfte der Differenz zwischen dem bisherigen Gehalt und dem sich durch die Arbeitszeitreduzierung ergebenden geringeren Gehalt auf. Sie können diesen Vorschuss auf das Gehalt durch ein zinsloses Bundesdarlehen refinanzieren. Die Beschäftigten erhalten nach Beendigung der Familienpflegezeit bei voller Arbeitszeit solange weiterhin den reduzierten Lohn, bis der Lohnvorschuss während der Familienpflegezeit wieder ausgeglichen ist. Das mögliche Ausfallrisiko für das Unternehmen im Fall des Todes oder eines vorzeitigen Ausscheidens der Beschäftigten wird durch eine Familienpflegezeitversicherung abgedeckt, die die Beschäftigten abzuschließen und zu bezahlen haben.

Das Familienpflegezeitgesetz enthielt bis Ende 2014 keinen Rechtsanspruch der Beschäftigten, sondern es handelte sich lediglich um ein freiwilliges Angebot von Unternehmen. Dies änderte sich mit der Gesetzesnovelle vom 1.1.2015; allerdings sind dabei Betriebe mit 25 und weniger Beschäftigten ausgenommen und die anderen Unternehmen können den Wünschen der Beschäftigten nach dem Ausmaß der Verringerung und der konkreten Lage der Arbeitszeit widersprechen, wenn dringende betriebliche Gründe entgegenstehen. Ursprünglich war eine Untergrenze von mehr als 15 Beschäftigten vorgesehen, doch diese Marke wurde vom Deutschen Bundestag Anfang Dezember 2014 in letzter Minute auf Druck aus der Wirtschaft angehoben. Das Familienpflegezeitgesetz ist als Ergänzung des Pflegezeitgesetzes zu verstehen und gilt ebenfalls ausschließlich für Menschen, die in einem verwandtschaftlichen Verhältnis zueinander stehen.[12]

Im Jahr 2012 hatten lediglich ein- bis zweihundert Beschäftigte von der Familienpflegezeit Gebrauch gemacht (Ehm/Rinderspacher 2013). Das hängt sicherlich damit zusammen, dass es vor dem 1.1.2015 keinen Rechtsanspruch auf Familienpflegezeit gab. Weiterhin bestehen wird allerdings das Problem, dass sie nur für unbefristet Beschäftigte in Frage kommt. Darüber hinaus ist nach Einschätzung der Betroffenen das Gesetz wenig praxistauglich (ebd.), da sich nicht allzu viele Beschäftigte erlauben können, bis zu zwei Jahre auf Teile ihres Lohns zu verzichten. Die einzige Antwort auf dieses Problem, die der Bundesregierung einfällt, ist die Gewährung eines zinslosen Darlehens, das nach Beendigung der Familienpflegezeit zurückgezahlt werden muss.

Gleichzeitig reduziert die Bundesregierung den zeitlichen Umfang der Gesamtpflegezeit. Nach dem Pflegezeitgesetz können sich pflegende Angehörige bis zu sechs Monate von der Erwerbsarbeit freistellen lassen und sie können nach dem Familienpflegezeitgesetz ihre Arbeitszeit für zwei Jahre reduzieren. Während vor der Novellierung die Familienpflegezeit zusätzlich zu der sechsmonatigen, im Pflegezeitgesetz geregelten Freistellung in Anspruch genommen werden konnte, wurde dies mit der Novellierung dahingehend reduziert, dass nur noch Arbeitszeitreduktionen von insgesamt 24 Monaten ermöglicht werden.

---

12 Letztere Einschränkung wurde mit der Gesetzesnovelle, die am 1.1.2015 in Kraft trat, leicht gelockert, indem nun auch Stiefeltern, Schwäger_innen und Partner_innen in lebenspartnerschaftsähnlichen Gemeinschaften Möglichkeiten der beiden Gesetze in Anspruch nehmen können. Ausgeschlossen sind nach wie vor Freund_innen, Nachbar_innen und allgemein Bekannte.

So lässt sich zusammenfassend festhalten, dass im Zentrum der Pflegepolitik das Prinzip der Kostensenkung für Unternehmen und Staat steht. Mit möglichst geringer staatlicher Unterstützung wird das Engagement der pflegenden Angehörigen aufrechterhalten und der Großteil des Pflegebedarfs auch weiterhin in Familien abgewickelt, unentlohnt und maximal durch ein Pflegegeld als Aufwandsentschädigung beziehungsweise eine zehntägige Lohnersatzleistung unterstützt. Für Menschen, die neben dieser Pflegearbeit berufstätig sein möchten oder müssen, gibt es dadurch geringfügige Erleichterungen, dass sie ihre berufliche Arbeitszeit vorübergehend reduzieren können, allerdings bei gleichzeitiger Einschränkung ihrer Löhne und Gehälter.

Die gesamten finanziellen Lasten tragen die pflegenden Angehörigen. Teilzeitbeschäftigte und Niedriglohnbeziehende können sich eine Reduzierung ihres Einkommens in der Regel nicht leisten. Dass auch Freiberufler_innen und Selbständige in die Situation kommen können, pflegebedürftige Angehörige zu versorgen, wird überhaupt nicht berücksichtigt. Obwohl Pflegearbeit eine gesellschaftlich notwendige Aufgabe ist, wird die Betreuung und Pflege unterstützungsbedürftiger Menschen nach wie vor als Privatsache der Pflegenden behandelt. Da es für viele Pflegepersonen kaum möglich ist, ihre Angehörigen neben der Berufsarbeit zu pflegen, sind sie gezwungen, ihre Erwerbsarbeit aufzugeben. In der Folge sind sie häufig mit Hartz IV und Armut konfrontiert.

Eine grundlegende Änderung dieser Politik ist nicht geplant. Die Bundesregierung hält an dem Slogan „ambulant vor stationär" fest. Im Achten Familienbericht empfiehlt die Sachverständigenkommission noch mehr privates Engagement der sogenannten jungen Alten, um dem Pflegenotstand zu begegnen. Das nimmt die Bundesregierung in ihrer Stellungnahme positiv auf (BMFSFJ 2012a: XIX und 100ff.). Hier wird auf die Arbeitsleistung von Personen gesetzt, die dem Arbeitsmarkt ohnehin nicht mehr zur Verfügung stehen. Sie haben, so die Vorstellung vieler Politiker_innen, die Zeit, häusliche Pflegeaufgaben zu übernehmen. Die jungen Alten sollen gegen ein – wenn überhaupt – nur geringes Pflegegeld die Sorge für Eltern, Verwandte und Freund_innen leisten. Dahinter steht das Kalkül, dass dies die kostengünstigste Lösung für Unternehmen und Staat darstellt.

2.4 STRATEGISCHE ENTTHEMATISIERUNG VON CARE-ARBEIT

In all diesen Bereichen der Familien- und Pflegepolitik wird deutlich, dass weder die Unterstützung von Sorgearbeitenden in den Familien noch der Ausbau von staatlichen Leistungen der Daseinsvorsorge Ziele der Politik sind. Reproduktionsarbeit wird individualisiert, den Familien überlassen und selbst in der Familienpolitik nur mit Bezug auf wirtschaftspolitische Erwägungen thematisiert. Obwohl sie gesellschaftlich notwendig ist, wird gerade die Reproduktionsarbeit aus der öffentlichen Wahrnehmung ins Private verschoben und damit grundlegend entthematisiert (Hajek/Opratko 2010). Damit werden auch diejenigen Inhalte der Arbeit von Care-Beschäftigten, die Empathie und das Einlassen auf das Gegenüber zum Gegenstand haben, tendenziell unsichtbar. Diese Inhalte werden als Selbstverständlichkeit betrachtet oder überhaupt nicht wahrgenommen; sie werden nicht als Arbeit gesehen, die Zeit erfordert. Diese Entthematisierung findet statt, auch wenn offensichtlich ist, dass ohne Sorgearbeit weder Menschen individuell überlebensfähig sind noch sich die Arbeitskraft als Grundvoraussetzung gesellschaftlicher Produktion erhalten lässt. Kurz- und mittelfristig geht das Konzept dennoch auf, da Care-Arbeitende in privaten Haushalten weiterhin für Kinder, Eltern, Partner_innen, Freund_innen und Nachbar_innen tätig sind, auch wenn sie dafür nicht bezahlt und häufig auch nicht anerkannt werden. Und auch Care-Beschäftigte übernehmen aus dem Gefühl der Verantwortung für die Sorgeempfänger_innen zusätzliche Tätigkeiten, teils in unbezahlten Überstunden.

Das Vorgehen ist systemimmanent durchaus folgerichtig. Denn für die Kapitalverwertung ist es die billigste Variante, wenn Reproduktionsarbeit von Erwerbstätigen zusätzlich zu einer eigenen, die Existenz sichernden Erwerbsarbeit oder von Rentner_innen geleistet wird. Auf diese Weise entstehen kaum Kosten für das Wirtschaftssystem. Auch wenn erziehende und pflegende Personen staatliche Transferleistungen (Kinder-, Eltern- oder Pflegegeld), Steuererleichterungen oder Rentenanwartschaften erhalten, belasten diese Motivationsanreize die Kapitalverwertung nur geringfügig. Durch den Einsatz von sozial nicht abgesicherten und schlecht entlohnten Arbeitenden, meist Migrant_innen, in Privathaushalten und die stillschweigende Duldung von Rechtsverletzungen in diesem Bereich wird gewährleistet, dass finanziell besser gestellte Erwerbstätige Care-Arbeit delegieren können. Auch dieses Vorgehen begrenzt die Reproduktionskosten der Arbeitskraft. Staatliche Regulierung setzt deswegen auf diese Form der Beschäftigung, auch wenn sie meist in der Schattenwirtschaft stattfindet.

Im Vergleich ist die Ökonomisierung von Sorgearbeit durch privatwirtschaftlich und damit warenförmig organisierte Care-Angebote teuer und belastet die Lohneinkommen stärker. Deshalb würden höhere Löhne für alle Beschäftigten erforderlich, sollte Sorgearbeit umfassend kommerziell organisiert werden. Dies würde zulasten der Profite der meisten Unternehmen gehen. Denn diese Form der Vermarktlichung kann zwar profitabel für Unternehmen sein, die Care-Dienstleistungen anbieten. Doch gleichzeitig steigern auf diesem Weg organisierte Care-Dienstleistungen die durchschnittlichen Reproduktionskosten der Arbeitskraft. Dies erhöht deren Wert und senkt damit tendenziell die Mehrwertrate.

Nur an den Stellen, an denen die Kostenreduktion zu Folgeproblemen führt, kommt es zu einem Ausbau staatlicher Leistungen. Das ist etwa dann der Fall, wenn fehlende öffentliche Kinderbetreuung mit dem Ziel in Konflikt gerät, möglichst viele Frauen mit Kindern auf den Arbeitsmarkt zu bringen. Allerdings finden derzeit alle staatlichen Ausgaben unter dem Primat des Schuldenabbaus statt. Das bedeutet, dass in Bildung und Erziehung, Gesundheit und Pflege auch dort, wo der Umfang der Leistungen erweitert wird, die Kosten möglichst gering gehalten werden. Dies führt zu enormen Mehrbelastungen Care-Beschäftigter. Sie nehmen nicht nur mit Rücksicht auf die von ihnen Versorgten häufig Arbeitsintensivierung und unbezahlte Mehrarbeit hin. Gleichzeitig lassen sich mit der Ausblendung und Nicht-Benennung von personenzentrierten Arbeitsinhalten bei Care-Beschäftigten auch niedrige Entlohnung und schlechte Arbeitsbedingungen aufrechterhalten.

So lebt der Kapitalismus auch in seiner neoliberalen Form von Menschen, insbesondere Frauen, die unentlohnte oder schlecht entlohnte Arbeit verrichten, damit ihre Mitmenschen unterstützen und gleichzeitig die Reproduktion der Arbeitskraft sichern. Anders als im fordistischen Ernährermodell der alten BRD tragen heute Frauen durch ihre umfangreichere Berufstätigkeit verstärkt zur direkten Mehrwertproduktion bei. Dies ermöglicht tendenziell sinkende Stundenlöhne, da zur Reproduktion der Arbeitskraft kein Familienernährerlohn mehr gezahlt werden muss. Gleichzeitig hat die von ihnen getätigte Reproduktionsarbeit im familiären Bereich indirekt Einfluss auf den Wert der Arbeitskraft, der steigen würde, wenn all diese Arbeit im bezahlten Care-Sektor abgewickelt werden müsste.

Das kapitalistische System bleibt somit auch in seiner neoliberalen Variante von Reproduktionsarbeit abhängig, die in der patriarchalen Verfasstheit der gegenwärtigen kapitalistischen Gesellschaft als Frauenarbeit konstruiert ist. Insofern kann ich der Analyse von Linda McDowell (2009) nicht zustimmen, die davon ausgeht, dass das derzeitige ökonomische System nicht mehr auf unentlohnte Frauenarbeit angewiesen ist. Richtig ist sicherlich, dass sich aus der Perspektive der Profitmaximierung alle Erwerbstätigen, unabhängig vom Geschlecht, die Reproduktionsarbeit teilen könnten. Dies wird mit den Vätermonaten beim Elterngeld staatlich direkt unterstützt. Auch könnte Reproduktionsarbeit verstärkt von älteren Menschen jeden Geschlechts ausgeübt werden, sobald sie für die Lohnarbeit nicht mehr zur Verfügung stehen. Dies wird in der familienpolitisch begrüßten Einbeziehung von Großeltern in die Kindererziehung deutlich.

Doch nichts spricht dafür, dass solche Konzepte die Zuschreibung der Reproduktionsarbeit an Frauen ablösen. Diese Zuschreibung ist in einem solchen Maß durch Normen und Werte gefestigt, die Verantwortung von Frauen für sorgende Tätigkeiten erscheint so selbstverständlich, dass diese Tätigkeiten selten als Arbeit benannt werden. So funktioniert diese Arbeitsteilung, weil nach wie vor kaum in Frage gestellt, weiterhin stabil. Direkte Konsequenz ist, dass auch die hohen Belastungen und die Gefahr der Altersarmut, denen viele Frauen ausgesetzt sind, aus dem öffentlichen Diskurs verbannt werden. So hat die Entthematisierung von Reproduktionsarbeit strategische Bedeutung für die Funktionsfähigkeit des kapitalistischen Systems. Diese Entthematisierung zu durchbrechen, ist im Interesse aller Menschen, die für andere sorgen und für die gesorgt wird. Entsprechend ist diese Sorgearbeit bei der Entwicklung einer gesellschaftlichen Alternative ausdrücklich zu berücksichtigen (vgl. Kapitel 6).

3 Zeitnot und Existenzunsicherheit bei Care-Arbeitenden

In diesem Kapitel skizziere ich, welche Handlungsstrategien sowohl die familiären als auch die beruflichen Care-Arbeitenden unter den im vorigen Kapitel genannten Rahmenbedingungen verfolgen. Ich frage danach, wie sie in einer Gesellschaft, in der Care-Arbeit abgewertet und Frauen zugeordnet wird, ihr alltägliches Leben gestalten.

Aus einer Studie von Jutta Allmendinger und Julia Haarbrücker (2013) geht hervor, dass 21 bis 34 Jahre alte Frauen finanzielle Unabhängigkeit, Beruf, Kinder und gute Freundschaften verbinden wollen. Dabei ist 96% der befragten Frauen besonders wichtig, finanziell unabhängig zu sein (ebd.: 13). Der Anteil derer, denen Familie wichtiger ist als die eigene Erwerbstätigkeit, liegt unter 5% (ebd.: 48). Auch immer mehr Männer, nämlich 76%, wünschen sich eine Partnerin, die ökonomisch auf eigenen Beinen steht (ebd.: 26). Gleichzeitig wünschen sich 93% der Frauen Kinder, auch wenn sie die Vereinbarkeit von Beruf und Familie skeptisch beurteilen (ebd.: 33f.).

Die Widersprüche, die aus der Verfolgung dieser Wünsche resultieren, werden im Alltag mit unterschiedlichen Strategien bearbeitet. Welche Strategie ein Haushalt unter diesen Bedingungen verfolgt, um die notwendige Sicherung eines Einkommens mit den Anforderungen der Reproduktionsarbeit zu verbinden, hängt in hohem Maß von den Ressourcen ab, die ihm zur Verfügung stehen. Hierauf gehe ich in Abschnitt 3.1 näher ein. In Abschnitt 3.2 skizziere ich die beruflichen Arbeitsbedingungen von Care-Beschäftigten, die vielfältigen Stresssituationen ausgesetzt sind. In Abschnitt 3.3 diskutiere ich die Erschöpfung vieler Menschen angesichts der

Handlungsanforderungen, vor denen sie bei der Bewältigung ihres Alltags stehen.

3.1 DIFFERENZIERTE FAMILIÄRE STRATEGIEN

Vielen Menschen ist bewusst, dass es gegenwärtig keine angemessene Politik zur Unterstützung der täglich anfallenden familiären Sorgearbeit gibt. So haben nach einer Studie des Instituts für Demoskopie Allensbach (IfD 2013: 7) zwei Drittel der Bevölkerung den Eindruck, dass Familie und Beruf in Deutschland nicht gut zusammenpassen. Besonders kritisch wird die Vereinbarkeit dieser Sphären von Müttern minderjähriger Kinder gesehen. Von ihnen bewerten 75% die Vereinbarkeit als „nicht so gut" (ebd.).

Die meisten Personen mit Sorgeverpflichtungen stehen vor der schwierigen Aufgabe, jeweils individuell den Balanceakt zwischen Lohn- und Reproduktionsarbeit zu meistern. In ihrer Erwerbsarbeit sind sie mit zunehmenden Flexibilitätsansprüchen der Unternehmen, kontinuierlich steigendem Leistungsdruck, Arbeitszeitverlängerung und Reallohnsenkung konfrontiert. Gleichzeitig setzen sie alles daran, diese beruflichen Anforderungen mit den gestiegenen Leistungsansprüchen in der Reproduktionsarbeit zu vereinbaren. Dabei sind es immer noch Frauen, die für die Reproduktionsarbeit weit überproportional die Verantwortung tragen.

Die bereits genannte Studie von Allmendinger/Haarbrücker (2013) zeigt, dass zeitintensive Arbeiten im Haushalt wie Putzen, Waschen und Kochen auch bei 21- bis 34-Jährigen mehrheitlich von Frauen übernommen werden – auch dann, wenn keine Kinder im Haushalt leben. Auch Pflege und Kindererziehung werden überproportional von Frauen ausgeführt. 30% der Männer wollen ihre Erwerbsarbeit nicht für die Kindererziehung unterbrechen, die Mehrzahl der übrigen Männer lediglich kurz. Dabei sind die Unterschiede zwischen den Bildungsgruppen sehr gering (ebd.: 35-37).

So stehen vor allem Frauen vor dem nicht wirklich befriedigend zu lösenden Problem, wie sie im Alltag den unterschiedlichen Anforderungen aus Lohn- und Reproduktionsarbeit gerecht werden sollen. Unabhängig davon, wie sie sich in der Gegenwart entscheiden, befinden sich insbesondere Frauen mit Sorgeverpflichtungen für Kinder oder pflegebedürftige Angehörige in einer Reproduktionsfalle, die auch ihr zukünftiges Leben beeinflussen wird: Sorgen sie heute für sich und andere, gefährden sie ihren eigenen derzeitigen und auch zukünftigen Lebensunterhalt. Geben sie der finanziellen Existenzsicherung und der Sorgearbeit für andere Vorrang, kommt die Selbstsorge zu kurz, was ebenfalls zu großen und nicht zuletzt gesundheitlichen Problemen in der Zukunft führen kann.

Dabei stehen einzelnen Personen und auch Familien höchst unterschiedliche Wege offen, mit diesem Dilemma umzugehen. Deswegen habe ich auf Grundlage der in Kapitel 2 skizzierten arbeitssoziologischen Erkenntnisse und familienpolitischen Regulierungen zur Beschreibung und Analyse von familiären Handlungsformen vier idealtypische Reproduktionsmodelle entwickelt. Ich bezeichne sie als ökonomisiertes, paarzentriertes, prekäres und subsistenzorientiertes Reproduktionsmodell. Indem ich nach der Erwerbsbeteiligung, dem Familieneinkommen und der Organisation der Reproduktionsarbeit idealtypisch differenziere, kann ich zeigen, dass sich derzeit in der BRD kein einheitliches oder dominantes neoliberales Reproduktionsmodell herauskristallisiert. Vielmehr werden unterschiedliche Modelle sichtbar, je nach den Bedingungen, unter denen Menschen ihre Arbeitskraft verkaufen können, und je nach dem Umfang ihrer Sorgeaufgaben.

Die vier von mir unterschiedenen Reproduktionsmodelle beschreibe ich im Folgenden für den Fall von Familien mit minderjährigen Kindern. Dort ist das Problem fehlender zeitlicher und finanzieller Ressourcen besonders groß. Dies gilt auch für Familien mit pflegebedürftigen Angehörigen, auf die sich die Modelle weitgehend übertragen lassen. Indem ich mich auf Familien mit minderjährigen Kindern konzentriere, kann ich für diese Gruppe auch Aussagen zur Verbreitung der vier Reproduktionsmodelle treffen. Als empirisches Material dient hierfür eine Sonderauswertung des Statistischen Bundesamts (2014c) auf der Grundlage des Mikrozensus 2013. Bei der Sonderauswertung wurde auf meine Anfrage für Familien mit minderjährigen Kindern je nach Familienform (Ehepaare, Lebensgemeinschaften, Alleinerziehende) und Erwerbsbeteiligung (vollzeittätig, teilzeittätig, erwerbslos) deren Nettoäquivalenzeinkommen bezogen auf das bundesdeutsche Medianeinkommen ausgewiesen.[1] Dieser Median liegt im Jahr

1 Das Nettoäquivalenzeinkommen ist das Nettoeinkommen des Haushalts dividiert durch eine „Äquivalenzgröße", die sich aus der Anzahl der Personen im Haushalt und deren Alter ergibt. Die Äquivalenzgröße wird gemäß einer EU-weit gültigen Definition nach der modifizierten OECD-Skala berechnet, wobei

2013 bei 1.478 Euro im Monat. Die Auswertung unterscheidet sechs Nettoäquivalenzeinkommensgruppen (> 150%, 120% < 150%, 100% < 120%, 80% < 100%, 60% < 80%, < 60%), die nach der Erwerbsbeteiligung von Ehepaaren und Lebensgemeinschaften sowie von Alleinerziehenden gesondert ausgewiesen werden. Allerdings ist es mit der Datenbasis dieser Sonderauswertung nur grob möglich, die jeweilige Häufigkeit der Reproduktionsmodelle zu bestimmen. Zwar liegt eine statistische Verknüpfung des Haushaltseinkommens mit der Erwerbsbeteiligung der Eltern vor, allerdings sagt dieses grobe Raster darüber hinaus nichts über die tatsächlich getätigten Erwerbsarbeitsstunden. Insbesondere kann Teilzeitarbeit sowohl als vollzeitnahe Tätigkeit wie auch als Mini-Job ausgeübt werden. Auch wird der Umfang der Reproduktionsarbeit mit dem Mikrozensus nicht erfasst. Ebenso sind aus dieser statistischen Betrachtung die Lebensumstände von illegalisierten Menschen ausgeschlossen.

3.1.1 Ökonomisiertes Reproduktionsmodell

Unter dem ökonomisierten Reproduktionsmodell fasse ich zunächst alle Familien, in denen Erwerbstätige unbefristet und vollbeschäftigt in sozial abgesicherten Normalarbeitsverhältnissen tätig sind, sofern deren verfügbares Familieneinkommen 120% des mittleren Nettoäquivalenzeinkommens übersteigt. Da in diesem Modell bei einer hohen Fixierung auf die Erwerbsarbeit keine Zeit bleibt, die anfallende Reproduktionsarbeit in hinreichendem Umfang selbst zu erbringen, wird diese zum Teil ökonomisiert und an Care-Beschäftigte abgegeben, sowohl an Erzieher_innen und Lehrer_innen in Ganztagskindergärten und -schulen als auch an Haushaltsarbeiter_innen

der ersten erwachsenen Person im Haushalt das Gewicht 1,0 zugeteilt wird, jeder weiteren erwachsenen Person sowie Kindern ab 14 Jahren jeweils das Gewicht 0,5 und Kindern unter 14 Jahren das Gewicht 0,3 (Statistisches Bundesamt 2014d: 8). Die damit unterstellten deutlich niedrigeren Bedarfe von Kindern unter 14 Jahren und auch der zusätzlichen Erwachsenen sind zu bezweifeln. Indem ich diese Werte dennoch benutze, überzeichne ich die finanziellen Handlungsmöglichkeiten in privaten Haushalten eher als dass ich sie unterschätze. Das Medianeinkommen (auch mittleres Einkommen) ist der Punkt auf der Einkommensskala, der alle Einkommensbezieher in zwei genau gleich große Gruppen teilt: Die eine Hälfte hat höhere Einkommen, die andere niedrigere.

im privaten Haushalt. Das vergleichsweise hohe Einkommen ermöglicht diese Ökonomisierung.

Dieses ökonomisierte Reproduktionsmodell ist für Haushalte mit minderjährigen Kindern häufig nur praktikabel, weil es als das favorisierte neoliberale Modell von der bundesdeutschen Familienpolitik seit circa zehn Jahren umfassend unterstützt wird. So profitiert gerade diese Gruppe, da sie in der Regel vor der Geburt eines Kindes viel verdient hat, massiv vom Elterngeld, das in Abhängigkeit vom vorherigen Einkommen berechnet wird. Gleichzeitig werden die neu geschaffenen Kita-Plätze für Kinder unter drei Jahren überproportional Besserverdienenden zur Verfügung gestellt,[2] da Eltern mit hohem Umfang der Erwerbstätigkeit in aller Regel den Vorzug erhalten, wenn nicht genügend Plätze zur Verfügung stehen. Auch können sich nicht alle schlechter verdienenden Eltern die Kita-Gebühren leisten.

Eine weitere wichtige Voraussetzung für das Gelingen dieses ökonomisierten Reproduktionsmodells ist, dass die in Familien anfallende Reproduktionsarbeit kostengünstig an Haushaltsarbeiter_innen abgegeben werden kann. Diese sind oft Migrant_innen, die zu Niedriglöhnen und ohne soziale Absicherung und Urlaubsansprüche beschäftigt werden. Dieser Einsatz migrierter Care-Arbeitender in den Privathaushalten wird seit Jahrzehnten geduldet, auch wenn die dort herrschenden irregulären Arbeitsbedingungen den arbeitsrechtlichen Regulierungen widersprechen (Emunds/Schacher 2012). Die Haushaltsarbeiter_innen schließen eine Versorgungslücke in den Privathaushalten vollzeitbeschäftigter Erwachsener, die trotz einer Familienpolitik zu ihren Gunsten die anfallende Reproduktionsarbeit aus zeitlichen Gründen nicht umfassend realisieren können. Möglich ist diese Arbeitsteilung auf der Grundlage einer globalisierten Ökonomie mit sehr unterschiedlichen Niveaus von Lohn und Lebensstandard und zusätzlich durch eingeschränkten Zugang zum Arbeitsmarkt für Haushaltsarbeiter_innen mit unsicherem rechtlichem Status. Denn Voraussetzung dieser Strategie ist, dass aus einem Stundenlohn gut verdienender Vollzeitbeschäftigter ein Mehrfaches an Arbeitszeit der Haushaltsarbeiter_innen gezahlt werden

2 So besuchen Kinder unter drei Jahren aus Familien mit höherem Einkommen (ab 130% des Medians) etwa doppelt so häufig (35%) eine Kindertageseinrichtung wie Kinder aus Familien mit niedrigem Einkommen (unter 70% des Medians) mit einem Anteil von nur 18% (BMFSFJ 2012b: 109f.).

kann. Auch wird diese Form der schlecht entlohnten Care-Arbeit in privaten Haushalten durch großzügige steuerliche Absetzbarkeit von familiennahen Tätigkeiten subventioniert. Somit wird im ökonomisierten Reproduktionsmodell das Problem der übermäßigen Arbeitsbelastung durch die Nutzung der gesellschaftlich vorfindbaren klassistischen[3], sexistischen und rassistischen sozialen Ungleichheiten gelöst.

Dieses ökonomisierte Reproduktionsmodell entspricht dem neoliberalen Leitbild der individualisierten Erwerbsbürger_in (adult worker), das in der Lissabon-Strategie und der sie ablösenden Strategie Europa 2020 der EU sowie auch in der bundesdeutschen Familienpolitik seit Beginn der 2000er Jahre als familienpolitische Orientierung dient. Diese Konzepte blenden die Erfordernisse der Reproduktionsarbeit grundlegend aus.

Trotz dieser staatlichen Förderung können derzeit nur wenige Familien mit minderjährigen Kindern ein ökonomisiertes Reproduktionsmodell realisieren und damit die Existenz der Familie sichern. Insgesamt sind in 14,6% aller Haushalte mit minderjährigen Kindern beide Elternteile in Vollzeit berufstätig, davon verdient allerdings nur etwas mehr als die Hälfte mindestens 120% des Nettoäquivalenzeinkommens. 7,6% aller Haushalte erfüllen beide Kriterien: Die Paare, verheiratet oder in Lebensgemeinschaften, sind Vollzeit berufstätig und haben aufgrund ihres verhältnismäßig hohen Einkommens grundsätzlich die Möglichkeit, Teile der Reproduktionsarbeit zu ökonomisieren. Dabei kann ich allerdings nicht überprüfen, wie viele tatsächlich unbefristet beschäftigt sind und wie sich die Einkommensaufteilung zwischen den Paaren gestaltet.

Ferner fallen in dieses ökonomisierte Reproduktionsmodell 2,0% aller Haushalte, die als alleinerziehende Vollzeit- und teilweise auch Teilzeitbeschäftigte über ein entsprechendes Nettoäquivalenzeinkommen verfügen. Knapp 10% aller Alleinerziehenden fallen unter dieses Modell. Weil sie alleine für die Kinderbetreuung verantwortlich sind, sind sie ebenfalls gezwungen, Teile der Reproduktionsarbeit an Dritte abzugeben.

3 Unter klassistischen sozialen Ungleichheiten verstehe ich Diskriminierungen und Unterdrückungsformen, die auf der Grundlage der jeweiligen sozialen Herkunft, der erworbenen Bildungsabschlüsse und/oder der Bewertung und Entlohnung des ausgeübten Berufs beruhen (vgl. Kemper/Weinbach 2009 sowie Abschnitt 4.1 in diesem Buch).

Gleichzeitig gibt es eine recht stattliche Zahl von Ehepaaren und auch Lebensgemeinschaften, welche die Kombination aus Vollzeitarbeit (meist des Mannes) und Teilzeitarbeit (meist der Frau) praktizieren, damit aber sehr gut verdienen, nämlich über 150% des Medianeinkommens. Ich gehe davon aus, dass darunter auch Paare sind, bei denen Frauen vollzeitnah erwerbstätig sind. Dabei legt das hohe Einkommen nahe, dass auch dort Teile der Reproduktionsarbeit an Haushaltsarbeiter_innen abgetreten werden. Deswegen habe ich die Hälfte dieser Gruppe, 4,2% aller Haushalte, ebenfalls dem ökonomisierten Reproduktionsmodell zugerechnet. Somit ordne ich 13,8% aller Familien mit minderjährigen Kindern dem ökonomisierten Reproduktionsmodell zu (vgl. Tabelle 1 auf Seite 202).

3.1.2 Paarzentriertes Reproduktionsmodell

Im paarzentrierten Reproduktionsmodell sind idealtypisch zwei Elternteile aktiv erwerbstätig, allerdings nur einer, meist der Mann, in Vollzeit, während die andere, meist die Frau, Teilzeit beschäftigt ist. Zum paarzentrierten Reproduktionsmodell gehören Haushalte, die mit dieser Konstellation einen mittleren bis gehobenen Lebensstandard erreichen. Um dieses Modell nach unten zum prekären Reproduktionsmodell abzugrenzen, setze ich hier ein Nettoäquivalenzeinkommen von mindestens 80% des Medians. Diese Haushalte können aus finanziellen Gründen die anfallende Reproduktionsarbeit nur für bestimmte Aufgaben oder eine bestimmte Zeitspanne an Haushaltsarbeiter_innen abgeben. Der große Teil der Reproduktionsarbeit wird von den Familienmitgliedern selbst in Doppelbelastung getätigt. Dabei legt ein Familienmitglied, zumeist die Frau, häufig den Schwerpunkt auf die Reproduktionsarbeit. Dieses paarzentrierte Modell kann auf der Grundlage geschlechterhierarchischer Arbeitsteilung stabil sein, zumindest solange nicht eine Person erwerbslos wird oder sich das Paar trennt.

Ein Aufstieg in das ökonomisierte Reproduktionsmodell ist schwierig, da Lohnabhängige mit dem Teilzeit- und Befristungsgesetz, das 2001 in Kraft trat, in Betrieben mit mehr als 15 Beschäftigten zwar einen Anspruch haben, ihre Arbeitszeit auf Teilzeit zu reduzieren; sie haben aber zu einem späteren Zeitpunkt, wenn ihre Kinder älter sind und sich zumindest manche Sorgeverpflichtungen zeitlich etwas reduzieren, keinen Anspruch auf Aufstockung. So ist der prozentuale Anteil Vollzeitbeschäftigter bei Müttern zwischen 20 und 55 Jahren, deren jüngstes Kind bereits im Jugendalter ist, mit 28% deutlich niedriger als bei Frauen der gleichen Altersgruppe ohne Kinder, die zu mehr zu 53% Vollzeit berufstätig sind (BMFSFJ 2012c: 61).

Dieses paarzentrierte Reproduktionsmodell erinnert an das fordistische Ernährermodell mit der sogenannten Zuverdienerin, ohne dass es allerdings noch einen realen ‚Familienernährer' gibt. Besonders seit 2003 kommt es durch den Ausbau des Niedriglohnsektors und Reallohnsenkungen zu einem beschleunigten Abbau des Familienernährerlohns. Die Steigerung der Frauenerwerbsquote gilt ebenfalls seit 2003 als offizielle Zielsetzung der Familienpolitik. Entsprechend gibt es seit dem Beginn des neuen Jahrhunderts auch eine ideologische Kampagne, welche die Erwerbstätigkeit von Müttern als modern und damit als erstrebenswert gegenüber der traditionellen, überholten Form des Ernährermodells darstellt. Diese Kampagne kann sich durchaus auf den Wunsch vieler Mütter nach Erwerbsarbeit beziehen.

Das paarzentrierte Reproduktionsmodell profitiert nach wie vor von fordistischen sozialpolitischen Regulierungen wie dem Ehegattensplitting. Allerdings unterscheidet sich dieses Reproduktionsmodell von der Kleinfamilie der 1960er und 1970er Jahre dadurch, dass die Absicherung bei Arbeitsplatzverlust und Krankheit durch gesetzliche Einschnitte in das Sozialversicherungssystem deutlich prekärer ist als früher. Auch bei Scheidung droht Existenzunsicherheit, da sich nach der bundesdeutschen Unterhaltsreform seit 2008 die bisher in Teilzeit arbeitenden Partner_innen, wenn das jüngste Kind drei Jahre und älter ist, grundsätzlich selbst versorgen müssen. Selbst wenn dies kurzfristig gelingt, kommt es wegen unzureichender Anrechnung von Kinderbetreuungszeiten, Lücken in der Erwerbsbiografie und schlechteren Verdienstmöglichkeiten von Frauen häufig zu niedrigen Rentenansprüchen und damit zu Armut im Alter.

Während das ökonomisierte Reproduktionsmodell dem neoliberalen Credo offizieller familienpolitischer Verlautbarungen entspricht, wird das paarzentrierte von dem Leitbild der guten Mutter stabilisiert, das in der Bevölkerung breit verankert ist. Nach einer Studie des Bundesinstituts für Bevölkerungsforschung (2013: 16f.) stimmen circa drei Viertel der Befragten im Alter zwischen 20 und 39 Jahren der Aussage zu, dass Mütter nachmittags Zeit haben sollten, um ihren Kindern beim Lernen zu helfen. Gleichzeitig gibt es eine ähnlich hohe Zustimmung zu der Aussage, dass Mütter einem Beruf nachgehen sollten, um unabhängig vom Mann zu sein. Damit haben ideale Mütter den beinahe unmöglichen Spagat zu vollbringen, möglichst Vollzeit erwerbstätig zu sein, um finanziell unabhängig zu bleiben, und dennoch nachmittags zuhause für ihre Kinder zur Verfügung zu stehen.

38,0% aller Familien mit minderjährigen Kindern fallen in das paarzentrierte Reproduktionsmodell. Dieses ist damit am häufigsten vertreten. Knapp 32% aller Haushalte mit minderjährigen Kindern verfügen über 80% des Nettoäquivalenzeinkommens und praktizieren eine Arbeitsteilung, in der eine Person, meist der Mann, einer Vollzeitarbeit nachgeht und die zweite Person, meist die Frau, eine Teilzeitbeschäftigung ausübt. Da ich die Hälfte der besonders gut Verdienenden (> 150%) dieser Gruppe in das ökonomisierte Reproduktionsmodell übernommen habe, verbleiben 27,7% im paarzentrierten Reproduktionsmodell. Ebenfalls in das paarzentrierte Reproduktionsmodell übernehme ich eine kleine Gruppe von 0,8% aller Familien, in der beide in Teilzeit beschäftigt sind. Dazu kommen diejenigen Paare, die beide Vollzeit tätig sind, aber nur wenig über dem Durchschnitt verdienen, also mehr als 100%, aber weniger als 120%. Diesen Paaren stehen nicht in dem Umfang die Möglichkeiten der Ökonomisierung von Reproduktionsarbeit offen wie denen im ersten Modell. Das betrifft 2,7% aller Familien. Auch alle Haushalte mit zwei Elternteilen, die mit nur einer erwerbstätigen Person mehr als 100% verdienen, übernehme ich in das paarzentrierte Reproduktionsmodell. Das sind 6,8% aller Familien (vgl. Tabelle 2 auf Seite 203).

Sicherlich gibt es auch unter den Alleinerziehenden, die über mehr als 80% des mittleren Nettoäquivalenzeinkommens verfügen, Konstellationen, die denen im paarzentrierten Reproduktionsmodell ähneln. Denn einige, die in Vollzeit oder vollzeitnaher Teilzeit beschäftigt sind, haben mindestens eine Unterstützungsperson im nahen Umfeld für die anfallende Reproduktionsarbeit, wie beispielsweise die Mutter oder eine Freund_in.[4] Auf andere Weise lässt sich zumindest für Alleinerziehende mit mittlerem Verdienst eine Vollzeitbeschäftigung kaum realisieren. Diese Gruppe lässt sich allerdings aus den Daten des Mikrozensus nicht quantifizieren. Deswegen habe ich mich entschlossen, die Alleinerziehenden mit über 120% des Durch-

4 In einem Report des Bundesministeriums für Arbeit und Soziales geben knapp 50% der alleinerziehenden Mütter mit Kindern unter vier Jahren an, dass sie Verwandte in die Kinderbetreuung einbeziehen, und knapp 13% Freund_innen, Bekannte und Nachbar_innen. Bei Müttern in Paarfamilien sind die Werte mit knapp 31% und etwas über 3% deutlich geringer (BMAS 2013b: 27).

schnittsverdiensts in das ökonomisierte Reproduktionsmodell und die zwischen 60% und 120% in das prekäre einzuordnen. Hier spätestens wird deutlich, dass innerhalb der vier Reproduktionsmodelle durch die Verknüpfung weiteren empirischen Materials und durch qualitative Forschung analytische Untergruppen gebildet werden müssten.

3.1.3 Prekäres Reproduktionsmodell

Viele Familien mit minderjährigen Kindern befinden sich im prekären Reproduktionsmodell, in dem die Familienmitglieder nicht in der Lage sind, sich über Erwerbsarbeit eine stabil die Existenz sichernde Perspektive zu erarbeiten. Diese Gruppe ist zwar nach offizieller Definition nicht armutsgefährdet, hat aber nur 60% bis 80% des mittleren Nettoäquivalenzeinkommens zur Verfügung. Dies betrifft einen großen Teil der Alleinerziehenden sowie der Paarhaushalte, in denen nur ein Elternteil, meist der Mann, erwerbstätig ist. Seit dem Abbau des Familienernährerlohns reicht ein Erwerbstätiger pro Haushalt in der Regel nur zu einem niedrigen Lebensstandard, der täglich durch die Suche nach Sonderangeboten oder anderen Möglichkeiten, Ausgaben zu verringern, gesichert werden muss. Aber es gibt in diesem Modell auch Haushalte, die selbst mit zwei Gehältern ihre Existenz kaum sichern können. Dies sind dann häufig Niedriglohnbeschäftigte, die für einen Stundenlohn unterhalb der statistischen Niedriglohnschwelle von 9,30 Euro im Jahr 2012 erwerbstätig sind. Über die Forschung zu Niedriglohnbeziehenden ist bekannt, dass Niedriglöhne keineswegs nur gering Qualifizierte betreffen. Vielmehr hat die große Mehrheit der Niedriglohnbeschäftigten (66,8%) eine abgeschlossene Berufsausbildung. Frauen stellen mit einem Anteil von über 62% den überwiegenden Teil der Niedriglohnbeschäftigten (Kalina/Weinkopf 2014). Da geringe finanzielle Ressourcen bei Niedriglöhnen durchaus mit langen Arbeitszeiten und vor allem hohen Flexibilitätsanforderungen einhergehen können, ist die Versorgung, Erziehung und Betreuung von Kindern in diesem Fall sehr erschwert.

Gerade das prekäre Reproduktionsmodell ist dadurch gekennzeichnet, dass Familienmitglieder in diesen Haushalten nicht wissen, wie lange sie ein Leben jenseits von Armut realisieren können. Diese Menschen stehen unter enormem Leistungsdruck und versuchen alles, um den gesellschaftlichen Anforderungen gerecht zu werden. Sie müssen sich mit maximal 80%

des Nettoäquivalenzeinkommens täglich Gedanken über die Absicherung ihrer Existenz machen und entsprechend immer wieder notwendige Ausgaben für die eigene Reproduktion und die der Kinder zurückstellen. In solchermaßen unsicheren Verhältnissen sind Frauen einer enormen Doppelbelastung ausgesetzt. Sie versuchen über Mini-Jobs oder irreguläre Arbeit möglichst viel zum Familieneinkommen beizutragen, bleiben aber für den Großteil der Reproduktionsarbeit zuständig, den sie aus finanziellen Gründen nicht an bezahlte Dritte weitergeben können. Was dabei oft deutlich zu kurz kommt, ist die Selbstsorge (Nowak/Hausotter/Winker 2012a). Da ihre finanziellen und zeitlichen Ressourcen nicht ausreichen, um ihre Lebenssituation grundlegend zu ändern, sind häufig physische und psychische Überlastungen die Folge.

Aus den Daten der Sonderauswertung wird deutlich, dass insgesamt 28,8% aller Familien mit minderjährigen Kindern in dieses prekäre Reproduktionsmodell fallen. 12,9% aller Familien sind Ehepaare und Lebensgemeinschaften, die zwischen 60 und 80% des Medians verdienen; sie sind besonders häufig Vollzeit und Teilzeit tätig oder nur eine Person ist in Vollzeit tätig und die andere Person ist erwerbslos. Zusätzlich ordne ich dem prekären Modell noch zwei Gruppen zu, die finanziell etwas besser gestellt sind (80% < 100%). Die erste Gruppe, in der beide in Vollzeit erwerbstätig sind, kann bei einem Verdienst unter dem Durchschnitt die hohe Gesamtbelastung nicht durch Ökonomisierung der Reproduktionsarbeit lindern (2,6%). In der zweiten Gruppe, in der nur eine Person in Voll- oder Teilzeit tätig ist, bricht das Lebensarrangement bei Verlust des Arbeitsplatzes unmittelbar zusammen. Dazu kommen wenige Familien, in denen bereits beide erwerbslos sind (4,3%) (vgl. Tabelle 3 auf Seite 204).

Im prekären Reproduktionsmodell sind die Lebensgemeinschaften anteilsmäßig etwas häufiger vertreten als die Ehepaare. Das lässt sich darüber erklären, dass ihnen im Gegensatz zu den Ehepaaren die Möglichkeiten des Ehegattensplittings und der Mitversicherung in der Krankenkasse nicht offen stehen. Vermutlich leben in Lebensgemeinschaften auch eher jüngere Eltern, die überproportional häufig im Niedriglohnsektor vertreten sind (Kalina/Weinkopf 2014).

Ebenfalls ordne ich Alleinerziehende dem prekären Reproduktionsmodell zu, wenn sie in Voll- oder Teilzeit zwischen 60% und 120% des Nettoäquivalenzeinkommens verdienen oder bei einem Einkommen zwischen 80% und 120% erwerblos sind. Diesen Haushalten, die 9,0% aller Familien ausmachen, ist keine stabile Verbindung von Einkommenssicherung und erforderlicher Reproduktionsarbeit möglich. Über 40% aller Alleinerziehenden betrifft dies.

Vermutlich sind in diesem prekären Reproduktionsmodell auch viele Familien mit Migrationshintergrund vertreten, da deren Mitglieder überproportional häufig im Niedriglohnbereich erwerbstätig sind. Nach einer Studie von Thorsten Kalina und Claudia Weinkopf (2014) liegt der Niedriglohnanteil von Ausländer_innen bei 34,5%, während diese Quote für Deutsche bei 23,3% liegt. Daten zu Menschen mit Migrationshintergrund sind nicht ausgewiesen. Die Daten der Sonderauswertung unterscheiden ebenfalls nicht nach Familien mit und ohne Migrationshintergrund.

3.1.4 Subsistenzorientiertes Reproduktionsmodell

Im subsistenzorientierten Reproduktionsmodell finden sich diejenigen wieder, die auf Hartz IV, wie viele Alleinerziehende und pflegende Angehörige, oder auf Sozialhilfe angewiesen sind, wie chronisch kranke oder stark behinderte Personen oder Asylsuchende. Sie sind wegen Sorgeverpflichtungen, wegen ihrer nicht nachgefragten Qualifikationen, wegen Erwerbsminderung, nicht anerkannter Bildungsabschlüsse oder fehlender Arbeitserlaubnis entweder überhaupt nicht in der Lage, ihre Arbeitskraft zu verkaufen, oder können dies nur zu einem Lohn tun, der unterhalb des Existenzminimums liegt und deswegen mit Arbeitslosengeld II aufgestockt wird. Diese Personen werden in einer Gesellschaft, in der nur Lohnarbeit zählt, abgewertet und stigmatisiert. Dennoch unternehmen auch sie vielfältige Aktivitäten zur Absicherung ihrer Existenz, müssen dabei allerdings mit der Einschränkung ihrer Handlungsspielräume kämpfen. Ihnen wird das Recht, selbst zu bestimmen, wie sie die Sorgearbeit für sich und andere organisieren und wie sie versorgt werden möchten, grundlegend verwehrt (Carstensen/Derboven/Winker 2012).

Mit dem Begriff der Subsistenzorientierung schließe ich inhaltlich an die Subsistenzproduktion an, unter der Maria Mies (1983) die Ökonomie des Überlebens versteht. Das bedeutet, dass im subsistenzorientierten Reproduktionsmodell all das im Vordergrund steht, was die Familienmitglieder notwendigerweise zum alltäglichen Überleben benötigen. Das ist neben Essen, Kleidung und Wohnung auch die Sorge für sich sowie für andere. In dieser Hinsicht erfahren Menschen häufig Mangel, wenn ihr Leben in diesem Reproduktionsmodell dadurch geprägt ist, sich um die Beschaffung eines Jobs zu bemühen, irgendwo etwas dazuzuverdienen und weitere Möglichkeiten zu finden, Ausgaben zu verringern. Oft arbeiten diese an der Armutsgrenze lebenden Menschen in sozial nicht abgesicherten Jobs, die von staatlichen Stellen aufgestockt werden müssen, da der Lohn nicht zum Überleben ausreicht. In diesen Familien werden die Entwicklungschancen und gesellschaftlichen Teilhabemöglichkeiten aller Familienmitglieder erheblich eingeschränkt. Dies betrifft insbesondere auch Kinder, zumal ein hochselektives Schulsystem die familiäre Ausgangssituation häufig noch zementiert (Lutz 2012).

Diese Personen werden im öffentlichen Diskurs als Menschen etikettiert, welche der Gesellschaft zur Last fallen und mit durchgeschleppt werden müssen. So ist es kein Zufall, dass selbst das ihnen seit 2007 zustehende Elterngeld von gerade einmal 300 Euro durch das Haushaltsbegleitgesetz 2011 mit der Anrechnung auf Hartz IV wieder aberkannt wurde.

Im subsistenzorientierten Reproduktionsmodell leben 19,4% aller Familien mit minderjährigen Kindern. Dies sind zunächst alle Familien, denen weniger als 60% des Nettoäquivalenzeinkommens zur Verfügung steht. In den Fällen der Erwerbslosigkeit von beiden Partner_innen oder von Alleinerziehenden habe ich auch noch Familien mit etwas höherem Einkommen, zwischen 60 und 80% des Medians, dem subsistenzorientierten Modell zugeordnet. Denn den Menschen dieser Gruppe droht bei längerer Dauer der Erwerbslosigkeit das Abrutschen in Hartz IV und damit in die Armut.

Die größten Gruppen im subsistenzorientierten Reproduktionsmodell stellen mit der genannten Zuordnung die erwerbslosen Alleinerziehenden mit 5,3% aller Haushalte, die Paare mit einer erwerbstätigen Person (5,0%), die erwerbstätigen Alleinerziehenden (4,0%) und die erwerbslosen Paare mit 2,8%. Dazu kommen noch 2,3% aller Familien, in denen beide Partner_innen erwerbstätig sind und dennoch unter 60% des Medians verdienen (vgl. Tabelle 4, Seite 205). Viele in diesem Modell lebende Personen sind häufig auch stundenweise als Haushaltsarbeiter_innen tätig und stützen damit die Familien im ökonomisierten und paarzentrierten Reproduktionsmodell.

Die Lebenssituation in diesem subsistenzorientierten Reproduktionsmodell betrifft überproportional Alleinerziehende. Über 46,0% aller Alleinerziehenden sind hier zu finden, während bei den Paaren in Lebensgemeinschaften 17,9% und bei den Ehepaaren 12,0% dem subsistenzorientierten

Modell zuzuordnen sind. Ebenfalls überproportional betroffen sind Familien mit drei und mehr Kindern. Während zu dieser Gruppe 9,9% der Familien gehören, ist sie im subsistenzorientierten Reproduktionsmodell mit 32,1% deutlich überrepräsentiert.[5]

Auch hier lässt sich wie beim prekären Reproduktionsmodell erwarten, dass sich unter diesen Familien mehr Erwerbslose mit Migrationshintergrund befinden. Denn 2013 haben mehr als ein Drittel (36 Prozent) der Erwerbslosen einen Migrationshintergrund, während der Anteil von Menschen mit Migrationshintergrund in der Bevölkerung bei 20 Prozent liegt (Bundesagentur für Arbeit 2014a).

3.1.5 Übermäßige Anforderungen in allen Modellen

Zunächst zeigen die vier Reproduktionsmodelle, dass Menschen ihr Leben je nach den unterschiedlichen finanziellen und zeitlichen Ressourcen, über die sie verfügen, gestalten: Im ökonomisierten Modell verfolgen die Erwerbstätigen konsequent ihre beruflichen Karrieren und nehmen dabei in Kauf, die Reproduktionsarbeit an andere abzugeben. Im paarzentrierten Modell meistern die Menschen den Spagat zwischen Beruf und Familie meist durch eine geschlechterungleiche Arbeitsteilung und erhalten damit einen mittleren Lebensstandard aufrecht. Im prekären Modell setzen Menschen unter schwierigsten Bedingungen alles daran, nicht in die Armut abzugleiten. Dafür übernehmen sie auch Arbeit zu Niedriglöhnen mit langen und flexibilisierten Arbeitszeiten, um auf dieser Grundlage eigenständig für ihre Existenzsicherung und die ihrer Familie aufzukommen. Sie können ihre Reproduktionsarbeit nicht durch Ökonomisierung an andere abgeben. Auch im subsistenzorientierten Modell kümmern sich Personen trotz großer materieller Beschränkungen und trotz rigider Vorgaben der Agenturen für Arbeit oder der Ausländerbehörden um die Aufrechterhaltung ihrer familiären Strukturen.

In allen Reproduktionsmodellen erledigen weiterhin vor allem Frauen die anfallende Reproduktionsarbeit (BMFSFJ 2012b: 76ff.). Die konkrete Arbeitsteilung ist jedoch in Abhängigkeit von den vorhandenen finanziellen Ressourcen unterschiedlich organisiert. Diese Unterschiedlichkeit lässt sich

5 Die Sonderauswertung (Statistisches Bundesamt 2014c) unterscheidet zwischen Familien mit einem Kind, zwei Kindern sowie drei und mehr Kindern.

demnach nicht allein über den Umfang der Erwerbsbeteiligung der Elternteile bestimmen, wie es in Anlehnung an Lewis (2001) auch in der bundesdeutschen Familiensoziologie üblich ist. Jane Lewis unterscheidet zwischen dem Ernährermodell (*breadwinner*), verschiedenen Modellen zweier Verdiener_innen, die nicht beide in Vollzeit tätig sind (*dual breadwinner*), dem Doppelkarriere-Modell (*dual career*) und dem Modell der Alleinerziehenden (*single earner*). Auf diese Weise kommt zu kurz, dass es je nach sozialer Herkunft und Qualifikation sehr unterschiedliche Zugänge zum Arbeitsmarkt gibt, die sich auch in sehr unterschiedlichen Lohnhöhen niederschlagen.

Deswegen sind Reproduktionsmodelle nicht nur durch geschlechterhierarchische Arbeitsteilungen zu bestimmen, sondern intersektional damit verwoben auch durch unterschiedliche Klassenlagen sowie rassistische oder körperbezogene Diskriminierungsmechanismen: Die Möglichkeit, die eigene Arbeitskraft zu einem existenzsichernden Lohn verkaufen zu können, ist je nach sozialer Herkunft, nach Bildungs- und Berufsabschlüssen sehr unterschiedlich ausgeprägt. Dieser ungleiche Zugang zur Erwerbssphäre führt zu unterschiedlichen familiären Arbeitsteilungen und Handlungsmöglichkeiten in Bezug auf notwendige Reproduktionstätigkeiten. So können Personen im ökonomisierten Modell ihre Reproduktionsarbeit an sozial nicht abgesicherte Migrant_innen abtreten, die wiederum ihre Sorgeverantwortung an meist weibliche Familienangehörige in ihren Heimatländern weitergeben, wie es Arlie Russell Hochschild (2001) mit dem Verweis auf globale Betreuungsketten beschreibt. Auch bodyistische Diskriminierungen sind wirksam: Chronisch kranke und weniger leistungsstarke Menschen oder Menschen mit erhöhtem Selbstsorgeaufwand werden schnell ausgegrenzt. Die Benachteiligung auf dem regulären Arbeitsmarkt ermöglicht ihnen häufig nur ein Leben im subsistenzorientierten Reproduktionsmodell.

Gleichzeitig hat das Ausmaß der Sorgeaufgaben wiederum Auswirkungen auf die Chance, die eigene Arbeitskraft überhaupt verkaufen zu können. Eltern- und primär Mutterschaft wird zu einer wichtigen Kategorie sozialer Ungleichheit (Lenze 2008). So führen nicht nur ungleiche Zugänge zur Erwerbsarbeit, unterschiedliche Erwerbsbeteiligung sowie Lohndifferenzen, sondern auch unterschiedlich hohe Sorgeaufgaben zu deutlich ungleichen Chancen, das eigene Leben zu gestalten. Es sind Zugangsbarrieren zu einer existenzsichernden Lohnarbeit ebenso wie umfangreiche Sorgeaufgaben, die viele Menschen – vor allem, aber nicht nur Frauen – in hoch belastende und prekäre Arbeitssituationen bringen.

Die erhöhte Erwerbsbeteiligung von Frauen, durchaus auch ein Erfolg der zweiten Frauenbewegung, führt unter den dargestellten Rahmenbedingungen zu neuen großen Belastungen. Für viele Frauen wird die früher übliche Abhängigkeit vom Familienernährer ersetzt durch die Notwendigkeit, die eigene Arbeitskraft unter prekären Bedingungen zu vermarkten, oder durch ein Leben unter den rigiden Einschränkungen und Zwängen des SGB II. Nancy Fraser (2009: 52) stellt dazu treffend fest, dass „der Traum von der Frauenemanzipation in den Dienst der kapitalistische[n] Akkumulationsmaschine gestellt" wird.

Jedoch stellen nicht nur Diskriminierungen auf dem Arbeitsmarkt, geschlechtliche Arbeitsteilung und sozialpolitische Maßnahmen einen Rahmen für die unterschiedlichen Reproduktionsmodelle dar. Auch die jeweiligen herrschenden Leitbilder nehmen Einfluss auf die Reproduktionsmodelle. Gemeinsam ist diesen Normen, dass es eine Botschaft gibt mit zwei Anforderungen, die sich widersprechen. So wird im hegemonialen Diskurs das Bild der im Beruf erfolgreichen Frau und Mutter, die gleichberechtigt ist und ebenso wie der Mann und Vater Karriere macht, immer wieder neu aufgerufen. Gleichzeitig aber wird darauf verwiesen, dass eine Mutter und Frau selbstverständlich ihre Kinder und pflegebedürftige Angehörige nicht vernachlässigen dürfe. Da diese beiden Anforderungen nicht gleichzeitig in vollem Umfang zu erfüllen sind, werden die möglichen Formen des Umgangs mit diesem Dilemma gesellschaftlich bewertet. So werden Vollzeit berufstätige Frauen als modern bezeichnet. Die Botschaft ist klar: Dies gilt es anzustreben. Frauen dagegen, welche im Beruf zurückstecken und sich um Kinder und zu pflegende Angehörige kümmern, werden als traditionell abgestempelt. Dazu passt die Vorstellung, dass die Berufstätigkeit, die öffentlich wahrgenommen wird, vorrangig ist. Die Probleme, die sich daraus für familiäre Reproduktionsarbeit ergeben, werden nicht benannt und verschwinden im Privaten wie in den 1960/70er Jahren, als die zweite Frauenbewegung dies skandalisierte. Ebenso ist die erforderliche Veränderung der Arbeitsteilung zwischen den Geschlechtern kein Thema. Jenseits der öffentlichen Aufforderung, die zwei Vätermonate zu nehmen, bleibt die Rolle von Männern so unbestimmt, dass sie relativ problemlos den Fokus auf die Berufsarbeit zulasten der Reproduktionsarbeit legen können.

Die Anforderungen in allen vier Reproduktionsmodellen führen allerdings nicht nur zu einer hohen individuellen Belastung der Beteiligten, sondern darüber hinaus auch zu einer Gefährdung sozialer Beziehungen. Diese werden innerhalb und außerhalb der Familien durch lange Arbeitszeiten, hohe Sorgeverpflichtungen und große Flexibilitätsanforderungen erschwert. Oft gelingt der Aufbau verlässlicher sozialer Netzwerke aus diesem Grund nur begrenzt. Es fehlt die Zeit zum Austausch zwischen den Arbeitenden in der Freizeit, im Beruf und in der Familie. In diesem Sinn spreche ich von einer Zerstörung des Sozialen.

So lässt sich festhalten: Es gibt nicht ein neoliberales Reproduktionsmodell, sondern die Anforderungen werden auf unterschiedliche Weise bearbeitet. Allerdings widersprechen alle vier Reproduktionsmodelle Wünschen nach einem guten Leben und bieten damit keine erstrebenswerte Zukunftsperspektive. Denn grundlegende Bedürfnisse, die häufig zusammenhängen mit der Möglichkeit, selbstbestimmt Sorge zu geben und selbstbestimmt Sorge zu empfangen, lassen sich im bestehenden Rahmen nicht erfüllen. So sind grundsätzlich Menschen in allen Reproduktionsmodellen auch aufgrund eigener Lebenserfahrungen für Veränderungen ansprechbar, wie sie Care-Aktivist_innen anstreben (vgl. Kapitel 5).

3.2 Belastende Arbeitsbedingungen in Care-Berufen

Care-Beschäftigte arbeiten in privaten Haushalten, in staatlichen Organisationen, bei Wohlfahrtsverbänden und auch in privatwirtschaftlichen Unternehmen. Sie sind vor allem in den Bereichen Erziehung und Bildung, Gesundheit und Pflege beschäftigt. Sie stellen mindestens 19% aller Erwerbstätigen (Statistisches Bundesamt 2013a: 343). Als Haushaltsarbeiter_innen, Pflegekräfte, Erzieher_innen, Sozialarbeiter_innen oder Lehrer_innen sind sie im Alltag vieler Menschen präsent. Viele dieser Berufsgruppen verbindet, dass sie weit überproportional weiblich und gering entlohnt sind. Dies ändert sich auch derzeit nicht, obwohl es insbesondere bei Erzieher_innen und Pflegekräften einen zunehmenden Fachkräftemangel gibt und deswegen versucht wird, Männer in diese Berufe zu bringen.

Erklären lässt sich die niedrige Entlohnung zunächst damit, dass in der Vergangenheit Care-Arbeit zumindest in den Bereichen der Altenpflege und der Betreuung kleiner Kinder beinahe ausschließlich unentlohnt von Frauen in Familien, im nachbarschaftlichen Ehrenamt oder auch in Klöstern ausgeführt wurde. In der Konsequenz wird diese Care-Arbeit auch in beruflichen Zusammenhängen als weiblich konnotierte Arbeit gesehen, die jede Frau ohne spezifische Qualifikation ausführen kann. Zweitens hängen die schlechte Entlohnung und die Abwertung des Berufs damit zusammen, dass bezahlte Care-Arbeit häufig noch als typischer Zuverdienst von Frauen zum Familienernährereinkommen des Mannes gesehen wird, auch wenn das Konzept des Familienernährers nicht mehr von der staatlichen Politik unterstützt wird. So ist vielleicht heute der dritte Grund der entscheidende, nämlich dass im entlohnten Care-Bereich Kosten für die Reproduktion der benötigten Arbeitskräfte entstehen, die sich über Steuern und das Lohnniveau auf Unternehmen in allen Branchen auswirken. Gleichzeitig gibt es im Care-Bereich wenige neue Anlagefelder, in denen Gewinne erwirtschaftet werden können. Entsprechend groß ist der Druck, die Ausgaben etwa für Krankenhäuser oder Kitas zu begrenzen; dabei sind die Löhne der Beschäftigten ein wichtiger Kostenfaktor.

Im Folgenden werde ich beispielhaft die Arbeitsbedingungen von Erzieher_innen und von Pflegekräften in der stationären Altenpflege sowie von Beschäftigten in Privathaushalten etwas näher beleuchten und auf deren Umgang mit ihrer Arbeitssituation eingehen.

3.2.1 Erzieher_innen in Kindertagesstätten

Aus einer Befragung von Erzieher_innen für den DGB-Index Gute Arbeit in den Jahren 2007 und 2008 (Fuchs/Trischler 2008) geht hervor, dass für diese Care-Beschäftigten ein sicheres, unbefristetes Arbeitsverhältnis (80%) und ein respektvoller Umgang bei der Arbeit (77%) besonders wichtig sind. Diese Einschätzung liegt jeweils um circa 10 Prozentpunkte über dem Durchschnitt der Befragten aller Berufsgruppen. Im Vergleich zu anderen Berufsgruppen legen Erzieher_innen besonderen Wert auf Raum für Kreativität im Arbeitsprozess. Auch dem gesellschaftlichen Sinn der eigenen Arbeit und einem wertschätzenden und fachlich unterstützenden Führungsstil messen sie höhere Bedeutung bei als die Gesamtheit der Befragten. Diese Aussagen verweisen auf eine hohe Identifikation mit ihrer Tätigkeit. Dagegen bewerten nur 8% der befragten Erzieher_innen ihre Arbeits- und Einkommensbedingungen als gut, während dies immerhin

13% aller Befragten tun. Die Gründe für diese schlechte Bewertung liegen der Studie zufolge im niedrigen Einkommen und den fehlenden beruflichen Aufstiegsmöglichkeiten, aber auch in der hohen Arbeitsintensität. Zeit- und Leistungsdruck prägen den beruflichen Alltag. Dieses Problem hat sich in den letzten Jahren verschärft, da neue Arbeitsaufgaben hinzukamen, ohne dass das qualifizierte Personal entsprechend aufgestockt wurde.

In ihrem Forschungsprojekt zur Dienstleistungsarbeit zwischen Ökonomisierung und Aktivierung zeigen Volker Hielscher et al. (2013: 188) ebenfalls auf, dass permanenter Druck und eine chronisch knappe Personalausstattung wichtige Belastungsquellen für die befragten Erzieher_innen sind. Bei Gruppen mit Kleinkindern kommen körperliche Beanspruchungen durch erhöhte Pflegeanteile, beispielsweise beim Wickeln, hinzu. 71% der Beschäftigen sind der Auffassung, dass sie nicht über ausreichende Vor- und Nachbereitungszeiten verfügen (ebd.: 190). Die Konsequenz ist, dass viele Erzieher_innen in ihrer Freizeit diese notwendigen Aufgaben erledigen. Somit bezieht sich in der Kinderbetreuung „die Zeitnot weniger auf die Interaktionssituation mit dem Kind als auf die Zeitressourcen für die Planung und Organisation der pädagogischen Aktivitäten" (ebd.: 222). Dies trägt dazu bei, dass Erzieher_innen zumindest im Vergleich zu Pflegekräften und Sozialarbeiter_innen am zufriedensten mit ihren Arbeitsbedingungen sind. Trotz hoher Anforderungen und Zeitdruck haben sie noch am ehesten das Gefühl, eine gute Arbeit leisten zu können (ebd.: 236).

Neben dem großem Arbeitspensum und dem ständigen Zeitdruck sind Erzieher_innen einer hohen Lärmbelastung ausgesetzt. In der Umfrage für den DGB-Index Gute Arbeit geben knapp zwei Drittel der Erzieher_innen an, dass sie mit einem hohen oder sehr hohen Lärmpegel konfrontiert sind. „Beides – zu hoher Leistungsdruck und eine hohe Lärmbelastung [–] sind stressverursachende Faktoren, die langfristig die Gesundheit der Beschäftigten schädigen." (Fuchs/Trischler 2008: 3) Entsprechend erklären in dieser Studie nur 13% der Erzieher_innen, während oder unmittelbar nach der Arbeit keine gesundheitlichen Beschwerden zu haben. Besonders verbreitet sind Kopf-, Rücken- und Nackenschmerzen, Atemwegsbeschwerden, Hörverschlechterungen und auch Erschöpfungszustände.

Die Aussagen zu gesundheitlichen Belastungen werden von den Ergebnissen eines Projektes zur Strukturqualität und zur Gesundheit von Erzieher_innen in Kindertageseinrichtungen, das an der Alice-Salomon-Hochschule Berlin durchgeführt wurde, bestätigt. Danach weisen Erzieherinnen im Vergleich zu gleichaltrigen Frauen mit gleicher Bildung eine deutlich schlechtere Gesundheit auf (Viernickel/Voss 2012: 8). Besondere Beanspruchungen entstehen danach vor allem durch unzureichende Rahmenbedingungen „wie eine schlechte finanzielle und räumliche Ausstattung, schlechte ergonomische Arbeitsbedingungen, chronischer Zeitdruck, ständig steigende Arbeitsanforderungen, Belastung durch Lärm, zu geringe Bezahlung, geringe Aufstiegsmöglichkeiten, geringe gesellschaftliche Reputation und körperlich anstrengende Arbeit“ (ebd.).

Entsprechend liegt auch die Rate psychischer Erkrankungen bei Erzieher_innen sehr hoch. Bei jeder zehnten pädagogischen Fach- und Leitungskraft wird innerhalb von zwölf Monaten ein psychovegetatives Erschöpfungssyndrom, ein Burnout, ärztlich diagnostiziert (ebd.: 113). Nach dem Fehlzeiten-Report waren 2011 13,9% der Erzieher_innen im Vergleich zu 9,5% im Durchschnitt aller Branchen wegen psychischer Erkrankungen zeitweise arbeitsunfähig, im Durchschnitt 22,8 Tage lang (Meyer/Weirauch/Weber 2012: 331).

So ist nachvollziehbar, dass die Problematisierung der Arbeitsbedingungen bei den Erzieher_innen über das Themenfeld Gesundheit erfolgt. Entsprechend ging es im Streik der Erzieher_innen 2009 zentral um den Gesundheitsschutz, da viele Erzieher_innen nicht weiter unter Lärm, schlechtem Mobiliar, Stress und psychischen Belastungen in den oftmals überfüllten Kitas leiden wollten. In monatelangen Streiks gelang es den Erzieher_innen, einen individuellen Rechtsanspruch auf eine gesundheitliche Gefährdungsanalyse sowie eine verbesserte Entgeltordnung für den Sozial- und Erziehungsdienst durchzusetzen. Für die überwiegende Zahl der Beschäftigten gab es zudem Einkommenssteigerungen. Im Dezember 2014 haben die Gewerkschaften ver.di und GEW für die Beschäftigten im Sozial- und Erziehungsdienst eine Aufwertungskampagne beschlossen. Über eine verbesserte Einstufung im Tarifvertrag sollen diese Berufsgruppen ihrer Qualifikation entsprechend eingruppiert werden. Das würde zu Einkommenssteigerungen von ca. 10% führen.[6]

6 http://www.soziale-berufe-aufwerten.de/aktuelles/aktuelles/verdi-bundestarif kommission-beschliesst-eckpunkte-der-forderung

3.2.2 Pflegekräfte in der stationären Altenpflege

Mit der Einführung der Pflegeversicherung 1995/96 ist ein neuer Markt für Pflegeleistungen und gleichzeitig ein kontinuierlicher Druck entstanden, Kosten und damit die Personalausstattung zu verringern. Denn über die Pflegeversicherung werden nicht die tatsächlich entstehenden Kosten von Pflegeleistungen finanziert, sondern lediglich standardisierte Fallkostenpauschalen mit festen Obergrenzen vergütet. Pflegeheime, die sich zu 54% in freigemeinnütziger Trägerschaft, zum Beispiel von Diakonischem Werk und Caritas, befinden und zu 40% privatwirtschaftlich geführt werden (Statistisches Bundesamt 2013b: 16), stehen in einer Konkurrenzsituation und versuchen, ihre Angebote möglichst preisgünstig anzubieten. Entsprechend richten sie ihre Leistungserbringung an Wirtschaftlichkeitskriterien aus. Gleichzeitig müssen sie allerdings eine hohe Pflegequalität aufrechterhalten, da ansonsten ihr Heim nicht mehr nachgefragt wird.

Diesem Zielkonflikt begegnen die Pflegeheime nicht mit der Beschäftigung von gut qualifiziertem Personal in ausreichendem Umfang, da dies die Wirtschaftlichkeit gefährden würde, sondern mit hohen Arbeitsanforderungen an die vorhandenen Pflegekräfte. Hielscher et al. (2013) sehen deswegen gerade bei den Altenpfleger_innen in der stationären Pflege die größten Belastungen, verglichen mit Sozialarbeiter_innen in der Jugendhilfe und Erzieher_innen in der Kindertagesbetreuung, die ebenfalls mit „Zeitnot, Druck zur Kostenersparnis und Verdichtung von Arbeit" (ebd.: 222) konfrontiert sind. Die Arbeitsbelastung der Pflegekräfte ist wegen der pauschalisierten Pflegesätze und der damit verbundenen dünnen Personaldecke sehr hoch. Sie wird noch erhöht durch die bürokratische Fallabwicklung und die vorgeschriebenen Verfahren zur Qualitätssicherung, da diese Vorgaben eine aufwendige Dokumentation der Einzelfälle erzwingen. Die zur Pflege verbleibende Zeit verringert sich; es kommt zur Verdichtung der Arbeit.

In der Folge steht im Zentrum der unmittelbaren Pflegetätigkeit lediglich die körperliche Grundversorgung der Patient_innen beziehungsweise Bewohner_innen. Aufgrund des knappen Zeitbudgets können Pflegekräfte ihre Vorstellungen von einer guten Versorgung nicht realisieren. Sie beklagen, dass es aufgrund des permanenten Arbeitsdrucks zu einer Diskrepanz zwischen ihrem professionellen Anspruch und der Arbeitspraxis kommt (ebd.). Gerade das Bestreben der Institutionen, das Qualitätsniveau anhand von mess- und dokumentierbaren Tätigkeiten zu definieren, führt dazu, dass für interaktive Tätigkeiten keine Zeit bleibt. Diese sind jedoch für das Wohlbefinden der Bewohner_innen und auch der Beschäftigten besonders wichtig (May 2014). Dabei kommt es auch zu einer Hierarchisierung der Tätigkeiten. So stellen Gertrud M. Backes, Ludwig Amrhein und Martina Wolfinger (2008: 51) fest, dass „indirekte Pflege" – Tätigkeiten vom Management über die Dokumentation bis hin zur Kooperation mit anderen Berufsgruppen – aufgewertet und überproportional häufig von Männern ausgeübt wird, während „direkte Pflege" – Tätigkeiten, die unmittelbar am Menschen erbracht werden – abgewertet und Frauen zugeordnet wird.

Ferner arbeiten Pflegekräfte in ständig wechselnden Schichten. Auf die Festlegung der Schichtpläne haben sie häufig keinen Einfluss, auf private Termine wird bei der Dienstplanung kaum Rücksicht genommen. Massive Überstunden sind üblich und Arbeitseinsätze bis zu zehn Tagen hintereinander keine Ausnahme (Hielscher et al. 2013: 87). Auch kommt es aufgrund des permanenten Personalmangels zu kurzfristig angesetzten Zusatzschichten in der eigentlich dienstfreien Zeit, wodurch die Planbarkeit von familiärer Reproduktionsarbeit und auch der Spielraum für Aktivitäten der Selbstsorge und der Muße stark eingeschränkt sind (Nowak/Hausotter/Winker 2012b: 39). So führt die Organisation von Pflegearbeit nach den Kriterien der Kostendeckung und Profitabilität nicht nur zu unzureichender Versorgungsqualität, sondern auch zu schlechten Arbeitsbedingungen (Gather/Schürmann 2013).

Hielscher et al. (2013: 68-70) zufolge schätzen auch die Pflegekräfte selbst die Folgen des wachsenden Kostendrucks als prägend für ihre Arbeit ein. 94% der Befragten beklagen, dass sie bei der Arbeit einen ständigen Zeitdruck verspüren. Ebenfalls 94% stimmen der Aussage zu, in immer kürzerer Zeit immer mehr Arbeit erledigen zu müssen. Nur ein Viertel gibt an, unter diesen Bedingungen noch gute Arbeit leisten zu können. 80% der Beschäftigten sind entsprechend unzufrieden mit ihrer Arbeit und fast 90% geben an, schon an die Grenzen der Belastbarkeit gestoßen zu sein. Aus der qualitativen Befragung ergibt sich nach Hielscher et al. (2013: 70): „Die Duldung und Aufrechterhaltung dieser Zustände sei nur möglich, weil es an einer angemessenen gesellschaftlichen Wertschätzung der Pflegearbeit mangele und die Pflegekräfte selbst nicht ausreichend um ihre Rechte kämpfen" würden. Die Befragten befürchten, dass im Fall eines Streiks die Versorgung der Bewohner_innen zusammenbricht.

Die Akzeptanz von Mehrarbeit ist bei Pflegekräften stark verbreitet. Dies hat mit dem eigenen Berufsverständnis zu tun, insbesondere mit der Vorstellung, eine besondere Verantwortung für die Menschen zu tragen, für deren Wohlergehen sie zuständig sind (Senghaas-Knobloch 2008). Mit der Aufspaltung bestimmter Tätigkeiten und unter dem permanenten Zeitdruck geht allerdings das zentrale Element von guter Pflegearbeit verloren, nämlich präsent und empathisch gegenüber den Care-Empfänger_innen zu sein (Feministische Autorinnengruppe 2013). Für diese persönlichen Beziehungen nehmen sich deswegen Pflegekräfte häufig auch jenseits der entlohnten Arbeit Zeit und erhalten dafür von den Bewohner_innen positive Rückmeldungen. So wird nachvollziehbar, warum es Pflegekräften so schwer fällt, ihre Arbeit einzuschränken oder gar zu verweigern. Nancy Folbre (2008: 376) schreibt dazu treffend: „Care workers become, in a sense, prisoners of love." In unserer Studie zur Handlungsfähigkeit von Altenpfleger_innen (Nowak/Hausotter/Winker 2012a, 2012b) wird deutlich, dass viele Beschäftigte in der Altenpflege ihr gesamtes Leben den Flexibilitätsansprüchen der Pflegeinstitutionen unterordnen. Andere identifizieren sich neben dem Care-Beruf als Familienfrau und Mutter und verzichten in der Konsequenz auf eigene Interessen jenseits der Arbeit. Als Folge der Überlastung durch Erwerbsarbeit und Sorgearbeit für Familienmitglieder kommt die Selbstsorge deutlich zu kurz. Stresssymptome sind verbreitet und führen bei längerem Andauern häufig auch zu Erschöpfungszuständen.

Berufe in der Altenpflege gehören zu den Berufsgruppen mit den höchsten krankheitsbedingten Fehlzeiten. Dies hängt – anders als im gewerblichen Bereich, wo eine hohe Zahl von Ausfalltagen von überdurchschnittlich vielen Arbeitsunfällen hervorgerufen wird – mit den besonders hohen psychischen Arbeitsbelastungen zusammen (Meyer/Mpairaktari/Glushanok 2013: 284). Über 19% der Altenpfleger_innen waren 2012 wegen psychischer Erkrankungen arbeitsunfähig, durchschnittlich 28,7 Tage lang (ebd.: 302).

Wenn Pflegekräfte ihre Ansprüche an eine gute Pflegequalität auf Dauer nicht umsetzen können und gleichzeitig bei niedriger Entlohnung hohen physischen und psychischen Belastungen ausgesetzt sind, kann dies auch zu einem Rückzug im Job und damit zu einer inneren Kündigung führen. Viele Pflegekräfte verlassen aufgrund ihrer unbefriedigenden Arbeitssituation auch das berufliche Feld. Auf diese Weise kommt es zu hoher Personalfluktuation. In Berlin und Brandenburg hatten 15 Jahre nach dem Ausbildungsende mehr als zwei Drittel der Altenpfleger_innen ihr Berufsfeld verlassen und waren teilweise in durchaus verwandte Berufe gewechselt (Wiethölter 2012: 19).

3.2.3 Care-Beschäftigte in Privathaushalten

Im neoliberalen Konzept sind grundsätzlich alle Erwachsenen aufgerufen, sich und abhängige Familienmitglieder durch Erwerbsarbeit zu ernähren. Dadurch fehlt die Zeit, den Sorgeaufgaben gegenüber Kindern und unterstützungsbedürftigen Angehörigen nachzukommen. Insbesondere im ökonomisierten Reproduktionsmodell können es sich Familien erlauben, die anfallende Care-Arbeit an meist migrantische Haushaltsarbeiter_innen abzugeben.

Ohne diese Haushaltsarbeiter_innen wäre die Ökonomie in den wenigsten Ländern funktionsfähig. So gibt es Haushaltsarbeiter_innen in jedem Land. Sie kochen, putzen, waschen, passen auf Kinder auf und betreuen unterstützungsbedürftige ältere Menschen. Die Internationale Arbeitsorganisation ILO (2013: 19f.) schätzt auf der Grundlage von statistischem Material von 117 Ländern, dass 2010 circa 52,6 Millionen Menschen als Haushaltsarbeiter_innen tätig waren. Diese Schätzung ist vorsichtig, weil wegen des nicht ausreichenden Datenmaterials das wirkliche Ausmaß eher unterschätzt wird, wie die ILO in diesem Bericht feststellt. Haushaltsarbeiter_innen tauchen in offiziellen Statistiken meist nicht auf, da sie nicht registriert in der Schattenwirtschaft tätig sind. Entsprechend schwierig ist es selbst für die ILO, sich ein umfassendes Bild zu machen, wie viele Personen in einem Land tatsächlich als Haushaltsarbeiter_innen tätig sind. In die genannten 52,6 Millionen sind die ebenfalls geschätzten 7,3 Millionen Kinder unter 15 Jahren nicht einbezogen, die in Privathaushalten arbeiten und deswegen oft kaum eigene Bildung erhalten. Mehr als 80% der Haushaltsarbeiter_innen sind Frauen. Damit sind weltweit 7,5% aller weiblichen Beschäftigten im Bereich der Haushaltsarbeit zu finden.

Für Deutschland weist der ILO-Bericht (2013: 37 und 118) für das Jahr 2009 offiziell 203.000 Haushaltsarbeiter_innen aus, darunter 12.000 Männer. Dabei wird Bezug genommen auf den Mikrozensus 2009 des Statistischen Bundesamts. Aber auch hier gibt es gute Gründe anzunehmen, dass dieser Wert das Ausmaß unterschätzt. Im ILO-Bericht wird auf eine alternative Quelle verwiesen, die ebenfalls für das Jahr 2009 von 712.000

Haushaltsarbeiter_innen ausgeht (Körner/Puch 2011: 38). Im Statistischen Jahrbuch 2013 werden für das Jahr 2010 882.000 Erwerbstätige in Häuslichen Diensten aufgeführt (Statistisches Bundesamt 2013a: 343).

In der BRD werden Haushaltsarbeiter_innen in Familien sowohl bei der Kindererziehung als auch für die Pflege unterstützungsbedürftiger Menschen eingesetzt. Auf letztere fokussiere ich im Folgenden, da der Bedarf an pflegerischen Dienstleistungen in den letzten Jahren erheblich gestiegen ist und weiter steigt. Über 1,1 Millionen Pflegebedürftige mit einer anerkannten Pflegestufe werden in Deutschland zuhause ohne zusätzliche ambulante Hilfe gepflegt. Dies wäre ohne Haushaltsarbeiter_innen nicht realisierbar. So werden seit einigen Jahren in deutschen Haushalten zunehmend Haushaltsarbeiter_innen, vor allem aus Osteuropa, beschäftigt, die als Pendelmigrant_innen leben und jeweils mehrere Monate rund um die Uhr in einem Live-in-Arrangement arbeiten. Sie leben mit den Pflegebedürftigen in einem Haushalt und betreuen diese – abgesehen von einigen wenigen Stunden am Nachmittag oder Abend – rund um die Uhr.

Bei der Unterstützung von Pflegebedürftigen in deren Haushalt werden durchweg niedrige Löhne gezahlt (ver.di 2011). Es gibt in aller Regel keinen Anspruch auf bezahlten Urlaub, keine Lohnfortzahlung im Krankheitsfall, keinen Anspruch auf Mutterschutz und auch keine Einzahlung in die Sozialversicherung. Dazu kommen extrem lange Arbeitszeiten, die häufig keinen wöchentlichen freien Tag vorsehen.

Wie für Care-Arbeit insgesamt charakteristisch, lassen sich auch bei der Pflege im Haushalt die personen- und sachbezogenen Tätigkeiten im Alltag nicht trennen. So fassen Bernhard Emunds und Uwe Schacher (2012: 7) in ihrer Untersuchung zu migrantischen 24-Stunden-Pflegekräften in Privathaushalten unter dem Begriff der Pflegearbeit all die auf die Person der Pflegebedürftigen bezogenen Tätigkeiten zusammen, die für die Pflegebedürftigen entweder in der Wohnung oder in Form außerhäuslicher Besorgungen geleistet werden. Ebenso erwähnt die Bundesagentur für Arbeit (2014b: 2) bei der „Vermittlung von europäischen Haushaltshilfen“ für Pflegebedürftige neben hauswirtschaftlichen Tätigkeiten auch „notwendige pflegerische Alltagshilfen“ und verweist auf Unterstützungsleistungen bei „An- und Auskleiden, Hautpflege, Aufstehen und Zu-Bett-Gehen, Mundpflege, Baden, Nagelpflege, Duschen, Rasieren, Essen, Trinken, Toilettengang, Fortbewegung, Waschen, Haarpflege, Zahnpflege“.

In ihrer empirischen Studie kommen Emunds und Schacher (2012: 3) zu dem Ergebnis, dass das ambulante Pflegesetting dem Wunsch vieler Pflegebedürftiger entspricht, die reguläre Pflegearbeit nicht finanzieren können oder die gerne in ihrer Wohnung verbleiben möchten. Obwohl viele im Haushalt Pflegende keine formale Pflegequalifikation haben, werden die Pflegekräfte von den Angehörigen gut bewertet und hoch geschätzt.

Das Live-in-Arrangement führt allerdings dazu, dass Haushaltsarbeiter_innen beinahe vollständig von ihren Auftraggeber_innen abhängig sind. Die fast vollständige Okkupation des Alltags in der Phase der Pflege erzeugt bei den Erwerbstätigen das Gefühl, nur in den Zeiträumen außerhalb des Pflegesettings wirklich zu leben. Für Haushaltsarbeiter_innen besteht zudem eine große Gefahr, Opfer emotionaler und sexueller Übergriffe zu werden. Ebenso können Haushaltsarbeiter_innen, die in Live-in-Arrangements tätig sind, den Sorgeverpflichtungen in ihren eigenen Familien nicht nachkommen. Sie sind darauf angewiesen, dass die bisher von ihnen erfüllten Sorgeaufgaben von Familienmitgliedern in ihrem Heimatland übernommen werden (Schilliger 2013).

Durch die Osterweiterung der EU sind heute die meisten migrantischen Pflegekräfte legal in Deutschland und benötigen keine Arbeitsgenehmigung, um in der BRD erwerbstätig zu sein. Sie leben häufig in der Form der Pendelmigration. Sie sind mehrere Monate in der 24-Stunden-Pflege tätig und wechseln sich danach turnusmäßig (beispielsweise alle zwei oder drei Monate) mit einer anderen Pflegekraft in einem Rotationssystem ab. Sie nutzen diese Form der Mobilität zur Verbesserung ihrer finanziellen Situation und sehen ihre Tätigkeit meist als vorübergehend (ver.di 2011).

Emunds und Schacher (2012: 8-11) weisen darauf hin, dass diese Arbeitsbedingungen nicht nur für Pflegekräfte aus den Nicht-EU-Mitgliedsländern, wie Ukrainer_innen oder Weißruss_innen, denen in der Regel ein legaler Aufenthalt und eine legale Beschäftigung verwehrt wird, irregulär sind. Als „irreguläre Pflegearbeit" bezeichnen sie Beschäftigungsverhältnisse auch dann, wenn Pflegekräfte aus den Mitgliedsländern der EU durchaus legal auf der Grundlage der EU-Regelungen zur Arbeitnehmerfreizügigkeit, Niederlassungsfreiheit oder Dienstleistungsfreiheit tätig werden. Denn diese Pflegekräfte arbeiten unter Bedingungen, die weit entfernt von den Mindeststandards des bundesdeutschen Arbeitsrechts für Beschäftigungsverhältnisse sind.[7]

Diese Arbeitsverhältnisse werden in der BRD sowohl vom Staat als auch der Mehrheit der Bevölkerung akzeptiert, da diese Organisation der häuslichen Pflege grundlegend ist für die Aufrechterhaltung des ökonomisierten Reproduktionsmodells. In dem Moment, wo 24-Stunden-Pflege notwendig wird, wird häufig auch im Rahmen des paarzentrierten Reproduktionsmodells eine häusliche Pflegekraft beschäftigt. Einen bedeutsamen Einsatzbereich für Arbeiter_innen in Live-in-Arrangements gibt es darüber hinaus bei pflegebedürftigen Singles.

Die irregulären Bedingungen der Pflegearbeit werden dadurch ermöglicht, dass der deutsche Staat Pflegegeld an die Pflegebedürftigen beziehungsweise deren Angehörige zahlt, ohne dessen Verwendung zu kontrollieren. Dies wird damit begründet, dass eine Kriminalisierung von Privathaushalten nicht erwünscht sei (Lutz 2010). So gelingt es, die Kosten niedrig zu halten. Nicht zuletzt durch die schlechte Qualität stationärer Pflege in Folge der Begrenzung der von der Sozialversicherung übernommenen Pflegekosten bleibt der Wunsch nach Pflege im häuslichen Umfeld groß, der durch den Einsatz von Pendelmigrant_innen mit irregulären Arbeitsverhältnissen bedient wird. Dies wird politisch unterstützt durch den Grundsatz „ambulant vor stationär“. Gleichzeitig wird diese Situation durch die viel zu geringe Höhe des Pflegegelds stabilisiert. Für eine häusliche 24-Stunden-Pflege sind mindestens 3,5 Personalstellen erforderlich (inklusive Ausfallzeiten, Urlaub etc.). Die Kosten lägen bei etwa 10.000 Euro im Monat (ver.di 2011: 4). Das Pflegegeld liegt demgegenüber bei Pflegestufe 3 seit 1.1.2015 bei 728 Euro. Die meisten Familien oder Alleinstehenden könnten sich eine solche Pflege durch sozial abgesicherte Beschäftigte nicht leisten.

7 Dabei sind Haushaltsarbeiter_innen bereits im Gesetz von wesentlichen Schutzrechten ausgenommen. So findet das Arbeitszeitgesetz für sie keine Anwendung; dies ist im § 18 ArbZG festgelegt.

3.3 Erschöpfte Sorgearbeitende

Schon seit längerem gibt es Stimmen, die auf die allgemeine Überforderung einer wachsenden Zahl von Menschen hinweisen (Sennett 1998, Ehrenberg 2004, 2011). Die Arbeitsbelastungen sind hoch und wachsen weiter. Dies zeigt der nur skizzenhafte Einblick in die verschiedenen Reproduktionsmodelle, mit denen Erwachsene auf unterschiedliche Weise versuchen, berufliche und familiäre Anforderungen zu verbinden. Viele wissen nicht mehr, wie es weitergehen soll, wie sie diese Anforderungen meistern können, ohne daran zu zerbrechen. Sie arbeiten am Limit ihrer Kräfte und stehen gleichzeitig unter dem Druck, ihr Potenzial in Eigeninitiative ständig weiter auszuschöpfen. Immer mehr Menschen sind von ihrer Lebenssituation überfordert, sie sind erschöpft. Dabei wird Erschöpfung verstanden als eine „Reaktion auf Belastungen, die längerfristig die menschlichen Leistungsanforderungen überfordern" (Rau 2012: 181). Während unter Stress die direkte Begleiterscheinung einer Überforderung verstanden wird, ist „Erschöpfung eine Folge eines chronischen Stresszustands" (ebd.), die durch verzögerte oder beeinträchtigte Erholungszeiten zustande kommt.

Den Anforderungen in der Erwerbsarbeit kommt bei der längerfristigen Überforderung menschlicher Leistungsfähigkeit ein hoher Stellenwert zu. Im Beruf ist der ganze Mensch gefragt, er soll auch digital rund um die Uhr erreichbar sein und sich selbst optimieren (Carstensen/Ballenthien/Winker 2014). Eine fortwährende Weiterbildung und ein regelmäßiges gesundheitliches Trainingsprogramm sind ebenso notwendig für den Verkauf der Arbeitskraft wie eine in hohem Maß flexible Einsetzbarkeit. Wochenendarbeit nimmt ebenso zu wie die Anforderungen an die Mobilität durch Fernpendeln und mehrtägige Dienstreisen. Gleichzeitig wächst der Arbeitsdruck durch permanente Rationalisierungen; der Wettbewerb im Team wird bei immer größeren Leistungsvorgaben forciert. Dazu kommt der moralische Druck, sich über die persönlichen und arbeitsvertraglichen Grenzen hinaus für die Kund_innen oder das Projekt einzusetzen (Graefe 2012). Die Beschäftigten müssen mehr Eigenverantwortung übernehmen, gleichzeitig bleiben jedoch aufgrund enger zeitlicher Vorgaben und unzureichender Ressourcen die Spielräume für autonomes Arbeitshandeln begrenzt (Jürgens 2006: 199). Diese Anforderungen überlasten viele Menschen, zumal häufig für sie der Sinn hinter diesem Arbeitseinsatz fehlt, wenn das Ergebnis nicht zu qualitativ hochwertigen und nützlichen Gütern und

Dienstleistungen führt. In allen Wirtschaftsbereichen sind Beschäftigte von diesen Entwicklungen betroffen.

Dazu kommt, dass immer mehr Beschäftigte nur einen befristeten Arbeitsvertrag haben oder als Leiharbeiter_innen arbeiten. Für sie scheint eine überdurchschnittlich hohe Arbeitsleistung die einzige Möglichkeit, einen dauerhaften Arbeitsvertrag oder eine Übernahme durch den Entleihbetrieb zu erreichen. Gleichzeitig reduziert sich der Planungshorizont für das eigene Leben. Diese Kombination aus hohem Leistungsdruck und Existenzunsicherheit erzeugt Stress.

Nach dem Stressreport 2012 der Bundesanstalt für Arbeitsschutz und Arbeitsmedizin ist fast jeder Fünfte durch das hohe Arbeitspensum im Beruf überfordert. 43% der Berufstätigen in Deutschland klagen über wachsenden Stress (Lohmann-Haislah 2012: 87). Ferner gibt jeder zweite Befragte an, unter Termin- und Leistungsdruck zu stehen. 44% der Beschäftigten werden bei der Arbeit durch Telefonate und E-Mails unterbrochen (ebd.: 35). 26% klagen darüber, dass sie häufig keine Pausen machen können. Für 46% der abhängig Beschäftigten mit Vollzeitvertrag ist die Arbeitswoche länger als 40 Stunden. (ebd.: 50). Auch die fortwährende Erreichbarkeit durch SMS oder Mails außerhalb der Arbeitszeit führt zu einer permanenten Belastung. Ergebnisse empirischer Untersuchungen zeigen, dass insbesondere hohe Arbeitsintensität, geringer Handlungsspielraum, geringe berufliche Anerkennung bei gleichzeitig hohen Anforderungen und mangelnde soziale Unterstützung das Risiko psychischer Beeinträchtigungen und Störungen erhöhen (Rau/Henkel 2013).[8]

In Care-Berufen gibt es noch eine besondere Problematik. Denn es ist hier noch schwieriger, damit umzugehen, dass Patient_innen oder Klient_innen mit der wenigen Zeit, die Care-Beschäftigte ihnen wegen zu dünner Personaldecke und zu engem Kostenrahmen widmen können, nicht zufrieden sind oder dass sie unter dieser Situation leiden. Beschäftigte leben in dem Widerspruch, dass sie die Rahmenbedingungen, die ihre Institution schafft, kritisch sehen und gleichzeitig alles dafür tun, die Auswirkungen dieser schlechten Bedingungen durch immer noch größeren Arbeitseinsatz auszugleichen. Sie tun dies auch deshalb, weil akzeptable Al-

8 In der Regel bestehen diese Zusammenhänge in Bezug auf die subjektive Wahrnehmung der Betroffenen. Von Rau/Henkel (2013) wird dieser Zusammenhang auch für objektiv hohe Arbeitsintensität nachgewiesen.

ternativen meist nicht sichtbar sind. Denn einen neuen Arbeitsplatz zu finden, ist schwierig. Aber auch dort, wo Fachkräfte knapp sind, ist es eher unwahrscheinlich, dass in einem neuen Job die Arbeitsbedingungen besser sind. In der Konsequenz bleiben viele, so lange es geht, in ihrer Situation gefangen. Dies gilt auch, wenn sie wissen, dass sie deutlich mehr Erholungspausen benötigen würden und mehr Zeit, sich um sich selbst zu kümmern.

Das ganze Ausmaß der Überlastung und Erschöpfung ist allerdings nur dann zu verstehen, wenn gleichzeitig die hohen Aufgaben im Bereich der Selbstsorge und der Sorge für andere in den Familien betrachtet werden. Auch in der alltäglichen Reproduktionsarbeit fehlen vielen Menschen die finanziellen und zeitlichen Ressourcen, die ihr jeweiliges Lebensarrangement erfordert. Insbesondere Mütter plagt häufig ein schlechtes Gewissen, weil sie das Gefühl haben, ihren Kindern nicht gerecht zu werden. Gleichzeitig stoßen Menschen, die sich in ihrem Beruf verausgaben, auf eine mangelhafte soziale Infrastruktur. Dies fängt an bei der unzureichenden Unterstützung durch Care-Institutionen wie Kindergärten, Ganztagsschulen oder Krankenhäuser, setzt sich fort in schlechter Beratung und Informationspolitik hinsichtlich der meisten Herausforderungen des Alltags und gilt auch für unterstützende Rahmenbedingungen wie die Verpflegung in Betrieben, Kitas und Schulen.

Nicht nur die Anforderungen an Erwachsene, die hier im Fokus stehen, sind hoch, sondern bereits auch die an Kinder und Jugendliche. In einem Interview in der Wochenzeitung Die Zeit vom 27. März 2014 erklärt der Jugendpsychiater Michael Schulte-Markwort,[9] dass Schüler_innen ein Arbeitspensum von 50 bis 60 Wochenstunden haben und unter einem massiven Leistungsdruck stehen. Dabei sind es die Kinder und Jugendlichen selbst, die sich unter Druck setzen, sich selbst disziplinieren und möglichst perfekt sein wollen. Schulte-Markwort führt dies darauf zurück, dass Kinder in einer von Marktkonkurrenz geprägten Gesellschaft aufwachsen und schon früh zur tendenziell grenzenlosen Leistungsbereitschaft erzogen werden. Sie haben die Anrufung zur Eigenverantwortung verinnerlicht (Schrader/Langsdorff 2014: 55ff.).

So sind viele Familien nicht nur mit den Anforderungen der eigenen Weiterbildung überfordert, sondern auch mit der Begleitung ihrer Kinder

9 http://www.zeit.de/2014/14/schueler-burnout-jugendpsychiater

bei den schulischen Aufgaben. Dazu kommen die wachsenden Anforderungen der gesundheitlichen Vorsorge, beispielsweise hinsichtlich einer gesunden Ernährung. Viele Menschen sind entsprechend erschöpft. Sie „wachen auf aus Sorge, nicht mehr mitzukommen, nicht mehr auf dem Laufenden zu sein, die Aufgabenlast nicht mehr bewältigen zu können, abgehängt zu werden – oder in der erdrückenden Gewissheit, (etwa als Arbeitslose oder Ausbildungsabbrecher) bereits abgehängt zu sein" (Rosa 2009: 118).

Naheliegend ist, dass Überforderungen im beruflichen und im familiären Bereich sich gegenseitig verstärken. In Familien treffen von der Erwerbsarbeit gestresste Eltern auf von Kita und Schule überforderte Kinder. Allen Familienmitgliedern fehlt häufig die Muße, um sich alleine oder gemeinsam zu erholen. Umgekehrt haben familiäre Stresserfahrungen wiederum negative Auswirkungen auf das Tätigsein jenseits der Familie.

So kommt Christof Wolf (2006) zu dem Ergebnis, dass durch Stress hervorgerufene psychosoziale Belastungen in der Haus- und Sorgearbeit die Gesundheit ebenso stark beeinflussen wie Belastungen aus der Erwerbsarbeit. „Unabhängig davon, ob es sich um bezahlte Erwerbsarbeit oder um unbezahlte Hausarbeit handelt: Tätigkeiten, die als seelisch belastend empfunden werden, die keinen Spaß machen und wenig Anerkennung finden, verschlechtern die körperliche und psychische Gesundheit." (Ebd.: 172) Die Ergebnisse der quantitativen Studie lassen vermuten, so der Autor, dass die statistisch schlechtere Gesundheit von Frauen maßgeblich durch ihre größere Belastung im Haushalt verursacht ist. Auch ist die Belastung durch Hausarbeit einkommensabhängig. Mit steigendem Wohlstand sinkt die Belastung durch den Haushalt deutlich und es gibt Hinweise darauf, dass die gesundheitlichen Auswirkungen der Belastung durch Sorgearbeit in einkommensstarken Haushalten geringer ausfallen als in weniger begüterten Haushalten.

Das ist insofern plausibel, als insbesondere bei Menschen im subsistenzorientierten Reproduktionsmodell das alltägliche Leben davon geprägt ist, sich irgendwie um die Beschaffung eines Jobs zu kümmern, irgendwo etwas dazuzuverdienen, zusätzliche Möglichkeiten zu finden, um zu sparen, und dabei den Sorgeaufgaben einschließlich der Selbstsorge nachzukommen. Gerade diese Gruppe hat keine finanziellen Spielräume für Freizeit-, aber auch Sport- und Bildungsaktivitäten für ihre Kinder. Dieser Aufwand, den sie unter schwierigen Bedingungen betreiben, wird gesellschaftlich kaum gewürdigt. Abwertung und Ausschluss von sozialer Teilhabe machen sich im Selbstwertgefühl bemerkbar. Folge dieser Belastungen sind gesundheitliche Beeinträchtigungen.

Eine weitere Quelle der Erschöpfung ist bei den vielen prekär Beschäftigten zu erkennen, die ihre Arbeitskraft zu Niedriglöhnen verkaufen müssen. Sie sind durch die Erwerbsarbeit zeitlich belastet, ohne über die Ressourcen zu verfügen, sich bei der Reproduktionsarbeit zu entlasten. Auch Beschäftigten, für die nicht planbar ist, wie oft und wann sie eingesetzt werden, wird die Sorge für sich und andere erschwert. Entsprechend prekär ist die Versorgung und Betreuung minderjähriger Kinder und unterstützungsbedürftiger Angehöriger organisiert. Diese Menschen fühlen sich oft grundlegend überfordert. Sie übernehmen eine hohe Verantwortung für Kinder oder Angehörige, leben selbst häufig unter vollständig unabgesicherten Bedingungen und haben keinen Zugang zu privat zu finanzierenden Unterstützungsmaßnahmen. Auch sozialstaatliche Leistungen sind gerade im Bedarfsfall schwer zugänglich oder unerreichbar.

Im paarzentrierten Reproduktionsmodell geraten vor allem Frauen häufig an die Grenzen ihrer Kräfte, da sie mit der alltäglichen Doppelbelastung durch Beruf und Familie kämpfen. So stellen beispielsweise Pflegerinnen fest, dass sie aufgrund der Anforderungen im Beruf und in der familiären Sorgearbeit gar keinen Platz mehr für sich selbst haben (Nowak/Hausotter/Winker 2012b: 97). Häufig wird zunächst die Selbstsorge vernachlässigt, dann die familiäre Sorgearbeit, und schließlich ist die berufliche Arbeitsleistung bedroht. Eine Veränderung dieser Situation ist kaum möglich, da eine Reduktion der Belastung schnell bedeutet, in ein anderes Reproduktionsmodell abzurutschen. Die Angst vor einem solchen Absturz lähmt und produziert Stress.

Bei all diesen Gruppen – Ausnahme sind hier nur die Menschen im ökonomisierten Reproduktionsmodell – kommt die reale Furcht vor der fehlenden Absicherung im Alter dazu. Diese Existenzangst kann auf Dauer krank machen.

Aber auch Menschen im ökonomisierten Reproduktionsmodell sind mit ihren Vollzeitjobs sehr gefordert und mit ihrem Lebensentwurf häufig nicht zufrieden. Viele halten einen hohen Lebensstandard und den Wunsch nach Muße für unvereinbar und wenden viel Zeit und einen Großteil ihres Einkommens dafür auf, die Betreuung ihrer Kinder inklusive Unterstützung bei den Hausaufgaben, Musikerziehung und sportlichen Aktivitäten zu organisieren (ebd.).

Menschen müssen also heute alltäglich ihre Potenziale noch umfassender nutzen und an ihre Belastungsgrenzen gehen. Wenn die Anforderungen an die Eigenverantwortung steigen und gleichzeitig die Handlungsspielräume nicht größer werden, steigen die Belastungen kontinuierlich an. Sind diese wegen fehlender Erholungszeiten nicht mehr auszugleichen, ist das Ergebnis physische und psychische Überlastung. Erschöpfungssyndrome sind weit verbreitet und schlagen sich in vielfältigen psychischen Erkrankungen nieder. Renate Rau (2012: 181) interpretiert in ihrer empirischen Studie „die aktuell massiv auftretenden Klagen über Erschöpfung als Konsequenz einer seit den 1990er Jahren andauernden Überforderung in der Arbeit". Dies wird zunehmend in einem Anstieg von belastungsassoziierten Krankheiten sichtbar, nicht zuletzt im Anstieg psychischer Erkrankungen. Während als Erschöpfung ein Zustand der Ermüdung und des Unwohlseins benannt wird, der zwar die Arbeitsmotivation stark beeinflusst, unter dem die meisten Menschen jedoch alles daran setzen, den Status quo aufrechtzuerhalten, ist ihnen dies im Fall psychischer Erkrankungen nicht mehr möglich.

Zahlreiche Studien belegen die Zunahme psychischer Erkrankungen (u.a. Depressionen, Anpassungsstörungen/Belastungsreaktionen, Alkoholabhängigkeit) bei unterschiedlichen Beschäftigten- und Bevölkerungsgruppen: Nach einer Studie der Bundespsychotherapeutenkammer (BPtK 2013: 16), in der eine Metaanalyse der Daten von sechs großen gesetzlichen Krankenkassen vorgenommen wird, waren 2012 psychische Erkrankungen erstmals die zweithäufigste Ursache für Arbeitsunfähigkeit. Jeder siebte Fehltag (13,7%) wurde von psychischen Erkrankungen verursacht (ebd.). Nach einer Studie der Betriebskrankenkassen (BKK 2013: 20) sind die Fehlzeiten, die von psychischen Erkrankungen verursacht werden, im Zeitraum von 2005 bis 2012 um 97% angestiegen. Psychische Störungen haben im Vergleich zu anderen Krankheiten die längste Behandlungsdauer. Die prozentuale Erkrankungsrate liegt bei Volks-, Haupt- und Realschulabgänger_innen deutlich höher als bei Personen mit höheren Bildungsabschlüssen (ebd.: 96, 101).

Darüber hinaus zeigen die Daten des jährlichen Fehlzeiten-Reports, dass in den Care-Berufen psychische Erkrankungen prozentual eine größere Bedeutung haben als in anderen Berufen. Während der Anteil psychischer Erkrankungen an den Arbeitsunfähigkeitstagen im Durchschnitt aller Branchen 2012 bei 10,1% lag, waren die Ausfallsquoten wegen psychischer

Erkrankungen bei Berufen in der Sozialarbeit und -pädagogik mit 16,9%, in der Kinderbetreuung und -erziehung mit 16,0%, in der Altenpflege mit 15,7% sowie in der Gesundheits- und Krankenpflege mit 14,7% deutlich höher (Meyer/Mpairaktari/Glushanok 2013: 345).

Nach der oben erwähnten Studie der Bundespsychotherapeutenkammer sind psychische Erkrankungen mit 42% auch die häufigste Ursache für eine Frühverrentung (BPtK 2013: 8). Viele dieser Personen geraten in Altersarmut, da die Erwerbsminderungsrente 2013 nach Angaben der Deutschen Rentenversicherung durchschnittlich bei 650 Euro lag (Deutsche Rentenversicherung 2014b).

Insbesondere arbeitsbedingte psychische Erkrankungen, die im Zusammenhang mit einer beruflichen Überforderung stehen und sich in reduzierter Leistungsfähigkeit niederschlagen, werden häufig unter dem Begriff Burnout diskutiert, obwohl dies nach WHO-Klassifikation keine Krankheit ist. Der Begriff stammt von Herbert J. Freudenberger (1974), der am Beispiel von therapeutischen und Sozialberufen das Phänomen des langsamen Ausbrennens bis zur völligen und chronischen psychischen Erschöpfung beschrieben hat, die Resignation und körperliche Erkrankungen nach sich ziehen kann. Personen mit Burnout leiden an Arbeitsüberlastung, die im Zusammenhang mit unrealistischen Anforderungen steht, häufig verbunden mit der Enttäuschung, dass der große Arbeitseinsatz nicht gewürdigt und belohnt wird, keinen Erfolg bringt und damit auch keinen Sinn ergibt (Neckel/Wagner 2014). Die Anforderungen an Subjekte, ihr Leben rundum eigenständig zu gestalten und zu verantworten, stoßen allerdings auf eine Realität, die nicht nur von Personalmangel und fehlenden Ressourcen in der Lohnarbeit, sondern auch von Zeitnot und mangelnder Unterstützung in der familiären Reproduktionsarbeit geprägt ist. Dieser Zusammenhang wird auch im Diskurs zu den Ursachen von Burnout häufig nicht benannt.

Es gilt festzuhalten, dass in allen Lebensbereichen die individuelle Verantwortung wächst, ohne dass Menschen Einfluss auf die Rahmenbedingungen nehmen können, unter denen sie dieser Verantwortung gerecht werden müssen. Auch fehlt aufgrund des Wettbewerbs auf dem Arbeitsmarkt, auf den die gesamte Lebensführung auszurichten ist, häufig die Erfahrung von Unterstützung und Solidarität. Bestehen bleibt der permanente Druck, Leistung in der Lohn- und Reproduktionsarbeit bringen zu müssen, unter unsicheren Bedingungen, ohne entsprechende Würdigung von anderen und ohne sichtbare Erfolge. So erleben sich viele Menschen als Verlierer_innen. Das gilt nicht nur im Beruf, sondern ebenfalls in der Familie, wenn Eltern sich als Versager_innen fühlen, da ihre Kinder dem Leistungsdruck nicht standhalten oder die pflegebedürftigen Angehörigen letztendlich doch nicht gemäß den eigenen Ansprüchen versorgt werden können. Lange Zeit wird der gewählte Lebensentwurf unter großer Anstrengung aufrechterhalten, irgendwann ist diese Selbstüberforderung jedoch nicht mehr durchzuhalten. Die selbst gesetzten Ziele und übernommenen Aufgaben können nicht mehr zufriedenstellend ausgeführt werden. Diese Erfahrung frustriert, verursacht Versagensängste, die eigene Handlungsfähigkeit wird in Frage gestellt; in letzter Konsequenz kann das zu den beschriebenen psychischen Erkrankungen führen. Diese Entwicklung wird häufig als selbstverursachtes Scheitern erlebt.

Ausgebrannt zu sein ist allerdings kein persönliches Versagen, sondern ein gesellschaftliches Phänomen. Viele Menschen sind heute müde, ohne auf Erholung hoffen zu können. Irgendwann ist die Energie aufgebraucht, das mühsam aufrechterhaltene Lebenskonstrukt bricht zusammen. Ändern kann sich dies nur dann, wenn Menschen beginnen, auf die gesellschaftlichen Rahmenbedingungen, unter denen sie arbeiten und leben, gemeinsam Einfluss zu nehmen. Und ändern muss es sich, damit Menschen wieder ohne chronische Erschöpfung leben können.

4 Krise sozialer Reproduktion

In diesem Kapitel geht es mir darum zu zeigen, dass die Überlastung vieler Sorgearbeitender nicht auf individuellem Versagen beruht, sondern systemisch bedingt ist. Immer mehr Menschen können trotz des Verkaufs ihrer Arbeitskraft nicht ausreichend für sich und andere sorgen. Dieses Phänomen analysiere ich im Kontext einer Krise sozialer Reproduktion, die ich im Folgenden näher darstelle.

Viele Wissenschaftler_innen erkennen in der derzeitigen Entwicklung eine Reproduktions-, Versorgungs- oder Sorgelücke (u.a. Jurczyk 2010). Nancy Folbre (2006) spricht vom Care-Defizit, da Frauen durch ihre erhöhte Erwerbsbeteiligung weniger Zeit für die unbezahlte Care-Arbeit zur Verfügung steht (vgl. auch Stiegler 2009). Mary K. Zimmerman, Jacquelyn S. Litt und Christine E. Bose (2006) definieren Care-Defizit als fehlende Möglichkeit, in ausreichendem Maß familiäre Care-Arbeit zu leisten, verbunden mit einem zu geringen Angebot an bezahlbaren Care-Dienstleistungen. Luise Gubitzer und Katharina Mader (2011: 7) sprechen von einer „Care-Krise". Hierunter verstehen sie, „dass Menschen, die abhängig sind von der Fürsorge, Versorgung und Zuwendung anderer, diese nicht mehr erhalten". Mascha Madörin (2006) sieht darin eine „Krise der Care-Ökonomie". Die Gemeinsamkeit besteht in der Einschätzung, dass für Care-Arbeit nicht mehr die erforderlichen finanziellen und zeitlichen Ressourcen zur Verfügung stehen und daraus vielfältiges soziales Leid entsteht.

Aus meiner Sicht ist es notwendig, dieses Care-Defizit nicht nur zu konstatieren, sondern auch zu analysieren. Nur so lässt sich verstehen, warum sich die bundesdeutsche Gesellschaft derzeit in einer solchen Situation befindet. Es geht mir also im Folgenden darum, die zugrundeliegenden politisch-ökonomischen Prozesse zu analysieren. Denn die Sorgelücke ist

Folge neoliberaler Krisenbearbeitung und verschärft gleichzeitig die Schwierigkeiten der Kapitalverwertung.

Somit möchte ich in diesem Kapitel von den aktuellen Verwertungsschwierigkeiten des Kapitals ausgehen und analysieren, wie sie mit der Sorgelücke verbunden sind. Diese politisch-ökonomische Betrachtungsweise macht eine Krise sozialer Reproduktion sichtbar (vgl. auch Jürgens 2010). Unter sozialer Reproduktion verstehe ich alle sozialen Praxen, die erforderlich sind, um menschliche Arbeitskraft (wieder)herzustellen. In diesem Prozess werden gleichzeitig die bestehenden Normen und Herrschaftsverhältnisse reproduziert. Eine Krise sozialer Reproduktion entsteht dann, wenn die Zuspitzung des Widerspruchs zwischen Profitmaximierung und Reproduktion der Arbeitskraft die quantitative und qualitative Verfügbarkeit der Arbeitskräfte so beeinträchtigt, dass dies perspektivisch eine deutliche Verschlechterung der Bedingungen der Kapitalverwertung nach sich zieht. Eine Analyse dieser Krise sozialer Reproduktion ermöglicht es, die Ursachen der schwierigen und soziales Leid verursachenden Bedingungen, unter denen Sorgearbeit geleistet wird, zu verstehen und Schlüsse zu ziehen, die für eine Care-Bewegung nutzbar sein können (vgl. Kapitel 6).

Im Folgenden lege ich in Abschnitt 4.1 kurz dar, inwiefern der von Nina Degele und mir (Winker/Degele 2009) vorgelegte Intersektionalitätsansatz als theoretischer Rahmen für die Analyse der Krise sozialer Reproduktion tauglich ist. Er berücksichtigt sowohl den Zusammenhang von Lohn- und Reproduktionsarbeit als auch die Verwobenheit verschiedener Herrschaftsverhältnisse im Kapitalismus. Auf dieser Basis verdeutliche ich in Abschnitt 4.2, dass die Strategie, die Kosten der Reproduktion der Arbeitskraft zu senken, eine Reaktion auf die Überakkumulationskrise darstellt. In Abschnitt 4.3 beschreibe ich für einzelne Bereiche der Care-Arbeit, dass die Versuche, über die Verbilligung der Reproduktion der Arbeitskraft der ökonomischen Krise zu begegnen, mittelfristig deren Verschärfung verursachen. In Abschnitt 4.4 beziehe ich diese Ergebnisse wiederum auf die gesamte derzeitige Krisenproblematik und verdeutliche, wie die dargestellte Krise sozialer Reproduktion die Kapitalverwertung beeinträchtigt und damit selbst ein Teil der Überakkumulationskrise ist.

4.1 KAPITALISMUSANALYSE AUS INTERSEKTIONALER PERSPEKTIVE

Zur Analyse der Krise sozialer Reproduktion nutze ich den intersektionalen Mehrebenenansatz (Winker/Degele 2009: 25-62, Winker 2012). Für eine Krisenanalyse ist dieser Ansatz erstens insofern relevant, als er die innerhalb kapitalistischer Systeme wirksamen strukturellen Herrschaftsverhältnisse – Klassismen, Heteronormativismen, Rassismen, Bodyismen – und deren Wechselwirkungen benennt. Diese Wechselwirkungen werden mit dem Begriff der Intersektionalität bezeichnet. Zweitens bezieht dieser Ansatz die solchermaßen verwobenen Herrschaftsverhältnisse auf die Bereiche der Lohn- und der Reproduktionsarbeit und erläutert, weshalb der Kapitalismus auf die Existenz beider Bereiche angewiesen ist. Da dieser Ansatz die ganze im Kapitalismus geleistete Arbeit und die mit ihr verwobenen Herrschaftsverhältnisse im Blick hat, verwende ich ihn als theoretischen Rahmen für eine feministisch-marxistische Krisenanalyse.

Innerhalb dieses von Nina Degele und mir entwickelten Ansatzes gehen wir von einer kapitalistisch strukturierten Gesellschaft aus, deren grundlegende ökonomische Dynamik auf Profitmaximierung beruht.[1] Dieses System basiert, hier beziehen wir uns auf die marxsche Theorie, auf dem Verkauf der Ware Arbeitskraft durch Lohnabhängige sowie auf der Aneignung des Mehrwerts durch Produktionsmittelbesitzende, die unter dem konkurrenzbedingten Zwang stehen, diesen Mehrwert als Kapital zu akkumulieren. Voraussetzung für die Reproduktion kapitalistischer Gesellschaften ist neben der Sicherung der kapitalistischen Eigentumsverhältnisse und der Bereitstellung der Produktionsmittel auch die Reproduktion der Arbeitskräfte. Erforderlich ist dabei die Verfügbarkeit geeigneter, passend qualifizierter und flexibler Arbeitskräfte, ohne dass für deren Reproduktion über-

1 Den Kapitalismus als Bezugspunkt zu setzen, widerspricht der häufig anzutreffenden Vorstellung in der feministischen Theorie, dass es zumindest um zwei Großsysteme geht, nämlich Kapitalismus und Patriarchat. Wir plädieren dafür, die Gegenüberstellung von Kapitalismus und Patriarchat ad acta zu legen und stattdessen innerhalb des inzwischen weltweit herrschenden kapitalistischen Systems konkrete Herrschaftsverhältnisse und deren Verwobenheit im Bereich der Lohn- und Reproduktionsarbeit zu analysieren (vgl. ausführlicher Winker/Degele 2009: 30-37).

mäßig hohe Kosten entstehen. Dies unterstützen Differenzkonstruktionen entlang von klassistischen, heteronormativen, rassistischen und bodyistischen Herrschaftsverhältnissen, die den Lohn- und Reproduktionsarbeitenden unterschiedliche Positionen zuweisen.

Unter dem Begriff der Klasse werden zunächst die beiden Hauptklassen des Kapitalismus, einerseits Produktionsmittelbesitzende und andererseits Lohn- und Reproduktionsarbeitende, verstanden. Mit dem Begriff der Klassismen differenzieren wir darüber hinaus unterschiedliche Positionen in Lohnarbeit und Reproduktionsarbeit entlang der Kriterien soziale Herkunft, Bildung und Beruf, welche die Stellung der Individuen in der Sozialstruktur maßgeblich bestimmen. Durch klassistische Diskriminierungen werden also auf der Grundlage von sozialer Herkunft, Bildung und Beruf deutliche Einkommens- und Reichtumsunterschiede aufrechterhalten. Klassismen beziehen sich explizit nicht ausschließlich auf den Produktionsprozess, sondern wirken in allen gesellschaftlichen Feldern, zum Beispiel in den Bereichen Familie, Wohnen und Ehrenamt. Schließlich steht gut bezahlten Beschäftigten die Möglichkeit offen, Teile der anfallenden Reproduktionsarbeit an Dritte weiterzugeben. Um die mit diesen Differenzierungen verbundenen sozialen Ungleichheiten zu legitimieren, wird im hegemonialen Diskurs auf Leistung verwiesen. Beispielsweise gilt die Arbeit im Management eines Pflegedienstes als größere und höher zu entlohnende Leistung als die Pflegetätigkeit selbst.

Diese Situation wird stabilisiert, indem Berufsfelder geschlechterstereotyp zugewiesen werden. Solange Lohnarbeit im Care-Bereich weiblich konnotiert bleibt, wird sie weiterhin schlecht bezahlt, zumal auch die nicht entlohnte Reproduktionsarbeit stabil Frauen zugeordnet bleibt. Mit den dichotomen Geschlechterzuschreibungen – der normativ gesetzten Differenzierung in Männer und Frauen und der Hierarchisierung dieser sozialen Konstruktionen – werden geschlechterhierarchische Arbeitsteilungen in der Lohn- und Reproduktionsarbeit aufrechterhalten. Im Unterschied zu Leistungskriterien, welche klassistische Zuordnungen nach sozialer Herkunft, Bildung und Beruf stabilisieren, werden hier natürliche oder fest eingeschriebene kulturelle Unterschiede zwischen den Geschlechtern behauptet. Die Herrschaftsverhältnisse, die auf diesen hierarchischen Geschlechterkonstruktionen basieren, bezeichnen wir als Heteronormativismen. Im Unterschied zum gebräuchlicheren Begriff des Sexismus beinhalten Heteronormativismen neben der Zweigeschlechtlichkeit auch deren Hierarchisierung durch die gesellschaftliche Konstruktion, dass allein heterosexuelle Paarbeziehungen naturgemäß seien. Mit so gefassten Heteronormativismen lassen sich nicht nur unter Ausnutzung der sogenannten stillen Reserve der Zugang zum Arbeitsmarkt regulieren und über Geschlechterstereotype eine Lohndifferenz aufrechterhalten, sondern auch ein Großteil der notwendigen Care-Arbeit kostengünstig an Frauen auslagern und in Familien abwickeln.

Da die Kombination aus zunehmender Frauenerwerbsbeteiligung und weiterhin notwendiger Reproduktionsarbeit zu hohen Belastungen führt, werden von gut verdienenden Haushalten Teile dieser Arbeit an meist weibliche migrantische Haushaltsarbeiter_innen abgegeben, die schlecht entlohnt und ohne soziale Absicherung die Sorgearbeit in den Haushalten übernehmen. Diese Arbeitsteilung beruht neben klassistischen und heteronormativen auch auf rassistischen Herrschaftsverhältnissen. Nicht der Mehrheitsgesellschaft zugerechnete Menschen werden über andere Hautfarben, kulturelle Differenzkonstruktionen oder Religionen rassifiziert, als Andere definiert und abgewertet. Über Migrationsregimes (Düvell 2002: 45-73) wird Menschen der Zugang zu Erwerbsarbeit, aber auch Wohnraum, gesellschaftliche Teilhabe und vieles mehr nur teilweise eröffnet oder ganz verwehrt. Beispielsweise werden auf diesem Weg migrantische Frauen, die einen erschwerten oder gar keinen legalen Zugang zum formalen Arbeitsmarkt haben, in schlecht bezahlte und sozial völlig unabgesicherte Jobs in Privathaushalten gedrängt. Ähnlich wie Heteronormativismen werden Rassismen mit Rekurs auf Naturhaftigkeit oder starre kulturelle Differenzen legitimiert.

Neben dieser Triade klassistischer, heteronormativer und rassistischer Diskriminierungen sind auch bodyistische Herrschaftsverhältnisse von Bedeutung. Entlang von körperlichen Merkmalen wie Alter, Krankheit oder Behinderung wird die Stellung der Lohnabhängigen beim Verkauf ihrer Arbeitskraft diversifiziert. Gefragt sind im Lohnarbeitsprozess körperlich gesunde Arbeitskräfte; entsprechend wirken sich Krankheiten und Behinderungen negativ auf die beruflichen Chancen aus. Dies hat gleichzeitig Auswirkungen auf die Möglichkeit, Selbstsorge zu realisieren. So fehlen denjenigen Menschen, die wegen Einschränkungen ihrer körperlichen Leistungsfähigkeit auf dem Arbeitsmarkt diskriminiert werden, häufig die notwendigen Ressourcen, die gerade sie für ihren tendenziell erhöhten Aufwand bei der Selbstsorge dringend benötigen. Auch im politischen Raum wird deutlich zwischen Menschen unterschieden, die als derzeitige oder zukünftige

Arbeitskraft zur Kapitalverwertung beitragen können, und anderen Menschen, die bereits alt oder krank sind oder wegen einer Behinderung nur eingeschränkt in den Lohnarbeitsprozess einbezogen werden können. Dabei ist interessant, dass die Körper im Zuge mechanischer, genetischer, psychischer und physiologischer Manipulierbarkeit immer weniger als natürlich gegeben erscheinen. Vielmehr werden sie als Produkte betrachtet, die es zu optimieren gilt. Hier schlägt das Leistungsprinzip ähnlich zu wie bei klassistischen Differenzierungen. Das bedeutet auch, dass kranken, körperlich beeinträchtigten oder altersbedingt weniger belastbaren Menschen eine eigene Schuld oder Mitschuld für ihre Situation zugeschoben wird und ihnen deswegen die erweiterte Unterstützung, die sie benötigen, nur teilweise gesellschaftlich zur Verfügung gestellt wird.

Auf die Care-Beschäftigten bezogen lässt sich festhalten: Gerade die für personenbezogene Dienstleistungen notwendigen Qualifikationen werden abgewertet und die anfallenden Tätigkeiten deutlich geringer eingestuft als dies beispielsweise bei industrieller Facharbeit der Fall ist. Sie werden entsprechend auch grundsätzlich schlechter entlohnt. Durch die Stereotypisierung als weiblich werden Care-Berufe primär Frauen zugeordnet, besonders in privaten Haushalten auch migrantischen Frauen, die noch deutlich schlechter bezahlt werden. Wie die Reproduktionsarbeit ist auch die entlohnte Care-Arbeit durch miteinander verwobene heteronormative, rassistische und klassistische Spaltungen geprägt und kann so verhältnismäßig kostengünstig realisiert werden. Bodyistische Diskriminierungen werden im Care-Bereich besonders deutlich, wenn leistungseingeschränkte Personen nicht mehr als Arbeitskraft gesehen werden, sondern mit möglichst geringen Kosten in Sondereinrichtungen für behinderte, alte und chronisch kranke Menschen mehr schlecht als recht betreut werden.

Diese strukturellen Herrschaftsverhältnisse werden normativ unterschiedlich begründet. Dabei ist bemerkenswert, dass rassistische und heteronormative Diskriminierungen häufig unter Bezug auf eine vermeintliche Naturhaftigkeit legitimiert werden. Das ist bei der Binnendifferenzierung der Lohnabhängigen nach Beruf und Bildung nicht der Fall. Dort sind die Notwendigkeit eigener Anstrengungen und die Möglichkeiten der eigenen Leistungsoptimierung die herrschende Legitimation der Diskriminierung. Ähnliches gilt für die körperliche Leistungsfähigkeit. Im vorherrschenden Diskurs sind Personen selbst verantwortlich, sich trotz fortgeschrittenen Alters oder trotz gesundheitlicher Einschränkungen fit, attraktiv und einsatzbereit zu halten. Die strukturellen Diskriminierungen sind also durch vielfältige Normen gestützt. Indem Menschen sich in ihrem Alltagshandeln auf diese beziehen, reproduzieren sie die bestehenden Zuweisungen permanent. Deswegen muss es einer kritischen Wissenschaft auch immer wieder darum gehen, soziale Praxen von Akteur_innen zu untersuchen, um zu erfahren, wie sich die Akteur_innen selbst begreifen, wo sie Hindernisse für die Realisierung ihrer Lebensinteressen sehen, wo sie Unterdrückung und Diskriminierungen erfahren und wo sie auch Widerständigkeit entwickeln. Ein methodisches Handwerkszeug, um dies zu realisieren, haben wir mit dem intersektionalen Mehrebenenansatz vorgeschlagen (Winker/Degele 2009: 99-140 sowie Winker 2012).

Im Folgenden geht mir es jedoch darum, die derzeitige Krise sozialer Reproduktion darzustellen. Ich möchte unter Berücksichtigung der genannten strukturellen Herrschaftsverhältnisse verdeutlichen, wie gesellschaftlich notwendige Arbeit durch die Spaltung der von Lohn- oder Transfereinkommen Abhängigen mit möglichst geringen Kosten realisiert wird und wie gleichzeitig diese Entwicklung eine Krise sozialer Reproduktion hervorruft. Bevor ich dies in Abschnitt 4.3 differenziert darstelle, befasse ich mich in Abschnitt 4.2 zunächst damit, welche Bedeutung der umfassenden Senkung der Reproduktionskosten im Kontext der derzeitigen ökonomischen Krise zukommt.

4.2 KOSTENREDUKTION ALS REAKTION AUF DIE ÜBERAKKUMULATIONSKRISE

Wir befinden uns derzeit in einer tiefen und langanhaltenden Überakkumulationskrise, deren Beginn Mitte der 1970er Jahre zu datieren ist. Überakkumulation verstehe ich mit Karl Marx als Überproduktion von Kapital (MEW 25: 261), also gemessen an den Verwertungsmöglichkeiten einen Überschuss von Kapital in all seinen Aggregatzuständen – produktives Kapital ebenso wie Forderungen unter anderem aus Krediten, Wertpapieren und verbrieften Hypotheken. Kapital ist jedoch auf Verwertung angewiesen; Krisenlösung bedeutet in einer kapitalistischen Ökonomie demnach Wiederherstellung der Verwertbarkeit. Das geschieht in Krisen durch Kapitalvernichtung: Unternehmen gehen bankrott, Kredite werden nicht bedient, Aktien erleiden Kursverluste. Neoliberale Politik versucht, diese Kapitalvernichtung wenigstens für das auf dem jeweiligen Staatsgebiet agierende Kapital möglichst zu verhindern. Zu diesem Zweck forciert sie verschiedene Strategien der Krisenlösung.

Die erste, im Zuge der aktuellen Finanzkrise am häufigsten diskutiert, ist die Verschiebung von Kapital aus der Warenproduktion auf die Finanzmärkte. Die Deregulierung der Finanzmärkte schuf die Voraussetzung dafür, dass in der Produktion überschüssiges Kapital neue Anlagesphären fand. Beispielsweise wurden die Möglichkeiten, Forderungen aus Krediten zu verbriefen und damit handelbar zu machen, erweitert. Damit werden zunächst aber nur der Umfang und die Variationsbreite potenziell gewinnbringender Transaktionen auf den Finanzmärkten ausgedehnt. Damit tatsächlich Gewinne erzielt werden, ist noch zweierlei erforderlich. Zum einem muss dem Kapitalangebot eine Nachfrage gegenüberstehen. Dabei sorgt die neoliberale Politik selbst für den entsprechenden Kreditbedarf: Haushalte, die nicht zu den Gutverdienenden gehören, müssen sich verschulden, um ihren Lebensstandard zu sichern und um selbst einzuspringen, wenn der Staat Aufgaben nicht mehr übernimmt, etwa bei medizinischer Versorgung, Wohnraum oder Bildung. Ebenso werden sinkende Staatseinnahmen durch Kredite teilweise ausgeglichen. In manchen Ländern spielte auch ein Immobilienboom eine Rolle. Zum anderen müssen private Haushalte und Staat als Kreditnehmer_innen letztlich auch Tilgung und Zinszahlung leisten können. Das erfordert Lohneinkommen und Staatseinnahmen, also die Einkünfte, deren Mangel Grund für die Kreditaufnahme war. Dieselbe Politik, die die Kreditaufnahme erzwang, sorgt dafür, dass der Schuldendienst irgendwann in Frage steht. Die Verschiebung der Anlage von Kapital von Realinvestitionen in den Finanzsektor stellt also letzten Endes nur eine zeitliche Verschiebung des Problems dar, dass überschüssiges, unrentables Kapital vernichtet werden muss.

Eine zweite Strategie ist die räumliche Verschiebung der Krise. Gerade Unternehmen in der BRD nutzen erfolgreich die Möglichkeit, die Folgen der Überakkumulation in andere Räume zu verlagern. Dies geschieht durch Exportüberschüsse: Es werden mehr Waren im Inland produziert und im Ausland verkauft, als dies umgekehrt der Fall ist. Diese Strategie ist besonders erfolgreich seit der Einführung des Euro, weil seitdem Leistungsbilanzüberschüsse in Deutschland als einem Teilbereich der Eurozone nicht mehr direkt zu einer Aufwertung und zur Verteuerung in Deutschland hergestellter Waren auf dem Weltmarkt führen. Denn in anderen Staaten der Eurozone bestehen Leistungsbilanzdefizite, so dass ein massiver Exportüberschuss des deutschen Kapitals ohne Aufwertungsdruck möglich ist. Der Konkurrenzvorteil des deutschen Kapitals, der sich in diesen Überschüssen ausdrückt, kommt durch die für die Arbeitenden im Vergleich besonders ungünstige Lohnentwicklung zustande. Der dauerhafte Exportüberschuss ermöglicht, dass es trotz stagnierender Löhne nicht zu Nachfrageausfällen kommt. Notwendigerweise entsprechen diesen wachsenden Überschüssen jedoch Produktionsausfälle in den Staaten mit Handelsbilanzdefizit (Lehndorff 2011). Finanziert werden diese Überschüsse durch Kapitalexporte in die Defizitländer, beispielsweise in Form von Handelskrediten oder Staatsanleihen oder auch über das Bankensystem. Offensichtlich ist, dass auch in diesem Fall die dauerhafte Finanzierung eines Ungleichgewichts über den Finanzmarkt nicht funktionieren kann und diese Strategie ohnehin nur einem Teil der Staaten auf Kosten anderer möglich ist.

Die dritte Strategie der Krisenbearbeitung zielt darauf ab, die Kosten der Unternehmen zu senken in der Erwartung, dass infolge steigender Gewinne die Investitionen in der Warenproduktion ausgeweitet werden.[2] Diese Strategie der Kostensenkung hat zwei Stoßrichtungen. Erstens versuchen Unternehmen und Staat, die Lohnhöhe für einen Großteil der Beschäftigten tendenziell zu senken und sie sogar unter den bereits durchgesetzten Standard des Reproduktionsniveaus zu drücken. In der BRD war der entscheidende Hebel, einen solchen Niedriglohnsektor zu schaffen, die Einführung der Hartz-Gesetze seit 2003. Die Strategie war insofern erfolgreich, als die Reallohnentwicklung in Deutschland seit 2000 für die Beschäftigten im EU-Vergleich mit Ausnahme von Griechenland am ungünstigsten war (Schulten 2013) und die Lohnquote, der Anteil der Löhne am Nettosozialprodukt, im Trend deutlich sank (Unger et al. 2013: 11f.). Die Einführung von Hartz IV lenkt den Blick auf den zweiten Angriffspunkt des Neoliberalismus zur Kostensenkung: Die Staatsausgaben werden begrenzt, indem

2 Mein Anspruch ist hier nicht eine umfassende Darstellung der ökonomischen Veränderungen im Zuge der Durchsetzung des Neoliberalismus. Die Versuche, die Kapitalrentabilität zu sichern, umfassen etwa auch Veränderungen in den Arbeitsbeziehungen, der Unternehmensorganisation oder den transnationalen Lieferbeziehungen ebenso wie den Zugang zu neuen Geschäftsfeldern durch die Privatisierung bislang öffentlicher Aufgaben und Betriebe.

sowohl die Leistungen der Sozialsysteme reduziert und die Zugangsbedingungen verschärft als auch bisher vom Staat wahrgenommene Aufgaben so weit wie möglich auf private Unternehmen oder in Familien verlagert werden. Die Aufgaben im Bereich der Erziehung und Bildung oder der Gesundheit und Pflege sind jedoch wichtig für die Reproduktion aktueller und zukünftiger Arbeitskräfte. Genau wie eine Kürzung von staatlichen Ausgaben für Verkehrsinfrastruktur und Grundlagenforschung die allgemeinen Produktionsbedingungen des Kapitals verschlechtert, gilt dies auch für die Reproduktion der Arbeitskraft. Wird die erforderliche Sorgearbeit nicht in den Haushalten und ehrenamtlich aufgefangen, ist diese neoliberale Kostensenkungspolitik also gleichzeitig krisenverschärfend. Dabei verringern sinkende Löhne und flexiblere Arbeitszeiten den Handlungsspielraum vieler Haushalte, so dass sie kaum in der Lage sind, die nötigen Sorgeaufgaben zu bewältigen. Der neoliberale Appell an die private Verantwortung ist demnach gleichzeitig ideologisch konsistent und absurd. Dieses Austragungsfeld der Überakkumulationskrise, die Krise sozialer Reproduktion, bleibt jedoch häufig, auch im linken Diskurs, unsichtbar, weil die Reproduktionsarbeit nicht warenförmig, nicht im öffentlichen Bereich und primär von Frauen geleistet wird.

Diese Politik der Kostensenkung führt weiter dazu, dass Unternehmensgewinne steigen und die Einkommen von Unternehmen und Reichen durch das Absenken der Steuersätze in geringerem Maß belastet werden. Immer mehr anlagesuchendes Kapital drängt auf die Finanzmärkte; der Kreis schließt sich. Diesen Prozess analysieren etwa Christian Zeller (2011) und für die USA Erdogan Bakir und Al Campbell (2010). Alle beschriebenen Strategien des Krisenmanagements können die Entwertung überschüssigen Kapitals nur zeitlich oder räumlich verschieben oder den bereits übermäßig Belasteten weitere für ihre Reproduktion benötigte Ressourcen entziehen. In der akuten Finanzkrise verringern staatliche Rettungsmaßnahmen für den Bankensektor, die aus dem Staatshaushalt geleistet werden, den Handlungsspielraum des Staates zusätzlich, da die so gebundenen Finanzmittel für die soziale Infrastruktur nicht mehr zur Verfügung stehen. Die Maßnahmen zur Krisenbewältigung bringen auf diese Weise neue Probleme hervor, vergrößern selbst die Krise.

Während sich viele Krisenanalysen mit den spekulativen Vermögensblasen auf den Finanzmärkten beschäftigen, wird die Krise kaum unter dem Aspekt betrachtet, dass ihre Bearbeitung zu großen Schwierigkeiten für die

Reproduktion der Arbeitskraft und damit für die Sorgearbeitenden führt. Die Krise sozialer Reproduktion wird nicht als integraler Teil der Überakkumulationskrise untersucht. Ich halte jedoch gerade die politisch-ökonomischen Strategien, die die Krise sozialer Reproduktion verschärfen, für zentrale Ansatzpunkte eines politischen Handelns, das von den Alltagserfahrungen und Bedürfnissen der Mehrheit der Bevölkerung ausgeht. Im folgenden Abschnitt konkretisiere ich deswegen die einzelnen Dimensionen der Krise sozialer Reproduktion.

4.3 FACETTEN DER KRISE SOZIALER REPRODUKTION

Die von Lohn- und Transferzahlungen Abhängigen sind seit Jahren sozialen Angriffen ausgesetzt. Im Folgenden geht es mir nicht darum, das sich für die Bevölkerung ergebende soziale Leid zu beschreiben. Dieses war ausführlich Thema in den vorigen Kapiteln. An dieser Stelle möchte ich die dort dargestellten Care-Defizite und Sorgelücken wiederum auf die Verwertungsbedingungen des Kapitals beziehen. Zwar können Lohnsenkungen, Sozialabbau, Überlastung von Erwerbstätigen und (Re-)Familiarisierung von Care-Arbeit kurzfristig die allgemeine Krise eindämmen. Mittelfristig ist auf diese Weise aber in der hoch technologisierten Wirtschaft der BRD keine Krisenüberwindung zu erreichen. Stattdessen spitzt sich der Widerspruch zwischen Profitmaximierung und Reproduktion der Arbeitskraft weiter zu. Im Folgenden verdeutliche ich diese krisenverschärfenden Tendenzen anhand von unterschiedlichen Bereichen, die für die Reproduktion der Arbeitskraft bedeutsam sind.

4.3.1 Steigende Kosten der Reproduktion der Arbeitskraft im Gesundheitsbereich

Die Ökonomisierung von sozialen Aufgaben im Bereich der öffentlichen Daseinsvorsorge ist erklärtes Ziel bundesdeutscher Politik. Es geht darum, die angeblich zu hohe Sozialleistungsquote zu senken. Deswegen werden beratende, lehrende, pflegende, betreuende und heilende Tätigkeiten an Prinzipien der Wirtschaftlichkeit ausgerichtet; dort, wo es möglich ist, werden sie der Marktkonkurrenz unterworfen. Im Gesundheitsbereich führt dies zu der Situation, dass innerhalb von 20 Jahren, zwischen 1991 und

2011, in Krankenhäusern circa ein Viertel aller Betten eingespart wurde, sich allerdings gleichzeitig die Zahl der Patient_innen um etwas mehr als ein Viertel erhöht hat. Entsprechend hat sich die Verweildauer pro Patient_in um knapp 45% verringert (Statistisches Bundesamt/WZB 2013: 236). Aufgrund der erhöhten Fallzahlen stieg in diesen 20 Jahren die Zahl der Ärzt_innen, gerechnet in Vollzeitäquivalenten, um 46%. Gleichzeitig sank das Arbeitszeitvolumen im nicht-ärztlichen Dienst allgemein um 12%, das der Pflegekräfte um knapp 5% (ebd.: 238). So führt die Ökonomisierung der Krankenhausversorgung zu einem Personalabbau in der Pflege und zu kürzeren Liegezeiten. Das hängt allgemein mit der Konkurrenz der Krankenhäuser untereinander zusammen, die konkret über die Finanzierung von Krankenhausleistungen durch Fallpauschalen für abgeschlossene Behandlungen hergestellt wird (Rakowitz 2013). Jeder Behandlungsfall wird einer Diagnosis Related Group (DRG) zugeordnet, die einer bestimmten festgelegten Fallpauschale entspricht. Da in diesem System invasive ärztliche Behandlungen besonders hohe Erträge bringen, werden diese verstärkt durchgeführt. Da über das System der DRG jedem Behandlungsfall eine als angemessen definierte Liegedauer im Krankenhaus zugeordnet ist und entsprechend vergütet wird, lohnt es sich für das Krankenhaus, Patient_innen möglichst frühzeitig zu entlassen. Gleichzeitig ist es gewinnbringend, wenn die notwendige personalintensive Pflege standardisiert, fragmentiert und zeitlich eng getaktet wird. Denn die Pflege ist im Unterschied zu ärztlichen Leistungen nunmehr ein reiner Kostenfaktor.

Für Pflegekräfte bedeutet dies eine enorme Arbeitsverdichtung und Mehrbelastung, da zwar die Bettenzahl gesunken ist, sich in den Kliniken aber wegen der kurzen Verweildauer vor allem frisch Operierte beziehungsweise Schwerkranke aufhalten, die entsprechend viel Betreuung benötigen. Andere Patient_innen werden ‚blutig' entlassen, nicht ohne sie selbst oder ihre Angehörigen darauf hinzuweisen, wie sie Spritzen zu setzen oder Wunden zu versorgen haben. Damit kommt es zu einer Verlagerung von Pflegearbeit in die Familien. Aber auch bereits im Krankenhaus ist freundschaftliche oder verwandtschaftliche Unterstützung nicht nur angenehm, sondern notwendig, um die Versorgungsengpässe in der Pflege auszugleichen.

Trotz dieser Verschlechterung der pflegerischen Versorgung steigen die Kosten für das Gesundheitswesen nicht nur nominal, sondern auch prozentual an. Die Gesundheitsausgaben, gemessen als Anteil am Bruttoinlandsprodukt, erhöhten sich von 10,4% im Jahr 2000 auf 11,3% im Jahr 2012 (Statistisches Bundesamt 2014e: 34). Dies wird im öffentlichen Diskurs breit problematisiert und ist doch eine Selbstverständlichkeit angesichts der Tatsache, dass Güter wegen des Einsatzes effizienterer Technologien immer kostengünstiger herzustellen sind, nicht aber personenbezogene Dienstleistungen. Dieses Phänomen wird von William J. Baumol (1967, vgl. auch Baumol/Oates 1997) als „cost disease" im Dienstleistungssektor bezeichnet. Er weist darauf hin, dass sich Dienstleistungen nicht in dem Maß durch technische Innovation oder eine effizientere Gestaltung von Arbeitsabläufen rationalisieren lassen, wie das in der Güterproduktion der Fall ist, ohne dass dies zu Qualitätseinbußen führt. Baumol führt das Beispiel eines Hornquintetts an: Die Möglichkeiten der ‚Produktivitätssteigerung' durch das Streichen eines Spielers oder das schnellere Spielen des Musikstücks gehen auf Kosten der Qualität.

Paula England und Nancy Folbre (2003) differenzieren diese Erkenntnis und betonen, dass diese Entwicklung nicht für den gesamten Dienstleistungsbereich gilt, sondern dass insbesondere Care-Arbeit sich nicht schneller und effizienter gestalten lässt, weil sie direkte Interaktion erfordert. Susan Donath (2000) verdeutlicht dies am Beispiel der Kindererziehung. Dort gibt es eine Grenze, wie viele Kinder eine Erziehende ohne Verlust an Betreuungsqualität beaufsichtigen kann. Insgesamt findet diese Argumentation als Problem divergierender Produktivitäten in der Debatte um die Care-Ökonomie großen Widerhall (Madörin 2011). Mit ihr wird nachvollziehbar, warum die Gesamtausgaben für Care-Dienstleistungen relativ zu anderen Dienstleistungen und Gütern auch bei gleichem oder sogar vermindertem Umfang von Leistungen kontinuierlich steigen, selbst wenn die Löhne in der Care-Arbeit niedrig bleiben.

Das ist allerdings gleichzeitig der Grund, warum Care-Dienstleistungen immer mehr in den Fokus neoliberaler Sparpolitik geraten. Privatwirtschaftliche Care-Unternehmen und staatliche Care-Institutionen versuchen gleichermaßen, ihre Kosten durch Lohnsenkung und Arbeitsintensivierung zu reduzieren. Letzteres geschieht durch Arbeitsverdichtung und eng getaktete Vorgaben für die zu erbringenden Leistungen. Dies bezeichnen Ingo Matuschek, Frank Kleemann und G. Günter Voß (2008) als „subjektivierte Taylorisierung". Damit ist gemeint, dass hier keine Zergliederung von Arbeitsschritten durch Vorgaben des Managements erfolgt, sondern die Care-Beschäftigten selbst aufgrund der zeitlichen Vorgaben ihre Arbeitsschritte rationalisieren und beschleunigen. Sie reduzieren zeitintensive Aufgaben, die für die Patient_innen wichtig sind, aber nicht zu den abrechnungsfähigen Versorgungsleistungen gehören. Ein Beispiel sind Gespräche mit Patient_innen. Insofern lassen sich die Kosten im Care-Bereich nur unter Qualitätsverlusten für die Versorgten und für die Beschäftigten stabil halten.

Hinzu kommt, dass gerade der Gesundheits- und Pflegebereich durch drastische soziale Ungleichheiten geprägt ist. In der gesetzlichen Krankenversicherung werden Leistungen aus dem Katalog gestrichen und Zuzahlungen der Patient_innen notwendig. Menschen, die in Deutschland illegalisiert leben, sind von der Gesundheitsversorgung komplett ausgeschlossen. Unternehmenskonzepte konzentrieren sich aus Gründen der Profitmaximierung auf gut Verdienende beziehungsweise Privatversicherte als Zielgruppe. So findet die Privatisierung von Staatsfunktionen, etwa die Übernahme von öffentlichen Krankenhäusern, nur dort statt, wo sich Unternehmen Gewinne erwarten.[3] Privatisierte Krankenhäuser spezialisieren sich beispielsweise auf Knie- oder Hüftoperationen, da diese wie am Fließband profitabel abzuwickeln sind. Care-Unternehmen können also in bestimmten Bereichen rentabel sein. Auch entspricht die Privatisierung zunächst dem neoliberalen Credo, möglichst alle Bereiche gewinnorientiert über den Markt abzuwickeln. Die im Gesundheitsbereich agierenden Unternehmen können mit ihrer gut verdienenden Kundschaft neue Wirtschaftsfelder erschließen und zusätzlichen Profit realisieren. Eine Gesamtversorgung ist auf dieser Basis jedoch ebenso wenig zu gewährleisten wie eine angemessene Pflege nach einem operativen Eingriff.

Gleichzeitig steigert ein hoher Anteil von teuer zu bezahlenden Care-Dienstleistungen, die über Unternehmen abgewickelt werden, die durchschnittlichen Reproduktionskosten und erhöht so den Wert der Arbeitskraft. Damit ist die Ökonomisierung von Sorgearbeit durch privatwirtschaftliche, warenförmig organisierte Care-Angebote teuer in dem Sinn, dass sie die Lohnkosten tendenziell erhöht und entsprechend die Kapitalrentabilität senkt.

---

3 2013 sind 18,0% der Krankenhausbetten in privaten Einrichtungen. 34,8% der Krankenhäuser sind im Besitz privater Unternehmen (Statistisches Bundesamt 2014f: 13).

Im Krankenhaus steht also nicht mehr die möglichst gute Versorgung der Patient_innen im Mittelpunkt. Vielmehr liegt es im ökonomischen Interesse eines Unternehmens oder eines kommunalen Eigenbetriebs, mit klar abgrenzbaren Leistungen Gewinne zu erzielen.[4] Gleichzeitig führt die Zwei-Klassen-Medizin dazu, dass Privatversicherte tendenziell überversorgt und Kassenpatient_innen unterversorgt sind. In der Folge sterben arme Menschen deutlich früher, auch wenn dies nicht allein mit einer unzureichenden Gesundheitsversorgung inklusive Prävention und Rehabilitation, sondern auch mit schlechteren Arbeitsbedingungen und Erwerbslosigkeit zusammenhängt. Fakt ist, dass die mittlere Lebenserwartung von armen Männern (mit weniger als 60% des durchschnittlichen Einkommens) beinahe 11 Jahre unter der von reichen Männern (mit über 150% des durchschnittlichen Einkommens) liegt. Bei Frauen beträgt die Differenz über acht Jahre (Statistisches Bundesamt/WZB 2013: 260).

Der schlechte Zustand des bundesdeutschen Gesundheitssystems stößt in der Bevölkerung auf immer mehr Kritik. Und auch Pflegekräfte setzen sich nicht nur für mehr Lohn ein, sondern fordern beispielsweise am Berliner Universitätsklinikum, der Charité, Mindestbesetzungen ein, um der Arbeitsintensivierung und den unbefriedigenden Arbeitsbedingungen zu begegnen. Denn sie sehen tagtäglich, dass sie ihren Patient_innen nicht mehr gerecht werden können. Klar ist also sowohl vielen Patient_innen als auch vielen Care-Beschäftigten, dass ein umfassender Aus- und Umbau der Gesundheitsversorgung notwendig ist, um Menschen qualitativ hochwertig zu versorgen und nicht weiter Familien mit aufwendigen Pflegeaufgaben zu belasten.

Dies wäre allerdings mit steigenden Kosten verbunden, zumal es inzwischen einen Investitionsstau im Bereich der Krankenhäuser von mehr als 50 Milliarden Euro gibt (Rakowitz 2013: 23). Diese notwendigen Ausgaben kann sich ein wirtschaftlich hoch entwickeltes Land wie die BRD grundsätzlich durchaus leisten. Der Ausbau der Gesundheitsversorgung würde allerdings unter heutigen Bedingungen die Krise der Kapitalverwertung verstärken. Deswegen gilt es, die Befriedigung grundlegender Bedürfnisse nicht weiter unter dem Primat der Kostensenkung, sondern von den Wünschen der Menschen aus zu denken. Diskutierbar wird dann ein grundlegen-

4 Im Fall eines kommunalen Betriebs, der die Basisversorgung gewährleisten muss, lautet das Ziel, kostendeckend zu wirtschaften.

der Umbau in Richtung einer umfassenden gemeinsamen Versicherung aller Einwohner_innen, einer demokratischen Bedarfsplanung, kommunal organisierter Krankenhäuser, nicht-kommerzieller ärztlicher Zentren sowie einer verstaatlichten Pharmaindustrie. Ein solcher umfassender Umbau gerät allerdings zwangsläufig mit der Funktionslogik einer kapitalistisch organisierten Ökonomie in Widerspruch.

4.3.2 Qualifikationsdefizite wegen beschränkter Ressourcen im Bildungssystem

Auch im Bildungsbereich geht es großen Teilen der bundesdeutschen Unternehmensverbände und Parteien primär darum, Kosten zu senken oder gestiegene Anforderungen wie die Betreuung einer erhöhten Zahl von Studierenden, die Inklusion aller Schüler_innen oder Sprachförderung für Migrant_innen ohne Erhöhung der staatlichen Ausgaben zu bewältigen. Der Kostendruck beginnt schon bei der frühkindlichen Erziehung. Die öffentlichen Ausgaben für die Betreuung von Kindern unter 6 Jahren liegen, als Anteil am Bruttoinlandsprodukt ausgedrückt, in der BRD mit circa 0,5% deutlich niedriger als im Durchschnitt von 33 OECD-Ländern (circa 0,7%). Die Länder an der Spitze geben dafür das Dreifache aus, etwa Island mit 1,7% oder Dänemark und Schweden mit je 1,4% (BMAS 2013c: XIX). Diese grundlegende Unterversorgung in der frühkindlichen Bildung wirkt sich insbesondere auf Kinder aus einkommensschwachen und bildungsfernen Elternhäusern negativ aus. Da Plätze in Kindertagesstätten in der Regel nach dem Umfang der Erwerbstätigkeit von Eltern vergeben werden und in den meisten Bundesländern Kita-Gebühren zu zahlen sind, wird Kindern, die in armen Haushalten aufwachsen, und damit häufig auch Kindern aus Migrationsfamilien deutlich seltener ein Kita-Platz ermöglicht als Kindern gut verdienender Eltern und Kindern aus Familien ohne Migrationshintergrund (BMFSFJ 2012b: 110, BMAS 2013c: XIV). Fehlende staatliche Unterstützung bei der Frühförderung macht es Eltern, die unter prekären Bedingungen leben, schwer, sich um die Bildung ihrer Kinder zu kümmern.

Die mangelhafte Förderung von Kindern, die nicht zum Bildungsbürgertum gehören, setzt sich in der Schule fort. So ist es nicht verwunderlich, dass die PISA-Studien und andere Untersuchungen zum Zusammenhang zwischen familiärem sozialem Hintergrund und Bildungserfolg immer wieder zeigen, wie schwierig es in der BRD ist, sich aus einem finanziell schwachen Elternhaus heraus Bildung anzueignen. Entsprechend verfügen 2009 noch immer dreimal so viele Jugendliche, deren Eltern un- und angelernte Arbeiter_innen sind, über nur schwache Lesekompetenzen, verglichen mit Jugendlichen aus Elternhäusern der obersten sozialen Gruppe (BMAS 2013c: XV).

Darüber hinaus gibt es nach wie vor einen hohen Anteil von Schulabgänger_innen ohne Abschluss. Da diese als Risikogruppe im Hinblick auf ihre Chancen am Arbeitsmarkt und ihre gesellschaftliche Teilhabe gesehen werden, wird als eines der bildungsrelevanten Kernziele der Europäischen Union im Rahmen der Strategie Europa 2020 definiert, den Anteil der Schulabgänger_innen ohne Abschluss auf höchstens 10% zu reduzieren. Der EU-Durchschnitt liegt darüber, nämlich bei 12,8%. Aber auch die BRD hat die Zielmarke mit 10,6% verfehlt (Autorengruppe Bildungsberichterstattung 2014: 234).

Auch im Bereich der höheren schulischen und universitären Bildung wird mit der zwölfjährigen Schulzeit sowie einem verschulten dreijährigen Bachelor-Studium versucht, junge Arbeitskräfte frühzeitiger verwertbar zu machen und gleichzeitig die Staatsausgaben zu senken. Erste Ergebnisse zeigen die Wirksamkeit dieser Kostensenkungspolitik. Während das Durchschnittsalter von Erstabsolvent_innen einer Hochschule im Prüfungsjahr 2001 bei 28,2 Jahren lag, ist es innerhalb von zehn Jahren bereits um gut anderthalb Jahre gesunken und liegt bei 26,6 Jahren (Statistisches Bundesamt 2013c: 21). Auch wenn das Ziel der Kostensenkung damit erreicht ist, steht in Frage, ob diese verkürzte Ausbildung von Fachkräften dem Bedarf einer hoch technologisierten Ökonomie gerecht wird. Das durchaus erkannte Problem, dass im Rahmen dieser Ausbildung junge Menschen nicht die geforderten Kompetenzen im Umgang mit den sich technisch und organisatorisch schnell wandelnden Produktionsbedingungen entwickeln können, wird mit der Forderung nach lebenslangem Lernen und Verantwortung für die eigene sogenannte Beschäftigungsfähigkeit als individuell zu lösende Aufgabe an sie zurückgegeben. Es gilt als Aufgabe der Erwerbstätigen, sich neben beruflichen und familiären Aufgaben um die eigene Weiterbildung zu bemühen.

Gleichzeitig hinkt die BRD auch in der tertiären Bildung im europäischen Vergleich nach wie vor hinterher. In der EU liegt der Anteil der 30- bis 35-Jährigen mit Abschlüssen an Hoch- und Fachhochschulen, an Berufs- und Fachakademien oder an Fachschulen und Schulen des Gesundheitswesens 2012 bei 36%. Nach dem EU-Zielwert soll er bis 2020 auf mindestens 40% erhöht werden. Deutschland liegt mit einem Anteil von 32% deutlich unter dem Zielwert und weist gleichzeitig zusammen mit Finnland, Griechenland und Litauen die geringste Steigerung seit 2000 auf (Autorengruppe Bildungsberichterstattung 2014: 42).

Ferner gibt es in der BRD nach wie vor deutliche herkunftsbedingte Unterschiede: So sind sowohl der Anteil der Personen mit Hochschulreife als auch der Anteil mit Hochschulabschluss bei 30- bis unter 35-jährigen Personen mit Migrationshintergrund um 8 beziehungsweise 4 Prozentpunkte geringer als bei Personen ohne Migrationshintergrund. Der Anteil mit Berufsausbildungsabschluss ist in dieser Altersgruppe bei Personen mit Migrationshintergrund sogar um 16 Prozentpunkte niedriger (55% gegenüber 39%). 30- bis 35-Jährige mit Migrationshintergrund verfügen rund fünf- beziehungsweise dreimal so häufig über keinen allgemeinbildenden beziehungsweise beruflichen Abschluss wie Gleichaltrige ohne Migrationshintergrund (ebd.: 40).

Die Politik reagiert auf diese Probleme, indem sie auf Zuwanderung von Hochqualifizierten setzt. Diese soll die niedrigen Bildungsausgaben kompensieren. Der Anteil der gesamten öffentlichen Bildungsausgaben am Bruttoinlandsprodukt beträgt 2010 in der BRD 5,1% und liegt damit unter dem OECD-Durchschnitt und dem Durchschnitt der EU-21-Staaten[5] von jeweils 5,8% (Statistisches Bundesamt 2014g: 84f.).

Die niedrigen Bildungsausgaben bilden allerdings nicht nur für einzelne Menschen eine Sackgasse, sondern mittelfristig auch für ein Kapital, das auf dem Weltmarkt auf der Grundlage hoher Arbeitsproduktivität seine Konkurrenzfähigkeit sichern muss. Denn mit der wissenschaftlich-technischen Entwicklung nehmen die Anforderungen an Qualifikation und Bildung enorm zu. Das bedeutet, dass die Bildungsausgaben im Vergleich zum Bruttoinlandsprodukt überproportional steigen müssten. Weil es vorrangiges Ziel ist, die Staatsausgaben zu senken, wird jedoch nicht angemessen in die Reproduktion qualifizierter Arbeitskraft investiert. Diese Investitionslücke gefährdet ähnlich wie im Gesundheitswesen und im Verkehrssystem die Grundlagen kapitalistischer Produktion. So geben heute schon 37% der bundesdeutschen Unternehmen an, dass sie wegen eines Mangels

5 Damit sind die 21 EU-Mitgliedstaaten gemeint, die gleichzeitig auch der OECD angehören.

an Fachkräften ihr Unternehmen nicht so entwickeln können wie geplant (DIHK 2014: 9). Aus der Kosteneinsparung im Bildungsbereich ergibt sich das Problem für die Kapitalverwertung, dass diejenigen, die den gesellschaftlichen Mehrwert produzieren müssen, nicht in der gewünschten Quantität und nicht in der geforderten Qualität – also fit, gebildet, gesund, flexibel, innovativ – zur Verfügung stehen.

Um die Problematik unzureichender Bildung und Qualifikation zu lösen, müssten die Bildungseinrichtungen mit den notwendigen personellen und finanziellen Ressourcen ausgestattet werden, zumal wenn es darum geht, allen Menschen ungeachtet ihres sozialen, materiellen und kulturellen Hintergrunds umfassenden Zugang zu Bildung zu ermöglichen. Dies würde jedoch die Kosten des Bildungssystems deutlich erhöhen. Dieser Widerspruch lässt sich systemimmanent nicht grundlegend lösen. Es gilt in dieser Situation, ausgehend von unterschiedlichen Erfahrungen und Bildungsinteressen der Menschen ein demokratisches Bildungssystem anzustreben, ohne Unternehmensanforderungen und staatliche Kostenrahmen als Maßstäbe zu nehmen. Eine solche Struktur sollte über gut ausgebildete Fachkräfte verfügen, die allen Menschen – unabhängig von Geschlecht, kulturellen Zuschreibungen, körperlichen und geistigen Fähigkeiten, aber auch unabhängig davon, ob diese Person als Arbeitskraft in diesem Land zur Verfügung stehen wird – die Entwicklung ihrer Fähigkeiten ermöglichen.

4.3.3 Fehlende Fachkräfte aufgrund von Belastungen in der Reproduktionsarbeit

Weil die derzeitige Bildungspolitik nicht genug qualifizierte Fachkräfte hervorbringt und diese gegenwärtig nicht umfassend einsetzbar sind, ist es für die Bundesregierung umso wichtiger, die Frauenerwerbstätigkeit auszuweiten. Die Erhöhung der Frauenerwerbsquote ist sowohl in der bundesdeutschen Familienpolitik (Rürup/Gruescu 2003) als auch in der Lissabon-Strategie als Ziel verankert (Annesley 2007). So erklärt sich auch, dass trotz Sozialabbau und Betonung der Eigenverantwortung in der BRD derzeit ein Ausbau der Kindertagesstätten für die ein- bis unter dreijährigen Kinder stattfindet. Die Betreuungsquote der unter 3-Jährigen stieg deutlich von 13,6% 2003 auf 27,6% 2012 (BMAS 2013c: XVII); dennoch ist nach wie vor der Bedarf deutlich höher als die Zahl der vorhandenen Plätze. Unternehmensverbände unterstützen den Ausbau der staatlichen Kinderbetreuung, damit sie möglichst umfassenden Zugriff auf alle erwerbsfähigen Personen erhalten. Diese Kinderbetreuung soll dann allerdings möglichst kostengünstig stattfinden. Zu wenig qualifiziertes Personal in den Kitas, schlechte Entlohnung der Erzieher_innen und fehlende Kapazitäten für die Sprachförderung gehören zu den Folgen. Darüber hinaus werden aus der Perspektive der Kapitalverwertung die Formen der Betreuung priorisiert, die unentlohnt in Familien, ehrenamtlich in Nachbarschaften oder über schlecht bezahlte Haushaltsarbeiter_innen realisiert werden, sofern dies nicht zu Lasten der geleisteten Erwerbsarbeitszeit geht.

Doch trotz des Ausbaus der Kindertagesstätten handeln die meisten Mütter anders als von den Unternehmen gewünscht. Denn nicht zuletzt wegen der mangelhaften Angebote für Pflegebedürftige und der fehlenden Unterstützung von Kindern in der Schule nimmt insbesondere für Frauen die Reproduktionsarbeit eher zu als ab. Zusätzlich fallen auf die familiären Sorgearbeitenden die Nebeneffekte der Kürzungspolitik zurück. Beispielsweise führt es zu Ausfallzeiten in der Erwerbsarbeit, wenn nach einer Operation ein Familienmitglied zuhause gepflegt werden muss, weil die stationäre Nachsorge in den Krankenhäusern unzureichend ist. Auch lassen sich die Flexibilitätserwartungen der Unternehmen mit den Kita-Betreuungszeiten oder der Verfügbarkeit privater Hilfe nur schwer in Einklang bringen. So stehen viele Frauen dem Arbeitsmarkt nicht vollständig zur Verfügung, wie es das neoliberale Konzept anstrebt, sondern nur in unterschiedlichen Formen der Teilzeitarbeit. Während Frauen zwischen 20 und 55 Jahren, die keine Kinder unter 18 Jahren zu versorgen haben, zu 53% in Vollzeit tätig sind, sind es bei Frauen mit minderjährigen Kindern nur 19% (BMFSFJ 2012c: 61). Die große Mehrheit der erwerbstätigen Frauen mit Kindern unter 18 Jahren arbeitet in Teilzeit. So bleibt das Erwerbsarbeitsvolumen annähernd gleich, auch wenn die Frauenerwerbsquote nach wie vor ansteigt. Die eingeschränkte Verfügbarkeit von Fachkräften in einzelnen Branchen lässt sich auf diesem Weg nicht beheben; gleichzeitig sind viele Frauen durch die Kombination von flexibilisierten Erwerbsarbeitszeiten und zunehmenden Sorgeaufgaben belastet.

Für diejenigen, die dennoch in Vollzeit auf den Arbeitsmarkt zurückkehren, obwohl sie minderjährige Kinder haben, scheint der Einsatz migrantischer Care-Arbeitender in den Privathaushalten einen Ausweg darzustellen. Auch für Politik und Wirtschaft ist dies der Königsweg, weil auf diese Weise eine gut qualifizierte und junge Arbeitskraft voll verwertet werden kann und gleichzeitig verhältnismäßig geringe Kosten der Reproduktion entstehen. Deswegen wird an dieser Strategie auch festgehalten, obwohl die in den meisten Privathaushalten herrschenden Arbeitsbedingungen den arbeitsrechtlichen Regulierungen in der BRD widersprechen.

Migrantische Care-Arbeitende reduzieren die Reproduktionskosten der Arbeitskraft in denjenigen Ländern, in denen sie arbeiten. Sie werden als Haushaltsarbeiter_innen beschäftigt, zu Niedriglöhnen, ohne soziale Absicherung, ohne Urlaubsansprüche. Dazu kommt, dass es sich bei diesen migrantischen Haushaltsarbeiter_innen teilweise um gut qualifizierte Frauen handelt, deren Ausbildungskosten in ihren Heimatländern angefallen sind. Diese Strategie zur Bearbeitung der Krise sozialer Reproduktion führt somit nicht nur zu steigender sozialer Ungleichheit innerhalb eines Landes, sondern verschärft auch die Unterschiede in den Lebensverhältnissen zwischen Ländern enorm. Die Länder, aus denen diese Frauen auswandern, um sich und ihre Familie in den Herkunftsländern zu ernähren, leiden in der Folge unter einem wachsenden Care-Defizit. Der Abzug von Fachkräften beeinträchtigt das Gesundheitssystem, das Erziehungssystem und weitere Bereiche der sozialen Reproduktion in diesen Ländern. Dieser Transfer von Care-Ressourcen, auch *care drain* genannt (Hochschild 2003: 17), vertieft die globale Ungleichheit (u.a. Lutz/Palenga-Möllenbeck 2012).

Gleichzeitig ist dieser angebliche Königsweg auch nur im ökonomisierten Reproduktionsmodell, also für Haushalte mit relativ hohen Stundenlöhnen und gesicherten Arbeitsverhältnissen, finanzierbar und kann deswegen nicht umfassend zur Erhöhung des Erwerbsarbeitsvolumens genutzt werden. Es lässt sich also im Neoliberalismus kein allgemeines Reproduktionsmodell etablieren, das dem Wunsch der Unternehmen gerecht wird, auch Fachkräfte mit Kindern möglichst intensiv und mit langen Arbeitszeiten zu beschäftigen, obwohl die Familienpolitik an diesem Ziel ausgerichtet ist. Dafür wäre es notwendig, zügig qualitativ hochwertige Kitas, Ganztagsschulen oder auch Tagesbetreuungseinrichtungen für Ältere auszubauen. Gleichzeitig müsste, zunächst für Menschen mit hohen Sorgeverpflichtungen, die Vollzeiterwerbsarbeit bei vollem Lohnausgleich reduziert werden. Dies wiederum würde die Strategie gefährden, durch Begrenzung der Staatsausgaben und der Lohnkosten die Konkurrenzfähigkeit zu sichern. Hier zeigt sich wiederum, dass sich eine Berücksichtigung der Bedürfnisse der Sorgearbeitenden nur gegen das immer wiederkehrende Argument zu hoher Kosten durchsetzen lässt.

4.3.4 Demotivation und krankheitsbedingte Ausfälle der Beschäftigten

Einerseits nehmen die Anforderungen in Bezug auf die Sorgearbeit für sich selbst und für nahestehende Menschen zu, andererseits gibt es für viele Menschen keine klare Begrenzung der Erwerbsarbeitszeiten mehr. Laut AOK-Fehlzeiten-Report 2012 (WIdO 2012: 4) ist inzwischen fast jede_r zweite Beschäftigte in der BRD außerhalb der Arbeitszeit für berufliche Aufgaben erreichbar. Mit dieser Verlängerung der Arbeitszeit auch in den Feierabend und die Urlaubszeit hinein, verbunden mit der Intensivierung der alltäglichen beruflichen Arbeit, nutzen Unternehmen das Arbeitsvermögen der Beschäftigten so umfassend wie möglich.

Gleichzeitig wird ein wachsender Teil der Arbeitslohne unter das Reproduktionsniveau gedrückt. Im Jahr 2012 arbeiteten bereits knapp ein Viertel aller Beschäftigten (24,3%) im Niedriglohnsektor (Kalina/Weinkopf 2014). In diesem Niedriglohnsektor fielen die Löhne zwischen den Jahren 2000 und 2010 um bis zu 20% (Brenke/Grabka 2011). Dies erfolgt, seit 2003 vor dem Hintergrund der Hartz-Gesetze, durch den forcierten Ausbau prekärer Arbeitsverhältnisse in Form von Minijobs, Leiharbeit, Scheinselbständigkeit sowie befristeten Arbeitsverträgen. Viele prekär Beschäftigte können die Kosten für Nahrung, Wohnung und Kleidung nicht mehr aus dem Lohn begleichen und erhalten als sogenannte Aufstocker_innen finanzielle Zusatzleistungen vom Staat. 2011 waren circa 1,3 Millionen Personen als Aufstocker_innen registriert (Bruckmeier et al. 2013). Bei unbezahlten Praktika oder bei Ein-Euro-Jobs, die Erwerbslosen von den Arbeitsagenturen häufig aufgezwungen werden, wird völlig offensichtlich, dass trotz Arbeit in Unternehmen oder der staatlichen Verwaltung die Reproduktion der Arbeitskraft aus dem Lohn nicht möglich ist.

Die resultierende soziale Unsicherheit ist jedoch für die Kapitalseite nicht nur positiv. Denn in praktisch allen Arbeitsfeldern müssen Beschäftigte Verantwortung übernehmen, mobil und vielseitig einsetzbar sein und Initiative ergreifen. Die Bedeutung dieses eigenständigen Engagements steigt in dem Maß, wie der Einsatz der ganzen Persönlichkeit, das individuelle Eingehen auf verschiedene Kund_innen oder zu Betreuende, die Steuerung großer und teurer Maschinensysteme oder kreative, von Vorgesetzten schwer kontrollierbare Tätigkeiten zu typischen Arbeitssituationen werden. Oft ist deshalb ein langfristiges Commitment von Lohnarbeitenden erforderlich, um größere, komplexere Projekte und Arbeitsprozesse zu einem profitablen Ende zu führen. Das ist jedoch kaum von Menschen zu erwarten, die gezwungen sind, von einem Projekt zum nächsten zu springen, je nachdem, welches ihnen kurzfristig bessere Möglichkeiten eröffnet. Langfristige Planungen spielen bereits heute für viele Beschäftigte keine Rolle mehr, da sie nicht mit einer Absicherung im Alter rechnen können.

Eine weitere Konsequenz der verschlechterten Arbeits- und Lebensbedingungen ist die verbreitete individuelle Unzufriedenheit mit dem herrschenden Wirtschaftssystem. So stimmte 2012 in einer Umfrage des Allensbacher Instituts für Demoskopie (Köcher 2012: 2) fast die Hälfte aller Befragten (48%) der Aussage zu, dass der Kapitalismus in seiner derzeitigen Form nicht mehr zeitgemäß ist. Das bundesdeutsche Wirtschaftssystem wird von den Befragten stark mit Gewinnstreben (89%), Gier (85%), sozialer Ungleichheit (81%) und Ausbeutung (77%) assoziiert (ebd.: Schaubild 3). Auch wenn diese Kritik derzeit in der BRD nicht zu massiven betrieblichen oder gesellschaftspolitischen Auseinandersetzungen führt, geht sie dennoch mit einer Demotivation der Erwerbstätigen einher, die direkt auf die Kapitalverwertung zurückschlägt. So kommt eine Gallup-Studie (Nink 2014) zu der für Unternehmen alarmierenden Erkenntnis, dass nur 16% der Beschäftigten bereit sind, sich freiwillig für die Ziele ihres Unternehmens einzusetzen und 67% eine geringe Bindung an ihr Unternehmen haben. Dagegen sind 17% der Beschäftigten emotional ungebunden und haben innerlich bereits gekündigt. Letzteres Verhalten lässt sich auch als eine Form des individuellen Widerstands verstehen.

Doch diese verschlechterten Erwerbsarbeitsbedingungen stellen nur eine Säule des Alltags dar. Hinzu kommt, dass familiäre Care-Arbeitende in einer zweiten Arbeitsschicht die zunehmende Reproduktionsarbeit übernehmen. Sie sollen die eigene Qualifikation fortwährend verbessern sowie einen Umgang mit permanenten Überforderungen und Gesundheitsrisiken finden. Gleichzeitig sollen sie als Eltern für diese schwere und zeitintensive Aufgabe auch bei ihren Kindern zuständig sein. Vor allem Beschäftigte, die neben ihrer Lohnarbeit Sorgeverantwortung für Kinder oder pflegebedürftige Angehörige übernommen haben, kommen bei längeren und flexibilisierten beruflichen Arbeitszeiten, eingeschränkten staatlichen Betreuungsangeboten sowie durchlöcherten Sozialsystemen an die Grenzen ihrer Kräfte. In der Konsequenz haben sich die Arbeitsunfähigkeitstage aufgrund psychischer Erkrankungen von 2005 bis 2012 nahezu verdoppelt (vgl. Abschnitt 3.3).

Auch ein dauerhaft niedriges Geburtenniveau von weniger als 1,4 Kindern pro Frau spricht eine deutliche Sprache. Ein großer Teil der Kinderlosen möchte die beruflichen Nachteile vor allem für Mütter und die finanziellen Belastungen vermeiden. Hinzu kommen die unzureichend ausgebauten Kita-Plätze, unsichere Jobs, hohe Mieten und die schwierige Lebenssituation Alleinerziehender, von denen über 40% unter den Bedingungen von Hartz IV leben. Es fehlt also vielen jungen Menschen hinreichende Existenzsicherheit, um Verantwortung für Kinder zu übernehmen. Entsprechend lässt sich die geringe Geburtenrate so interpretieren, dass viele Menschen nicht sehen, wie sie ein gutes Leben mit Kindern führen können.

Die Intensivierung und Verlängerung der Erwerbsarbeit, das Wachstum des Niedriglohnsektors sowie die Verlagerung von Sorgearbeit in die Familien bei gleichzeitiger Erwerbstätigkeit aller erwerbsfähigen Personen scheinen für das Kapital im ersten Moment ein Ausweg aus der Krise zu sein. Die damit verbundene Überlastung vieler Beschäftigter schlägt jedoch durch Leistungszurückhaltung und eine steigende Zahl von Arbeitsunfähigkeitstagen wegen psychischer Erkrankungen auf die Unternehmen zurück. Um dies zu verhindern, müssten Unternehmen grundlegend die Belastung der Beschäftigten reduzieren, etwa durch deutliche Arbeitszeitverkürzung, Verringerung der Arbeitsintensität und der Flexibilitätsanforderungen. Dies würde, in einem einzelnen Staat konsequent durchgeführt, massiv die Bedingungen der Kapitalverwertung verschlechtern. Entsprechend gering wird die Bereitschaft der Unternehmensverbände zu Zugeständnissen sein. Mehr noch: Über die reine Regeneration hinaus benötigt jeder Mensch Zeiten der Muße, um den eigenen Zielen und Wünschen im Leben nachzugehen. Ein solches Streben läuft in jedem Fall der Logik der Kapitalverwertung zuwider.

4.4 Krise sozialer Reproduktion als Moment der Überakkumulationskrise

Insbesondere in der BRD gelingt es derzeit, die Überakkumulationskrise durch Kostensenkungen im Bereich der sozialen Reproduktion und durch Exportüberschüsse einzudämmen. Es werden Löhne gekürzt, Sozialversicherungsleistungen reduziert und Strukturen der öffentlichen Daseinsvorsorge abgebaut. Staatliche Care-Dienstleistungen primär in den Bereichen der Gesundheit und Pflege sowie der Erziehung und Bildung entsprechen in ihrem Umfang und ihrer Qualität nicht den wachsenden Aufgaben. Aufgefangen wird die entstehende Lücke in der gesellschaftlich notwendigen Sorgearbeit durch die unentlohnte Arbeit von allen Menschen, deren Sorgeaufgaben wachsen, sowie durch irregulär beschäftigte Haushaltsarbeiter_innen.

Jedoch ist diese Politik weit davon entfernt, die derzeitige Überakkumulationskrise grundlegend zu überwinden. Denn mit dem Abzug von Ressourcen aus dem Bereich der sozialen Reproduktion ergeben sich neue Probleme für das Kapital: Wie ich in Abschnitt 4.3 verdeutlicht habe, steht in der Folge ein Teil der Arbeitskräfte nicht mehr mit der notwendigen Qualifikation und Leistungsbereitschaft zur Verfügung. Auch die selektive Anwerbung migrantischer Arbeitskräfte kann dies auf Dauer nicht ausgleichen. Zudem sind viele Beschäftigte wegen ihrer Sorgeverpflichtungen nicht voll flexibel einsetzbar. Die übermäßige Belastung vieler Erwerbstätiger in Beruf und Familie führt zunehmend zu langen Ausfallzeiten. Das Vertrauen in ein System, das den eigenen Bedürfnissen immer weniger gerecht wird, nimmt ab. Es kommt zu innerer Kündigung und Zurückhaltung bei der Verausgabung der eigenen Arbeitskraft.

So lässt sich festhalten: Der Widerspruch zwischen Profitmaximierung und Reproduktion der Arbeitskraft spitzt sich zu. Der Versuch des Kapitals, mit Reallohnsenkungen und Sozialabbau der Überakkumulationskrise zu begegnen, steht der Reproduktion von einsatzfähigen, breit ausgebildeten Arbeitskräften entgegen. Es entwickelt sich eine Krise sozialer Reproduktion, die in der Folge die Kapitalverwertungsprobleme verschärft und damit selbst ein Moment der Überakkumulationskrise ist. Die Strategie, den Arbeitenden Ressourcen zu entziehen, die sie für die Reproduktion ihrer Arbeitskraft benötigen, stößt an Grenzen.

Dies hat wiederum Konsequenzen für die Eindämmung der Finanzkrise. In dem Maß, in dem Grenzen beim Sozialabbau und der Lohnsenkung auch aus Kapitalsicht deutlich werden, ist der Weg der Umschichtung von staatlichen Geldern in die Stabilisierung des Finanzsektors mittelfristig eingeschränkt. Das erklärt, warum sich die bundesdeutsche Regierung, wenn auch halbherzig, bemüht, die Banken an der Krisenbearbeitung finanziell zu beteiligen und so Handlungsspielraum zu gewinnen. In der gegenwärtigen staatlichen Krisenbearbeitung bildet sich das Dilemma ab, mit den vorhandenen staatlichen Ressourcen an mehreren Punkten gleichzeitig intervenieren zu müssen, etwa auf den Finanzmärkten und bei der Sicherung der Reproduktion der Arbeitskraft.

Dabei gibt es für den Staat kaum die Möglichkeit, die Ausgaben für öffentliche Daseinsvorsorge durch Rationalisierung zu beschränken, ohne die Rahmenbedingungen für die Reproduktion der Arbeitskraft zu verschlechtern. Denn während sich Investitions- und Konsumgüter aufgrund technischer und arbeitsorganisatorischer Verbesserungen immer schneller und damit günstiger herstellen lassen, gilt dies für die Arbeitskraft nur in Ansätzen. Menschen zu pflegen, zu erziehen, zu beraten und zu bilden, benötigt Zeit, da sich viele dieser sorgenden Tätigkeiten nicht ohne Qualitätsverlust rationalisieren lassen. Das bedeutet, dass auch ein kapitalistisches System in verstärktem Maß gezwungen ist, Ressourcen für die Reproduktion der Arbeitskraft zur Verfügung zu stellen.

Zu einem Problem der Kapitalakkumulation werden die notwendigen Ausgaben beispielsweise für Erziehung und Pflege dadurch, dass im Care-Bereich primär Kosten entstehen, während in der Güterproduktion und den auf diese bezogenen Dienstleistungen der größte Teil des Profits realisiert wird. Zwar gibt es Teilbereiche, in denen Unternehmen der Kundschaft, die über die entsprechende Kaufkraft verfügt, zusätzliche oder spezialisierte Leistungen anbieten. Die Grundversorgung in allen Sorgebereichen ist jedoch nicht an Privatunternehmen übertragbar, ohne dass die Kosten für die Reproduktion der Arbeitskraft steigen. Demgemäß wird auch zukünftig die Bedeutung des Sorgebereichs als Kostenfaktor, der die Kapitalrentabilität belastet, seine Bedeutung als Anlagesphäre übersteigen. Deshalb kann die Ausweitung der entlohnten Sorgearbeit keinen Bestandteil der Krisenlösung darstellen.

Sorgearbeit ist also kaum umfassend über profitorientierte Unternehmen organisierbar. Daher wird versucht, die Kosten der Sorgearbeit gering zu halten, indem diese in die Familie und die ehrenamtliche Tätigkeit verschoben wird und viele Tätigkeiten im entlohnten Care-Bereich nicht als qualifizierte Arbeit bewertet und entsprechend schlecht bezahlt werden. Allerdings muss diese Care-Arbeit in steigendem Umfang und hinreichender Qualität ausgeführt werden, da gesunde und qualifizierte Arbeitskräfte eine Grundvoraussetzung kapitalistischen Wirtschaftens sind. Dies erfordert, zumal bei steigender Frauenerwerbstätigkeit, zunehmende staatliche Ausgaben.

Damit stößt das neoliberale Konzept der möglichst umfassenden Erwerbstätigkeit jeder erwerbsfähigen Person, verbunden mit Reallohnsenkung, Sozialabbau und hohem Umfang der unentlohnt zu leistenden Reproduktionsarbeit, an seine Grenzen, an „unheilbare Widersprüche" (Gramsci 1996: 1557). Das neoliberale System ist nicht in der Lage, die grundlegenden menschlichen Bedürfnisse für die große Mehrheit der Menschen zu befriedigen, eine konsistente Alternative zum Neoliberalismus innerhalb der kapitalistischen Produktionsweise ist nicht in Sicht. Aus dieser Analyse lässt sich ein politisches Handeln begründen, das neben schrittweisen Verbesserungen für einzelne Care-Arbeitende auch auf eine grundlegende gesellschaftliche Alternative abzielt.

Krisenanalysen, die sich auf Verwerfungen auf den Finanzmärkten konzentrieren, können nicht nur die genannten grundsätzlichen Widersprüche kaum benennen, sondern blenden auch die Dimension der Krise aus, die für die Menschen direkt spürbar ist: Es ist weder analytisch noch politisch sinnvoll, sich primär mit Banken, denen es schlecht geht, oder mit Märkten, die nervös reagieren, auseinanderzusetzen. Auf diesem Weg bleibt die Krise sozialer Reproduktion unsichtbar und Menschen mit ihren Existenzsorgen und ihrem Zeitstress verschwinden aus den Krisendebatten weitgehend. Aus einer Analyse der Krise sozialer Reproduktion als Teil der Überakkumulationskrise wird dagegen klar, dass für die übergroße Mehrheit der Sorgearbeitenden weltweit, wenn auch in ganz unterschiedlicher Intensität, die Existenzsorgen und die enormen zeitlichen Belastungen weiter zunehmen werden. Denn das kapitalistische System ist selbst in einem Land wie der BRD, das einen Teil seiner Verwertungsprobleme durch Leistungsbilanzüberschüsse auf andere Länder überträgt, nicht in der Lage, dic umfassende Reproduktion der Arbeitskraft zu gewährleisten. Dies bedeutet gleichzeitig, dass es vielen Menschen nicht möglich ist, ihre grundlegenden Bedürfnisse zu befriedigen.

Die Krise sozialer Reproduktion ist doppelt zentral, als Moment der Krise des Kapitals ebenso wie als alltäglich spürbare Kluft zwischen belastenden Lebensumständen und dem, was möglich wäre. Gegenwehr an diesem Punkt ist daher nicht nur moralisch, sondern auch politisch von zentraler Bedeutung. Care Revolution ist ein Ansatzpunkt, um die Gesellschaft ausgehend von den menschlichen Bedürfnissen, insbesondere ausgehend von der Selbstsorge und der Sorge für andere, zu gestalten. Eine sich darauf beziehende Care-Bewegung muss dieses System revolutionieren. Ideen für eine solche Transformationsstrategie werde ich in Kapitel 6 skizzieren. Zuvor stelle ich dar, wie verschiedene Initiativen im Care-Bereich sich gegen die Folgen dieser Krisenpolitik wehren.

5 Auf dem Weg zu einer Care-Bewegung

Wie im Verlauf des Buches aufgezeigt, hat die Krise sozialer Reproduktion einschneidende Auswirkungen auf menschliche Arbeits- und Lebenssituationen und führt vor allem zu Überforderung und sozialem Leid. Allerdings wird diese Missachtung menschlicher Bedürfnisse nicht nur erduldet und ertragen, sondern viele Menschen beginnen, sich dagegen zu wehren. Dabei erleben sie, dass es überhaupt nicht einfach ist, auch nur allererste Maßnahmen zur Verbesserung des Status quo zu erreichen. Notwendig ist daher eine gesellschaftliche Mobilisierung von unten, die einen langen Atem hat. Denn auch wenn der vorhandene gesellschaftliche Reichtum viele Verbesserungen ermöglichen würde, macht die derzeitige neoliberale Regulierung der Überakkumulationskrise jeden kleinen Schritt in diese Richtung schwierig.

Mittlerweile gibt es viele politische Initiativen, in denen sich Menschen zusammengeschlossen haben, um in dem Care-Bereich, in dem sie tätig sind, Verbesserungen durchzusetzen. Dies wurde besonders deutlich bei der Vorbereitung der ersten Aktionskonferenz Care Revolution, die im März 2014 in Berlin stattgefunden hat. Initiiert vom Feministischen Institut Hamburg, dem AK Reproduktion[1] und der Rosa-Luxemburg-Stiftung, hatten zu dieser Aktionskonferenz mehr als 60 lokale Gruppen beziehungsweise kleinere bundesweite Verbände aufgerufen, die im Bereich der Sorgearbeit politisch aktiv sind. Das Spektrum reichte von Initiativen pflegen-

1 Der bundesweite AK Reproduktion hat sich im Juli 2012 auf Einladung des Feministischen Instituts Hamburg gegründet. In diesem Kreis von wissenschaftlich und politisch an Reproduktionsarbeit Interessierten entstand Anfang 2013 die Idee der Aktionskonferenz Care Revolution.

der Angehöriger über Interessenvertretungen von Menschen mit Behinderungen und Elterninitiativen bis zu Organisationen von Migrant_innen, von Verdi- und GEW-Betriebsgruppen im Bereich der Pflege und Erziehung über Organisationen aus den sozialen Bewegungen bis zu queer-feministischen Gruppen. Diese Vielfalt der Initiativen, Gruppen und Organisationen sowie die große Zahl der Teilnehmenden hat gezeigt, wie viele Menschen die Vernetzung im Care-Bereich als notwendig einschätzen. Zu der Konferenz selbst kamen 500 Menschen, die drei Tage lang intensiv gemeinsam arbeiteten.

Um die inhaltliche Vielfalt der im Care-Bereich aktiven Gruppen zu verdeutlichen, habe ich neun Gruppen ausgewählt, die größtenteils an der Vorbereitung der Aktionskonferenz beteiligt waren.[2] Zunächst stelle ich in Abschnitt 5.1 kurz die Ziele, Motive und Aktionsformen der jeweiligen Gruppe dar und untersuche anschließend in Abschnitt 5.2, welche Gemeinsamkeiten die Initiativen trotz ihrer unterschiedlichen Konzepte und Arbeitsweisen haben.

5.1 Care-Initiativen zwischen Reformforderungen und grundlegender Gesellschaftskritik

Die Darstellung unterschiedlicher Initiativen, die im Care-Bereich aktiv sind, beginne ich mit drei Gruppen, die sich aus recht unterschiedlicher Perspektive dafür einsetzen, dass die Rahmenbedingungen für die Sorgearbeit mit Kindern verbessert werden.

Die erste hier dargestellte Gruppe ist der Arbeitskreis Erziehung und Bildung der Gewerkschaft ver.di in Tamm,[3] einer Gemeinde in der Nähe von Stuttgart. Hier organisieren sich Erzieher_innen, die in kommunalen Kitas tätig sind. Zentrales Thema ihres politischen Engagements ist die unzureichende Personalbemessung in den Kindertagesstätten der Gemein-

2 Aus Kapazitätsgründen habe ich mich auf bundesdeutsche Initiativen beschränkt. Nicht berücksichtigt sind Initiativen im schulischen Bildungsbereich, da dieses Thema auf der Aktionskonferenz nur in Ansätzen angesprochen worden ist.

3 http://stuttgart.verdi.de/branchen/gemeinden

de. Zwar wirbt die Kommune mit einem besonderen Konzept, das frühkindliche Bildung auf hohem Niveau ermöglichen soll, stellt aber die hierfür zusätzlich notwendigen Stellen nicht zur Verfügung. Dieses Missverhältnis greift der Arbeitskreis an, denn insbesondere die Förderung der je individuellen Interessen der Kinder und das Ansetzen an den jeweiligen Gegenständen ihrer Neugier – beides ist Teil dieses Konzepts – benötigen zusätzliche Arbeitszeit. Die Beschäftigten fordern deswegen eine Verbesserung des Betreuungsschlüssels und darüber hinaus die Besetzung der erforderlichen neuen Stellen ausschließlich mit erzieherisch qualifiziertem Personal, Notfallpläne bei personellen Engpässen, erwachsenengerechte Arbeitsplätze, Regelungen zum Gesundheitsschutz sowie die Behebung zahlreicher baulicher Mängel in den Kitas. Im Juni 2013 trat der Arbeitskreis Erziehung und Bildung mit einem offenen Brief an die Gemeindeverwaltung[4] und mit einer Veranstaltung an die Öffentlichkeit. Die Erzieher_innen richten sich mit ihrem Anliegen an die Kommune als Trägerin der Kindertagesstätten, gehen aber gleichzeitig auch auf die Eltern der Kita-Kinder zu, um unter ihnen Bündnispartner_innen zu finden. Dabei weisen sie darauf hin, dass sie Voraussetzungen dafür schaffen wollen, dass in Zukunft die Qualität der frühkindlichen Bildung verbessert wird. Der damalige Gesamtelternbeirat hat die Erzieher_innen in ihrem Kampf für verbesserte Arbeitsbedingungen und verbesserte Personalausstattung allerdings kaum unterstützt. Der ver.di-Arbeitskreis Tamm arbeitet landesweit mit anderen ver.di-Gruppen zusammen und so finden seine Forderungen sich auch in der Initiative „SOS-Kita“ wieder, einer Kampagne für einen besseren Betreuungsschlüssel in kommunalen Kitas der Region. Der Zusammenhalt in den Tammer Kitas zeigte sich auch in der hohen Streikbeteiligung, zuletzt beim Streik im Öffentlichen Dienst im Frühjahr 2014.

Während in Tamm das politische Engagement gegen ungenügende Arbeitsbedingungen von den Erzieher_innen ausging, schlossen sich in Niedersachsen verschiedene Kita-Trägervertretungen, Kita-Elternvertretungen, Gewerkschaftsmitglieder und Erzieher_innen zu einem Bündnis zusammen, das eine Volksinitiative organisiert hat.[5] Ähnlich wie der ver.di-Arbeitskreis von Erzieher_innen in Tamm ist auch das „Bündnis für Kinder und

4 http://stuttgart.verdi.de/branchen/gemeinden/++co++734a4a2a-d983-11e2-b75d-52540059119e

5 http://www.buendnis-fuer-kinder-nds.de, http://www.kita-volksinitiative.de/faq

Familien in Niedersachsen" der Ansicht, dass der Mindestpersonalschlüssel nicht ausreicht für die notwendigen Interaktionsprozesse zwischen Kindern und Erzieher_innen, und fordert deswegen eine Fachkraft für acht Kinder in Kitas und eine Fachkraft für vier Kleinkinder in Krippen. Die Gruppengröße soll auf 20 Kinder in Kitas und auf 12 Kleinkinder in Krippen begrenzt werden. Hier setzen sich also Eltern und Erzieher_innen gemeinsam für ihre Kinder ein, damit diese quantitativ und qualitativ besser betreut werden. Die Volksinitiative forderte die niedersächsische Landesregierung auf, durch eine Gesetzesänderung einen deutlich verbesserten Personalschlüssel für Kitas zu beschließen. Bis zum Stichtag im September 2013 wurden 101.000 Unterschriften statt der erforderlichen 70.000 eingereicht;[6] dem Bündnis ist es damit gelungen, erfolgreich öffentliche Überzeugungsarbeit zu leisten. Der Landtag hat sich, das war wegen der erfolgreichen Volksinitiative zwingend, mit der Forderung nach einem verbesserten Personalschlüssel mehrfach befasst, allerdings wurde ihre Umsetzung mit Verweis auf die Mehrkosten abschließend abgelehnt.[7] Stattdessen richtete das Ministerium in Vorbereitung der Novelle des Kita-Gesetzes ein „Dialogforum Strukturqualität in Tageseinrichtungen für Kinder" ein und nahm in der entsprechenden Ankündigung auf die Volksinitiative keinen Bezug.[8] Dem Engagement der Initiative ist jedoch zu verdanken, dass die Landesregierung auf den politischen Druck im Kita-Bereich reagiert, indem sie einen Teil der sogenannten BAföG-Millionen[9] in die Finanzierung einer zusätzlichen Betreuer_in pro Gruppe in den Krippen investieren will.[10]

Beim Verein „Nicos Farm"[11] handelt es sich um eine Initiative von Hamburger Eltern von behinderten Kindern und Jugendlichen. Der Verein

6 http://www.nwzonline.de/politik/niedersachsen/kita-initiative-erfolgreich_a_9,4,240483896.html

7 http://www.weser-kurier.de/region/niedersachsen_artikel,-Kein-Geld-fuer-dritte-Kita-Kraft-_arid,809759.html

8 http://www.mk.niedersachsen.de/portal/live.php?navigation_id=1820&article_id=122705&_psmand=8

9 Der Bund übernimmt ab 2015 die BAföG-Kosten und entlastet damit die Länder.

10 http://bildungsklick.de/a/91526/dritte-betreuungskraft-fuer-krippen-dank-bafoeg-einsparungen

11 http://www.nicosfarm.de

kritisiert die unzureichende Unterstützung von Familien mit behinderten Kindern und fordert deutliche Verbesserungen von staatlicher Seite. Allerdings steht in der Alltagsarbeit nicht die Konfrontation im Vordergrund, sondern die regelmäßige Überzeugungsarbeit und auch die Selbstorganisation. Ein wichtiges Ziel des Vereins ist die Gründung eines Wohnprojekts für Familien mit behinderten Kindern, in dem professionelle Hilfe ebenso vorgesehen ist wie die gegenseitige Unterstützung aller Familienangehörigen. Auch wenn ihre Angehörigen zu einem späteren Zeitpunkt nicht mehr in der Lage sind, sie zu versorgen, soll durch die Farm den behinderten Kindern und Jugendlichen ein würdevolles Leben bis ins Alter ermöglicht werden. Dieses Wohnprojekt soll sich auch nach außen für Externe öffnen, so dass auch behinderte Kinder und Jugendliche, die nicht im Projekt wohnen, die therapeutischen Angebote nutzen können. Der Aufbau der Farm selbst sowie das zweite große Ziel, die Sensibilisierung für die Lebensumstände von behinderten Kindern und deren Eltern, werden mit öffentlichkeitswirksamen Aktionen zu realisieren versucht. Der Verein führt Projekttage an Schulen und Kitas durch, und einmal jährlich findet ein gemeinsamer Umzug behinderter und nicht behinderter Kinder mit Musik, Laternen und Feuerwerk statt. Dieses „Lichtermeer", mit dem ein Zeichen für Wärme und Menschlichkeit gesetzt und den Kindern eine Freude bereitet werden soll, findet inzwischen bereits in dreizehn weiteren Städten statt.[12] Nicos Farm wird von vielen kommunalen, regionalen, aber auch überregionalen Initiativen und Stiftungen unterstützt. Es gibt Unternehmenssponsoren und regelmäßige Spendensammlungen verbunden mit Informations- und Aufklärungsarbeit. Nicos Farm arbeitet mit unterschiedlichen Vereinen und Initiativen zusammen, vom Netzwerk Recht auf Stadt bis zur Arbeiterwohlfahrt. Die Pflegesituation mit umfangreichen und permanenten Sorgeaufgaben beschränkt allerdings die Möglichkeit der Eltern, gemeinsam politisch tätig zu werden. Deswegen werden, wo dies möglich ist, die Kinder und Jugendlichen einbezogen. So wandern Eltern und Kinder von Nicos Farm jedes Jahr miteinander, im Jahr 2013 von Flensburg nach Gaienhofen am Bodensee, und laden auf jeder Etappe interessierte Anwohner_innen und auch Politiker_innen zum Mitwandern ein, um Aufmerksamkeit für ihre Situation zu schaffen und das Wohnprojekt vorzustellen.

12 http://www.nicosfarm.de/lichtermeer-2014/#more-1342

Bei der Vorstellung von Nicos Farm wird bereits deutlich, wie sehr die mangelhafte staatliche oder gemeinschaftliche Unterstützung für Menschen, die im familiären und/oder beruflichen Bereich pflegerisch tätig sind, ein politisches Thema ist. Im Folgenden stelle ich weitere vier Gruppen vor, die in diesem Care-Bereich aktiv sind.

Die Initiative „Armut durch Pflege“[13] ist ein Schwerpunktthema des Vereins „wir pflegen – Interessenvertretung begleitender Angehöriger und Freunde in Deutschland“. Der Name der Initiative weist auf das zentrale Handlungsmotiv der Beteiligten hin: Die private Pflege Angehöriger führt zu Armut und Ausschluss aus dem gesellschaftlichen Zusammenleben. Diesen Zustand wollen die Beteiligten verändern. Sie sehen das derzeitige Pflegesystem als unzureichend und ungerecht an. Sie wehren sich gegen die Verschiebung der Verantwortlichkeit in die Familien und wenden sich gegen die fehlende Anerkennung für die geleistete Arbeit. Deshalb tritt die Initiative Armut durch Pflege für eine grundlegende Neuorientierung ein, für eine „Pflegewende“. Sie wollen damit „ein solidarisches, paritätisches und dynamisches System“[14] erreichen, in das auch unentlohnt Pflegende einbezogen werden. Sie stellen dabei die Menschenwürde der Gepflegten in den Mittelpunkt, die nicht dadurch abgewertet werden sollen, dass sie kein Erwerbseinkommen erzielen. Ferner will die Initiative Armut durch Pflege den Pflegenden eine Stimme geben, damit sie Belastung und Nachteile schildern können, die sie in ihrer Pflegesituation erleiden. Dadurch wollen die Mitglieder die eigene Lage und die von Menschen in ähnlicher Position verbessern, insbesondere durch Gesetzesänderungen. Weiterhin klären sie andere Pflegende über ihre Rechte auf und nehmen beispielsweise durch einen offenen Brief an Bundeskanzlerin Merkel, die Veröffentlichung von Wahlprüfsteinen oder durch Beteiligung an Fernsehsendungen zum Pflegenotstand auf die öffentliche Diskussion Einfluss. Die Initiative ist gut vernetzt. Sie arbeitet etwa mit der Bewegungsstiftung, dem Bündnis für Gute Pflege oder mit der Landesstelle Pflegende Angehörige NRW zusammen. Weil die Pflegeverpflichtungen der Mitglieder ihre zeitliche und räumliche Flexibilität stark beschränken, spielen das Internet und Broschüren als Kommunikations- und Informationsmedien eine wichtige Rolle. Da sie sich

---

13 http://www.armutdurchpflege.de

14 http://www.pflegebalance.de/wp-content/uploads/Artikel/2014-04_Neue-Wert-Schaetzung_wir-pflegen.pdf

nicht häufig treffen können, war es für die beteiligten Mitglieder besonders wichtig und gut, sich beim ersten Netzwerktreffen der Initiative im Februar 2014 persönlich austauschen und am bundesweiten Flashmob „Pflege am Boden" beteiligen zu können.

In einer anderen Care-Position befinden sich die Pflegekräfte der Tagespflege Lossetal.[15] Sie sind in einem selbstverwalteten Betrieb beschäftigt; die Tagespflege Lossetal ist ein Arbeitsbereich der Kommune Niederkaufungen und ist auf deren Gelände im Ortskern von Niederkaufungen in Nordhessen angesiedelt. Sie ist für die Funktionsfähigkeit ihres Pflegekonzeptes auf die Integration in die gemeinsame Ökonomie der Kommune angewiesen und unterstützt diese gleichzeitig durch ihre Einnahmen. Die Tagespflege hat fünfzehn Pflegeplätze. Zielgruppe sind pflegebedürftige, insbesondere demente Menschen. Die Einrichtung finanziert sich über einen festgelegten Tagessatz, der über die Pflegeversicherung und eine Selbstbeteiligung der Gepflegten beziehungsweise eine Kostenübernahme des Sozialamts bezahlt wird. Die Tagespflege Lossetal versucht, ihr Pflegekonzept auch unter den gegenwärtigen schwierigen Bedingungen umzusetzen, in denen der Zugang zu guter Pflege für die meisten Menschen aus Kostengründen sehr begrenzt ist und gleichzeitig unbefriedigende Arbeitsbedingungen für die Pflegenden entstehen. Dabei ist es ihnen wichtig, ein gemeinsames Projekt von Kommune und Dorfbewohner_innen zu realisieren. Deswegen werden in der Tagespflege andere Bereiche der Kommune, Nachbar_innen und Angehörige möglichst weitgehend beteiligt. Die Lage der Tagespflege auf dem Gelände der Kommune ermöglicht darüber hinaus alltäglichen Kontakt zwischen Gepflegten und Mitgliedern der Kommune. Diese Verzahnung von professioneller und nachbarschaftlicher Betreuung und Begegnung soll zum einen die Qualität der Pflege erhöhen. Zum anderen drückt sich hier eine gesellschaftliche Zielvorstellung aus: Nachbarschaften unterstützen sich gegenseitig und die Tagespflege trägt die erforderliche professionelle Arbeit bei. Darüber hinaus ist die Tagespflege Lossetal in einem Arbeitskreis mit anderen Einrichtungen, der beispielsweise Tagungen organisiert, im Kasseler Raum aktiv und ist in ein Netzwerk von Kommunen integriert. Konfrontation gegenüber staatlichen Stellen oder dem System der Pflegeversicherung steht nicht im Vordergrund. Da die Pflegekräfte gleichzeitig Mitglieder der Kommune sind und damit persön-

15 http://www.tagespflege-lossetal.de

lich eine gemeinsame Lebensweise praktizieren, wollen sie primär durch den Vorbildcharakter ihrer alternativen Lebensweise zur radikalen Änderung der bestehenden Verhältnisse beitragen. Der Vorteil des Ansatzes ist, dass die über die Kommune abgesicherte gemeinsame Ökonomie ein arbeitsintensives Pflegekonzept ermöglicht, das gute Arbeitsbedingungen für die Pflegekräfte und eine materielle Absicherung trotz des geringen Lohns vereinbar macht.

Die Assistenzgenossenschaft Bremen[16] wiederum verdankt ihre Gründung den Personen, die Pflege benötigen. Sie wurde im Oktober 1990 gegründet[17] und organisiert eine Behindertenassistenz. Die Genossenschaft geht zurück auf eine Ende der 1970er Jahre in Bremen gegründete Krüppelgruppe.[18] Die Mitglieder dieser Gruppe betrieben eine Beratungsstelle und kamen im Zuge ihrer Beratungsarbeit zum Ergebnis, dass die Trägereinrichtungen von Behindertenhilfe nicht am Wohl ihrer Klientel orientiert arbeiten und die zugrundeliegenden Machtverhältnisse eine Veränderung dieses Zustands zugunsten der Menschen mit Behinderung blockieren. Um dies zu verändern, gründeten sie die Assistenzgenossenschaft, die durch behinderte Care-Nehmende selbst verwaltet wird. Mittlerweile arbeiten hier 280 Assistent_innen; 15 Personen sind in der Geschäftsstelle beschäftigt. Viele der Angestellten sind selbst behindert; laut Präambel der Genossenschaftssatzung sollen Menschen mit Behinderung bevorzugt eingestellt werden. Das Ziel der Genossenschaft ist die Organisation von Assistenz gemäß der Bedürfnisse behinderter Menschen in dem Sinn, dass diese möglichst weitgehend die Kontrolle über die Pflegesituation behalten. Das umfasst Selbstbestimmung über Ort, Zeit sowie Art und Weise der Assistenz. Ferner bestimmen die Assistenznehmenden, welche Personen sie betreuen, und kontrollieren die finanziellen Mittel und den Umfang, in dem Assistenz stattfindet. Die Berücksichtigung der Individualität von Menschen und die Respektierung ihrer unterschiedlichen Fähigkeiten und Möglichkeiten sind ebenfalls in den Grundsätzen der Assistenzgenossenschaft festgeschrieben. Gleichzeitig sollen mit dieser Organisationsform auch weitere Erwerbsarbeitsplätze für behinderte Menschen geschaffen werden.

16 http://www.ag-bremen.de

17 http://www.ag-bremen.de/ueber-uns/geschichte.html

18 Dies ist eine Selbstbezeichnung, die den herabwürdigenden Begriff zum politischen Kampfbegriff macht.

Seit 1993 gibt es auch in Hamburg eine entsprechende Genossenschaft, mit der die Bremer Assistenzgenossenschaft zusammenarbeitet. Das Problem für dieses Genossenschaftskonzept ist, wie in anderen Assistenz- und Pflegebereichen auch, die zu geringe Finanzierung der Unterstützungsleistungen durch die Sozialversicherung. Dadurch kommt es zu Interessenkonflikten zwischen den Personen, die Assistenz benötigen, und den Beschäftigten beziehungsweise deren Beschäftigungsvertretung, die eine bessere Bezahlung fordern.

Als weitere Gruppe im Bereich der Pflege stelle ich die ver.di-Betriebsgruppe an der Charité,[19] einem großen öffentlichen Krankenhausbetrieb in Berlin, vor. Sie ist verantwortlich für einen weitgehend erfolgreichen Streik im Mai 2011, mit dem die Pflegekräfte an der Charité die schrittweise Wiederangleichung ihrer Löhne an den Tarifvertrag des öffentlichen Dienstes erzwungen haben. Im Juni 2014 gelang auf Grundlage der politischen Aktivitäten der Betriebsgruppe der erste Abschluss eines Tarifvertrags zur Bemessung des Pflegepersonals auf den Stationen.[20] Nach diesem Tarifvertrag sollen 80 neue Stellen im Pflegebereich eingerichtet werden. Der Vertrag lief nur bis Ende 2014, währenddessen wurde er von beiden Tarifparteien evaluiert. Sollte sich die Personalausstattung auf den Stationen als nach wie vor zu gering herausstellen, besteht für die Gewerkschaft ver.di mit dem Ablaufen der Friedenspflicht ab Anfang 2015 die Chance, mit weiteren Streikmaßnahmen ihrer Forderung Nachdruck zu verleihen. Die Charité-Betriebsgruppe unterstützt die ver.di-Forderung nach einem Gesetz, mit dem für die Personalbemessung in den Krankenhäusern eine Untergrenze für die Besetzung einer Schicht festgelegt wird und die Krankenhäuser finanziell besser ausgestattet werden.[21] Auf das Zustandekommen eines solchen Gesetzes warten will sie jedoch nicht. Die Betriebsgruppe setzt auf Tarifverhandlungen, ist gegebenenfalls streikbereit und will den Druck auf die Krankenhausleitung auch nach dem Abschluss des Pilottarifvertrags aufrechterhalten. Auf Stationsebene lehnen Beschäftigte mit Unterstützung

19 http://www.mehr-krankenhauspersonal.de

20 Dabei agieren Betriebsgruppe, Personalrat und Tarifkommission – auch personell – eng verwoben und beziehen auch die Belegschaft in die jeweiligen Entscheidungen ein.

21 http://www.der-druck-muss-raus.de/wir-wollen/ueber-die-kampagne/wir-machen-uns-stark-der-verdi-dreiklang-fuer-gute-arbeit-im

der Betriebsgruppe bei Überlastung die Ausführung eigentlich ärztlicher Tätigkeiten und Überstunden ab, um die Forderung nach Mindestbesetzung jeder Schicht gegenüber der Personalleitung zu untermauern. Gemeinsam mit einer Gruppe „Berliner_innen für mehr Personal in Krankenhäusern" wird die Öffentlichkeit informiert. Hier ist es gelungen, dass Pflegebeschäftigte und potenzielle Patient_innen gemeinsam für mehr Personal streiten, um so die Arbeitssituation der Pflegekräfte und zugleich die Pflegequalität zu verbessern. Hiervon profitieren auch alle Patient_innen. Adressaten der Forderungen sind die Krankenhausleitung, letztlich aber auch der Staat wegen der Konstruktion der Fallpauschalen und der unzureichenden Krankenhausfinanzierung. Interessant ist, dass die Fallpauschalen, die den Druck auf die Beschäftigten erhöhen, gleichzeitig zu erhöhter Handlungsmacht führen, weil im Streikfall jede Nichtbelegung eines Betts, erst recht jede Schließung einer Station, unmittelbar zu Einnahmeausfällen für den Krankenhausbetrieb führt (Wolf 2013).

Geht es bei den bisher dargestellten Initiativen primär um Sorgearbeit für andere, so steht bei den folgenden beiden Initiativen die Selbstsorge im Zentrum.

Der Verein „Women in Exile"[22] wurde 2002 als Zusammenschluss von asylsuchenden Frauen in brandenburgischen Flüchtlingslagern gegründet. Ihr zentrales Anliegen ist die vorrangige Unterbringung von Frauen und Kindern in Wohnungen statt in Lagern und die Schließung aller Lager. Denn das besondere Leiden geflohener Frauen unter der deutschen Asylpolitik machen Women in Exile ausdrücklich an der Unterbringung in Lagern fest. Für nicht in Lagern Lebende ist diese Lebenssituation ohne Schutzräume und Privatsphäre kaum sichtbar und nachvollziehbar. Hier liegt der Grund für eine eigenständige Organisierung, zum einen als in Flüchtlingsheimen Lebende, zum anderen als Frauen.[23] Frauen und Kinder sollen vorrangig in Wohnungen untergebracht werden, weil sie in besonderem Maß Erfahrungen von Gewalt, Bedrängung und Entwertung ausgesetzt sind. Allerdings verknüpfen die Mitglieder von Women in Exile diese Kampagnenforderung mit der nach Schließung aller Sammelunterkünfte. Darüber hinaus geht es ihnen um die Aufklärung von Geflüchteten über

22 http://women-in-exile.net

23 http://women-in-exile.net/files/2013/12/wie_infobroschuere_31.10.13_for_refugee_women.pdf, S.3.

ihre Rechte. Sie stellen ihnen deswegen auf ihrer Homepage Informationsmaterial zur Verfügung, geben einen regelmäßigen Newsletter heraus und bieten Deutschkurse und Empowerment-Seminare an. Um ihrer zentralen Forderung nach der Unterbringung in eigenen Wohnungen Nachdruck zu verleihen, führten sie 2011 eine Demonstration in Potsdam durch und erreichten auch ein Treffen mit dem damaligen Sozialminister, das zur Folge hatte, dass das Ministerium die Heimleitungen in einem Rundschreiben auf die Privatsphäre der in den Heimen Untergebrachten hinwies.[24] Dabei blieb es. Women in Exile geben jedoch nicht auf. Der Hauptadressat ihrer zentralen Forderung bleibt die brandenburgische Landesregierung, weswegen sie immer wieder Gespräche mit Politiker_innen führen. Darüber hinaus versuchen sie die Forderung bundesweit durchzusetzen. So übergaben sie 2013 eine Petition zur Unterbringung asylsuchender Frauen in Wohnungen dem Bundesministerium für Familie, Senioren, Frauen und Jugend.[25] Die Initiative hat einen Kreis von Unterstützer_innen und arbeitet mit antirassistischen Initiativen zusammen. Beispielsweise unterstützen Women in Exile den Aufruf anlässlich des Gesundheitstages 2014 für eine reguläre Gesundheitsversorgung aller Menschen unabhängig vom Aufenthaltsstatus.[26] Stark behindernd für ihr politisches Engagement sind die finanziellen und juristischen Beschränkungen, ihre kontrollierte und abhängige Lebenssituation in den Lagern, Sprachbarrieren und die hohe Fluktuation.

Aus einer anderen Perspektive beschäftigt sich die AG QueerFeminismus[27] der Interventionistischen Linken (IL) in Tübingen mit dem Thema Selbstsorge. Die IL sieht sich als Bündnis undogmatischer radikaler linker Gruppen. Eine AG QueerFeminismus innerhalb der IL gibt es neben Tübingen auch in Berlin.[28] Diese Gruppen führten 2014, wie auch die Marburger IL-Gruppe d.i.s.s.i.d.e.n.t. im Zusammenhang mit dem Internationalen Frauentag am 8. März und der Aktionskonferenz Care Revolution In-

24 http://womeninexile.blogsport.de/images/PresseinformationvonWomenInExilezum8.3.11.pdf

25 http://www.neues-deutschland.de/artikel/916022.gewalt-an-frauen-gleichbleibend-hoch.html

26 http://www.medibuero.de/de/Debatten%20%26%20Kampagnen/Aufruf%202013-2014.html

27 https://il-tue.mtmedia.org/ag-queer-feminismus

28 http://fels.nadir.org/de/fels/queerfem

formations- und Mobilisierungsveranstaltungen durch. Dabei ist ein zentrales Anliegen der Gruppen, die Selbstsorge zu politisieren. Das bedeutet für sie, fehlende Ressourcen und fehlende Sicherheit, um gut leben und für sich sorgen zu können, nicht als individuelles, sondern als gesellschaftliches Problem zu benennen. In diesem Zusammenhang werden hegemoniale Vorstellungen zu Geschlechterverhältnissen und Sorgearbeit in Frage gestellt. Ihr Ziel ist die radikale Veränderung gesellschaftlicher Verhältnisse; hierbei nehmen sie direkt auf die Care Revolution Bezug, teils unter der Überschrift „caring for communism". Die AG QueerFeminismus bringt ihre Themen über Informationsveranstaltungen in die öffentliche Debatte und führt Aktionen in der Öffentlichkeit durch. So hat die AG in Tübingen Statuen und Brunnenfiguren von deutschen Männern mit Putzutensilien ausgestattet. Bei den Blockupy-Aktionen[29] in Frankfurt im Frühjahr 2013 beteiligten sie sich an einem größeren Care-Mob auf der Zeil, einer zentralen Einkaufsstraße.[30] Der Care-Mob blockierte einen Herrenbekleidungsladen mit Bügelbrettern, Kochtöpfen, Wäscheständern und Windeln. In einer weiteren Aktion wurden Arbeits- und Lebensbedingungen von Beschäftigten in der Bekleidungsindustrie in Bangladesh und im Einzelhandel in der BRD thematisiert. Dabei wurden Ausbeutungsverhältnisse durch Sticker angeprangert und Go-ins in Geschäfte mit dem Anbringen von Informationsmaterial an den Waren und einer Behinderung des Verkaufs durchgeführt. Konzipiert waren diese Aktionen als tatsächlich wirksame, aber flexible und relativ niedrigschwellige Aktionsangebote. Die AG QueerFeminismus arbeitet mit feministischen und anderen linken Gruppen auch jenseits des Themas Sorgearbeit zusammen und trägt Selbstsorge als Thematik in die gesamte Interventionistische Linke hinein. Es geht der AG QueerFeminismus nicht primär um eine Durchsetzung unmittelbarer Forderungen, sondern um die Verschiebung von Kräfteverhältnissen. Neben der Informationstätigkeit konfrontiert sie Unternehmen oder Staatsorgane im Rahmen von Aktionen mit ihren Forderungen, wobei Regelverletzungen Teil des politischen Konzepts sind.

29 Unter dem Namen Blockupy greift ein Bündnis kapitalismuskritischer Gruppen die Krisenpolitik der Bundesregierung und der EU an.

30 http://berlin.blockupy-frankfurt.org/wp-content/uploads/2013/07/Dokumentation-Blockupy-Zeil-2013.pdf

5.2 CHANCEN SOLIDARISCHEN HANDELNS

Bereits in der Darstellung der neun Initiativen wird deutlich, wie unterschiedlich deren Motive, Themen und Aktionsformen sind. Gleichzeitig sind alle Gruppen und Organisationen in Care-Bereichen aktiv und durchaus interessiert an Formen der Zusammenarbeit mit anderen Initiativen. Im Folgenden verdeutliche ich, worin die Unterschiede und Gemeinsamkeiten bestehen und warum sie für ein gemeinsames Handeln in einer Care-Bewegung produktiv zu nutzen sind.

5.2.1 Gemeinsamkeiten trotz unterschiedlicher Lebenslagen

Zunächst stehen die in den verschiedenen Initiativen Aktiven in unterschiedlichen Positionen im Care-Verhältnis: Sie werden versorgt, sind als unbezahlte Sorgearbeiter_innen im familiären oder ehrenamtlichen Kontext oder im Lohnverhältnis als Care-Beschäftigte tätig oder sie legen den Fokus auf die Selbstsorge.

So gibt es beispielsweise innerhalb der AG QueerFeminismus der Interventionistischen Linken Aktivist_innen, die zwar derzeit neben dem Kümmern um ihre Freund_innen keine regelmäßige Sorgeverantwortung für andere Menschen haben, aber dennoch, zumal sie politisch aktiv sind, mit der Sorge für sich selbst, der Selbstsorge, sehr gefordert sind. Diese Sorge für sich selbst wird dann noch viel komplizierter, wenn Menschen aufgrund einer physischen oder psychischen Einschränkung mehr Unterstützung benötigen. Das wird bei der Assistenzgenossenschaft Bremen deutlich, wo die Gründung einer Genossenschaft Konsequenz der Tatsache war, dass sich einzelne Menschen mit Behinderung gegen die Pflegeinstitutionen individuell nicht behaupten können. Extrem erschwert ist die Möglichkeit der Selbstsorge für die Frauen, die sich im Verein Women in Exile zusammengeschlossen haben. Vor Verfolgung und Existenznot geflohen, leben sie unter teilweise verheerenden Einschränkungen in Lagern und ohne Existenzsicherheit. Sie kämpfen für sich und ihre Kinder um das Recht auf eigenen Wohnraum, in dem sie sich sicher fühlen können.

Bei Nicos Farm, aber auch bei der Initiative Armut durch Pflege sind primär nicht entlohnte Sorgearbeitende organisiert, die sehr viel Verantwortung für Kinder und pflegebedürftige Angehörige übernommen haben. Sie sind häufig, auch wenn ihnen diese Sorgeaufgaben wichtig sind, grundlegend überlastet und erschöpft. Oft finden sie kaum noch Zeit für politisches Engagement, geschweige denn ausreichend Zeit für die Selbstsorge, und Muße bleibt für sie allermeist ein Fremdwort. Im ver.di-Arbeitskreis der Erzieher_innen in Tamm, bei der Kita-Volksinitiative in Niedersachsen und der ver.di-Betriebsgruppe der Charité in Berlin treten Menschen, die im Beruf als Care-Arbeitende in Erziehung und Pflege tätig sind, gemeinsam für eine bessere finanzielle und personelle Ausstattung ein, um so ihren Ansprüchen an eine gute Care-Arbeit gerecht werden und damit auch für sich selbst eine sinnvolle und befriedigende Erwerbsarbeit ausführen zu können. Das Bündnis für die Volksinitiative zeichnet sich darüber hinaus dadurch aus, dass sich hier berufliche Care-Arbeitende, ehrenamtlich aktive Eltern und gewerkschaftlich engagierte Personen zusammengetan haben, um gemeinsam die Rahmenbedingungen in den Kitas zu verbessern. In der Tagespflege Lossetal streben die Aktiven bessere Arbeitsbedingungen und bessere Pflegequalität an, indem sie ihren Betrieb in den Kontext eines gemeinsamen Wirtschaftens in der Kommune Niederkaufungen stellen.

Mit ihrem jeweiligen Zusammenschluss als Gruppe gehen die Mitglieder aller neun Initiativen einen deutlichen Schritt, um mehr Handlungs- und Durchsetzungsmacht zu erzielen. Bei der Initiative Armut durch Pflege, dem Verein Women in Exile und der AG QueerFeminismus geht es darum, die Vereinzelung zu überwinden und damit Handlungsfähigkeit zu erzielen. Teils dient der Zusammenschluss direkt der Selbsthilfe wie bei der Assistenzgenossenschaft Bremen und der Hamburger Elterninitiative Nicos Farm. Die Volksinitiative in Niedersachsen ist ein Bündnis, das die alltäglichen Bedingungen in den Kitas verbessern will, mit denen die beteiligten Gruppen umgehen müssen. In anderen Fällen wird der Zusammenschluss als Interessenvertretung von Lohnarbeitenden hergestellt wie bei den ver.di-Gruppen in der Charité und in Tamm. Die Beschäftigen der Tagespflege Lossetal vertreten als Mitglieder der Kommune Niederkaufungen über ihre Sorgearbeit hinaus ein grundlegendes politisches Alternativkonzept.

Die Lebenslagen dieser Gruppen sind sehr unterschiedlich. Und dennoch werden Verbindungen schnell deutlich: Auch wenn Menschen in Paarbeziehungen, in Wohngemeinschaften, als Single oder zusammen mit Freund_innen für sich und andere sorgen oder Sorge erhalten, sind sie in bestimmten Lebenssituationen immer wieder neu auf die Unterstützung durch entlohnte Care-Beschäftigte angewiesen. Hierfür benötigen die Care-Beschäftigten die entsprechenden Rahmenbedingungen, um eine gute Pflege, Gesundheitsvorsorge, frühkindliche und schulische Bildung realisieren zu können. Diese Positionierung auf komplementären Seiten des Care-Verhältnisses bietet also Ansatzpunkte, um trotz unterschiedlicher Schwerpunkte des politischen Engagements sich aufeinander beziehen und dies durch gemeinsames Auftreten auch deutlich machen zu können.

Das gilt in gleicher Weise für die verschiedenen arbeitsinhaltlichen Bereiche, in denen Care-Aktivist_innen derzeit eingebunden sind. Bei den beiden ver.di-Gruppen wird dies sehr deutlich. Auch wenn die Erzieher_innen in Tamm ganz andere inhaltliche Aufgaben haben als die Pflegekräfte an der Charité, ist doch für beide eine angemessene Personaldecke die Grundvoraussetzung für eine gute Erziehung oder Pflege. Das lässt sich auch auf Altersheime, Schulen, Jugendzentren und andere Institutionen der Daseinsvorsorge ausdehnen. Auch wenn die Tagespflege Lossetal und die Assistenzgenossenschaft Bremen formal selbst darüber bestimmen können, wie viele Fachkräfte sie pro Schicht einsetzen, hängen auch diese Projekte indirekt über die zur Verfügung gestellten Gelder von staatlich festgelegten Pauschalen ab. So ist nicht nur vorstellbar, dass diese Gruppen voneinander lernen, sondern auch, dass sie zusammen auf die Straße gehen. Denn sie stehen den Auswirkungen derselben neoliberalen Krisenpolitik gegenüber. Ebenso berühren Fragen der Mindestbesetzung in Kindergärten oder Krankenhäusern, in Altenheimen oder Jugendzentren sowie das System der Fallpauschalen die Lebensqualität aller Menschen. Ihrer Interessenlage entsprechend können sich auch die unentlohnt Sorgearbeitenden beteiligen, da es für sie nur durch eine gemeinschaftlich organisierte, deutlich ausgebaute soziale Infrastruktur einen Ausweg aus ihrer individuellen Überforderungssituation gibt.

Unterschiede zwischen den Initiativen sehe ich in ihrem Handlungsrahmen. In manchen Care-Situationen wird die politische Handlungsfähigkeit durch die Anforderungen der Sorgearbeit selbst beschränkt, die ständige Präsenz und kurzfristige Verfügbarkeit erfordert. Das wird besonders deutlich bei der Initiative Armut durch Pflege oder bei der Hamburger Elterninitiative Nicos Farm. Gleichzeitig gibt es in manchen Bereichen der Sorgearbeit durch den in der Öffentlichkeit breit diskutierten Notstand, der durch die neoliberale Politik derzeit noch verschärft wird, durchaus neue Chancen, nicht nur wahrgenommen zu werden, sondern auch Verbesserungen zu erkämpfen. Das zeigt das Beispiel der erfolgreichen Auseinandersetzung an der Charité in Berlin. Ebenfalls neue Handlungsmöglichkeiten ergeben sich in Bereichen, die unmittelbar auch für den Arbeitskräftebedarf des Kapitals bedeutsam sind. Das zeigen die Teilerfolgen der Streiks 2009 und 2014 in den kommunalen Kindertagesstätten, an denen auch die Kitas in Tamm beteiligt waren. Und auch die Volksinitiative in Niedersachsen stieß mit der Forderung nach einer verbesserten Personalausstattung in den Kitas über den Weg einer Petition nicht nur auf große Zustimmung, sondern es scheint ihr tatsächlich zu gelingen, eine deutliche Verbesserung des Personalschlüssels zu erreichen. Wesentlich schwieriger sind gewerkschaftliche und sozialpolitische Auseinandersetzungen in Bereichen, in denen von der neoliberalen Politik abgeschriebene Leistungsempfänger_innen unterstützt werden, wie das im Arbeitsbereich der Assistenzgenossenschaft Bremen der Fall ist. Das gilt zugespitzt für den Kampf der asylsuchenden Frauen, denen selbst eine Wohnung für sich und ihre Kinder nicht zugestanden wird. Sie werden von den Mehrheitsfraktionen in den Parlamenten nicht als zukünftige Arbeitskräfte, sondern ausschließlich als Kostenfaktor gesehen. Gerade für diese gesellschaftlich schwächeren Gruppen ist Unterstützung von durchsetzungsstärkeren Initiativen wichtig. Gleichzeitig wird auf diese Weise in der gesamten Care-Bewegung das Prinzip der Solidarität gestärkt.

Schon in diesem kurzen Durchgang lassen sich also mehrere Gründe dafür finden, warum es politisch sinnvoll ist, wenn sich so unterschiedliche Gruppen wie die aufgeführten aufeinander beziehen: Ihre Position auf verschiedenen Seiten des Care-Verhältnisses macht es naheliegend, die partikularen Interessen im Rahmen umfassender Konzepte von guter Sorgearbeit zu verfolgen. Die Ursachen für die schlechten Rahmenbedingungen, gegen die sich die verschiedenen Initiativen wehren, lassen sich wesentlich in der neoliberalen Krisenpolitik verorten, die in allen Care-Bereichen wirkt. Und Initiativen mit geringen Machtressourcen können Unterstützung von stärker positionierten erfahren.

5.2.2 Überschneidungen in der Zielsetzung trotz unterschiedlicher Politikkonzepte

Zunächst ist offensichtlich, dass sich die politisch-konzeptionellen Hintergründe der neun Initiativen deutlich unterscheiden. Die einen sind wie die

AG QueerFeminismus der IL oder die Mitglieder der Tagespflege Lossetal explizit auf der Suche nach einer gesellschaftlichen Alternative. Andere wie die ver.di-Gruppen in Berlin und Tamm kritisieren den neoliberalen Kapitalismus. Wieder andere setzen sich konsequent mit den Problemen auseinander, welche die derzeitige Krisenpolitik für ihre Lebenssituation und für die von Menschen in vergleichbarer Lage erzeugt, wie dies bei der Initiative Armut durch Pflege oder bei der Kita-Volksinitiative in Niedersachsen deutlich wird. Die Assistenzgenossenschaft in Bremen oder das geplante Wohnprojekt der Hamburger Elterninitiative Nicos Farm schließlich konzentrieren sich auf Projekte, deren Umsetzung eine unmittelbare Verbesserung der Lebenslage der Betroffenen bedeutet. Aber auch diese Fokussierung auf eine schon unter den gegebenen Bedingungen gangbare Alternative geht mit deutlicher Kritik an den bestehenden Zuständen einher. Letzteres gilt auch für Women in Exile.

Entsprechend gibt es auch sehr unterschiedliche Aktionsformen: Die Mitglieder der Tagespflege Lossetal leben in einer Kommune, die sie als Experiment einer neuen Form des Zusammenlebens begreifen; dieses wollen sie durch den Nachweis seiner Funktionsfähigkeit verbreiten. Andere wie die AG QueerFeminismus der IL setzen sich mit Aktionsformen, die aufrütteln und Widerstand gegen den Status quo erfahrbar machen sollen, für eine andere Gesellschaft ein. Die Assistenzgenossenschaft Bremen wählt die Form einer eigenen Genossenschaft, weil dieses nicht-konfrontative Vorgehen Menschen mit Behinderung am ehesten Schutz davor bietet, Ämtern und Pflegeeinrichtungen ausgeliefert zu sein. Ein eigenes Projekt strebt auch die Hamburger Elterninitiative mit ihrer Farm an, auf der behinderte Kinder zusammen mit ihren Angehörigen leben können.

Andere versuchen, konkrete Forderungen, so etwa eine höhere Mindestbesetzung von Fachpersonal in Krankenhäusern und Kitas, mit Streiks und damit ökonomischem Druck durchzusetzen. Die Initiative Armut durch Pflege oder Women in Exile bringen sehr konkrete politische Schritte in den parlamentarischen Raum und versuchen ihnen durch Öffentlichkeitsaktionen wie Demonstrationen, Unterschriftensammlungen oder Auftritte in den Medien Nachdruck zu verleihen. Gemeinsam ist diesen Strategien, dass sie in unterschiedlicher Art und Weise versuchen, materielle und zeitliche Ressourcen in Care-Bereichen zu erkämpfen. Auch wird in all diesen Aktivitäten der geteilte Ausgangspunkt deutlich, dass es nicht individuelles Versagen ist, das die schwierige Lage der Sorgenden und Versorgten erzeugt, sondern dass die Auswirkungen der neoliberalen Krisenbearbeitung ursächlich sind.

Ob aus grundsätzlichen politischen Erwägungen oder auf die Analyse ihres politischen Feldes beschränkt, fordern die hier dargestellten Initiativen durchweg eine grundlegend andere Organisation und Ressourcenausstattung von Sorgearbeit ein. Mittelpunkt und Maßstab sollen menschliche Bedürfnisse sein, insbesondere das Recht und die Möglichkeit, für sich und andere zu sorgen und auch versorgt zu werden. Zentraler Begriff hierbei ist die Würde des Menschen. Für die Assistenzgenossenschaft steht dabei die Selbstbestimmung für Menschen mit Beeinträchtigungen im Vordergrund.[31] Dem Verein Nicos Farm ist wichtig, dass Menschen mit Behinderungen und auch ihre Angehörigen „ein Recht auf selbstbestimmte und umfassende Teilhabe und auf Gleichstellung in allen Bereichen des gesellschaftlichen Lebens“[32] haben. Die Landesarbeitsgemeinschaft der Elterninitiativen in Niedersachsen und Bremen, eine Unterstützerin der Kita-Volksinitiative, verweist auf das Recht jedes Kindes auf Chancengleichheit und individuelle Begleitung seines Bildungsweges von Anfang an und auf das Recht der Eltern auf Beteiligung bei der Gestaltung dieses Bildungsweges.[33] Women in Exile schreiben: „As a human being one is entitled to freedom of movement and choice.“[34]

Dabei berücksichtigen diese Initiativen durchweg nicht nur jeweils die von ihnen repräsentierte Care-Position, sondern die Belange aller Beteiligten. Teils geschieht dies schon von der Anlage der Initiative her, wenn wie bei Nicos Farm Kinder direkt in die Aktivitäten eingebunden sind. Es werden auch explizit Bündnisse hergestellt wie an der Charité zwischen Pflegekräften und (potenziellen) Patient_innen oder wie in der Tagespflege Lossetal, die die direkte Zusammenarbeit von Pflegekräften mit den zu pflegenden Personen und ihren Angehörigen sowie weiteren Mitgliedern der Kommune anstrebt. In anderen Fällen betonen die Akteur_innen die Prämisse, dass sich die Situation aller am Care-Verhältnis Beteiligten verbessern muss und unterbreiten entsprechende Vorschläge wie in Tamm

---

31 http://www.ag-bremen.de/ueber-uns/leitbild.html

32 http://www.nicosfarm.de/der-verein/unser-konzept

33 http://www.elterninitiativen-nds-hb.de/index.php5?id=6

34 http://women-in-exile.net/files/2013/12/wie_infobroschuere_31.10.13_for_refugee_women.pdf, S.1.

oder auch bei der Volksinitiative in Niedersachsen, so dass Eltern und Erzieher_innen gemeinsam politisch aktiv werden können. Die Arbeit der Assistenzgenossenschaft Bremen ist zwar primär auf die Verbesserung der Lebenssituationen von Menschen mit Behinderungen fokussiert, doch auch dort ist der Betriebsrat, der die Interessen der Beschäftigten und damit der Assistenzgeber_innen vertritt, auf ihrer Homepage sichtbar. Die Initiative Armut durch Pflege spricht vor allem die Notlage pflegender Angehöriger an, bezieht jedoch immer ein, wie wichtig die Würde der Gepflegten ist. Women in Exile ist wegen der absoluten Zwangslage der betroffenen Frauen zwar vor allem darauf angewiesen, Solidarität einzufordern. Dass sie dennoch über unmittelbare Partikularinteressen hinausgehen, wird deutlich an der doppelten Forderung: „No Lager for Women and Children" und „Abolish all Lagers".[35] Die AG QueerFeminismus kämpft direkt für eine Gesellschaft, in der nicht soziale Positionen oder Normen Menschen in ihrem Leben beschränken; insofern hat auch sie einen viel umfassenderen Ansatz als eine Verbesserung der eigenen Lage.

Indem alle diese Initiativen in ihrer Arbeit die Zentralität der Würde der Menschen und die Berücksichtigung der Bedürfnisse aller an Care-Situationen Beteiligten betonen, ergibt sich trotz der unterschiedlichen konkreten Handlungsziele eine gute Grundlage für gemeinsame Diskussionen und gemeinsames politisches Auftreten. Alle hier dargestellten Initiativen lehnen die derzeitige Organisation der Daseinsvorsorge ab. Im Zentrum stehen für sie dagegen die Bedürfnisse der Menschen – und zwar aller Menschen. Damit sind sie auch darin einig, dass die Bewertung von Menschen nach ihrer Nutzbarkeit als Arbeitskräfte überwunden werden muss.

Diese breite politische Übereinstimmung in der Zielrichtung begründet, dass es für die dargestellten und viele weitere Initiativen und Organisationen im Care-Bereich attraktiv sein kann, in einem Netzwerk Care Revolution, wie es nach der Aktionskonferenz seit Mitte 2014 schrittweise aufgebaut wird, zusammenzuarbeiten. Zwar haben die einzelnen Initiativen auch für sich selbst einen Handlungsrahmen, den sie tagtäglich mit politischen Aktivitäten versuchen auszuschöpfen. Allerdings sind die gesetzten Aufgaben sehr groß und die Kräfte sind beschränkt. Deswegen ist es sinnvoll zu versuchen, durch punktuell gemeinsame Aktivitäten oder auch durch Ver-

35 http://women-in-exile.net/files/2013/12/wie_infobroschuere_31.10.13_for_refugee_women.pdf, S.2.

weise auf andere Initiativen während eigener Aktionen eine größere Sichtbarkeit zu erzielen. Dafür ist die Vielfalt der Aktionsformen innerhalb der Care-Bewegung geradezu eine besondere Stärke. Wenn Gedanken der Care Revolution einmal als Petition oder Unterschriftenliste in der Öffentlichkeit sichtbar werden, ein anderes Mal durch herausfordernde, ungewohnte Aktionsformen auf der Straße, das nächste Mal durch Streiks in Krankenhäusern, Kitas oder auch Schulen, dann kann eine derzeit noch recht kleine Care-Bewegung an Bedeutung gewinnen. Diese Bewegung im Werden kann gestärkt werden, wenn viele Menschen zum Schluss kommen, dass ihr Ziel in einer grundsätzlich anderen gesellschaftlichen Organisation der Sorgearbeit besteht, in einer solidarischen Gesellschaft. Gemeinsame Erfahrungen und Lernprozesse, welche gesellschaftlichen Veränderungen für gute Sorge und Selbstsorge tatsächlich benötigt werden, sind ein wichtiger und wertvoller Teil dieser Zusammenarbeit.

So stellt sich das Netzwerk Care Revolution derzeit die Aufgabe, auch weiterhin Care-Initiativen und auch einzelne Aktivist_innen aus verschiedenen politischen Zusammenhängen mit ihren unterschiedlichen Lebenslagen und damit auch Problemstellungen zusammenbringen. Wichtig wird sein, dass sich diese politisch aktiven Personen und Gruppen gegenseitig kennenlernen, sich mit Offenheit und Neugier begegnen, sich auch in ihrer Unterschiedlichkeit wahrnehmen, viel und intensiv austauschen und auf diesem Weg Handlungsfähigkeit gewinnen.

6 Care Revolution als Transformationsstrategie

In der bundesdeutschen Gesellschaft fehlen die Rahmenbedingungen, die es Menschen ermöglichen, für sich und für andere gut zu sorgen und auch ihren Bedürfnissen entsprechend versorgt zu werden. In Kapitel 2 zeige ich, dass staatliche Familien- und Pflegepolitik unter dem Primat der Kostenbegrenzung stehen und den Zielen neoliberaler Wirtschaftspolitik untergeordnet sind. Wie Menschen unter großen Anstrengungen bis hin zur Erschöpfung versuchen, mit diesen schwierigen Arbeits- und Lebensbedingungen zurechtzukommen, verdeutliche ich in Kapitel 3. In Kapitel 4 begründe ich, dass die Krise sozialer Reproduktion Teil der Krise der Kapitalverwertung ist. In der Folge lassen sich bereits kleine Verbesserungen der Lebensbedingungen, da sie Ressourcen benötigen und somit die Verwertungsbedingungen des Kapitals verschlechtern, nur gegen massiven Widerstand durchsetzen. Ausgenommen sind Reformen, die direkt und kurzfristig für die Verfügbarkeit benötigter Arbeitskräfte erforderlich sind, wie beispielsweise der derzeitige Ausbau von Kitaplätzen. Dass es angesichts des belastenden Rahmens, in dem Sorgearbeit geleistet werden muss, in der BRD viele Initiativen gibt, die sich in unterschiedlichen Care-Bereichen gegen die neoliberale Krisenregulierung zur Wehr setzen, ist Thema in Kapitel 5.

Im Folgenden möchte ich nun eine Transformationsstrategie entwickeln, die konsequent von menschlichen Bedürfnissen ausgeht und insbesondere die gegenwärtig meist unsichtbare Sorgearbeit ins Zentrum einer gesellschaftlichen Alternative stellt. Diesen Prozess einer an der Sorgearbeit ausgerichteten Transformation nenne ich Care Revolution. Ziel dieser Care Revolution ist der Aufbau einer solidarischen Gesellschaft. Zunächst stelle ich in Abschnitt 6.1 Care Revolution als strategisches Konzept dar. In Abschnitt 6.2 entwickle ich anschließend die einzelnen Schritte der Transformation zu einer solidarischen Gesellschaft und benenne dabei auch die jeweiligen Akteur_innen.

6.1 DAS KONZEPT DER CARE REVOLUTION

Das Funktionsprinzip einer kapitalistischen Gesellschaft, Warenproduktion zum Zweck der Kapitalverwertung, führt dazu, dass es in einigen Bereichen zu einer konkurrenzbedingten Überproduktion kommt, zum Beispiel in der Automobilindustrie, in anderen Bereichen dagegen zu einer Unterversorgung in dem Sinn, dass Bedürfnisse nicht befriedigt werden können, zum Beispiel im Pflege- und Betreuungsbereich. Denn nur Bedürfnisse, die sich als kaufkräftige Nachfrage artikulieren können, werden mittels Warenproduktion befriedigt. Die entsprechende gewinnorientierte Steuerung des Ressourceneinsatzes hat zur Konsequenz, dass das weltweit herrschende kapitalistische System gerade die unmittelbar existenziellen Bedürfnisse – insbesondere Ernährung, Wohnung, Gesundheit, Bildung – großer Teile der Weltbevölkerung nicht befriedigen kann. Jean Ziegler (2013: 15) spricht von tagtäglichem Mord, da trotz vorhandener Ressourcen alle fünf Sekunden ein Kind unter zehn Jahren verhungert. Selbst in den hoch technologisierten Ländern ist Armut nicht beseitigt.

Ursächlich für die Unterversorgung auch in reichen Ländern ist der Druck auf Löhne und Transfereinkommen, der im Kapitalismus unvermeidlich ist. Denn diese Produktionsweise ist zwar auf Menschen als Arbeitskräfte angewiesen, da ohne sie keine Kapitalverwertung möglich ist. Gleichzeitig finden jedoch der Ausbau des Bildungs- und Gesundheitssystems und die Steigerung der Reallöhne, damit sich Menschen gut ernähren und kleiden, eine Wohnung finanzieren und am gesellschaftlichen Leben teilhaben können, dort ihre Grenzen, wo die Standortvorteile in der globalen Konkurrenz in Gefahr sind (vgl. Kap. 4).

Von der staatlichen Politik, die sich die Aufgabe stellt, die Rahmenbedingungen der Kapitalakkumulation optimal zu gestalten, wird sehr konsequent zwischen Leistungsträger_innen und Leistungsempfänger_innen unterschieden. So kommt es zu ungleichen staatlichen Unterstützungsleistungen, beispielsweise beim Elterngeld. Auch werden Menschen mit Leistungseinschränkungen nach SGB XII in die Sozialhilfe abgeschoben, wenn sie dem Arbeitsmarkt weniger als drei Stunden täglich zur Verfügung stehen können. Das Maß der Unterstützung von Menschen ist also direkt davon abhängig, ob sie als Arbeitskraft genutzt werden beziehungsweise potenziell nutzbar sind. Um Kosten zu senken, wird ferner versucht, notwendige Care-Arbeit weiterhin insbesondere Frauen in Familien aufzubürden, ohne dass ihnen die hierfür nötigen zeitlichen und materiellen Ressourcen zur Verfügung stehen. Diese wiederum reichen Teile dieser Arbeit an migrantische Haushaltsarbeiter_innen weiter. So ist die klassistische, heteronormative, rassistische und bodyistische, also an der körperlichen Leistungsfähigkeit ausgerichtete, Spaltung der Arbeitskräfte und deren differenzierte Zuordnung zu unterschiedlichen Positionen in Lohnarbeit und Reproduktionsarbeit eine wichtige Grundlage, um die Kosten der Reproduktion der Arbeitskraft möglichst gering zu halten (Winker/Degele 2009: 25-53).

Diese neoliberale Politik stößt allerdings an systemische Grenzen. Die aktuelle Krise sozialer Reproduktion führt nicht nur zu sozialem Leid der Ausgegrenzten oder Erschöpften, sondern auch zu Verwertungsschwierigkeiten für das Kapital: Die Reproduktionskosten der Arbeitskraft werden in einem Maß nach unten gedrückt, dass die benötigten qualifizierten, fitten und gesunden Arbeitskräfte kaum mehr in ausreichendem Umfang zur Verfügung stehen. Sofern deswegen ausländische Fachkräfte angeworben werden, wird das Problem nur auf Kosten anderer Länder zu lösen versucht. Es zeigt sich, dass die herrschende Produktionsweise in ihrer Funktionslogik ein nicht an Menschen und ihren Bedürfnissen orientiertes System ist. Die gegenwärtige Krise sozialer Reproduktion macht dies besonders augenfällig.

Dass eine Gesellschaft nicht zukunftsfähig ist, in der die Befriedigung menschlicher Bedürfnisse davon abhängig ist, ob dies gewinnbringend geschehen kann, ist vielen Menschen durchaus klar. „Die Unfähigkeit der entwickelten kapitalistischen Gesellschaft zu einer humanen Lebensgestaltung für die große Mehrheit der Erdenbewohner ist in einem Maß offenkundig geworden, das sich der ideologischen Verdeckung mehr und mehr entzieht." (Metscher 2013: 124) Auch gibt es keinerlei Anhaltspunkte dafür, dass dieses System in Zukunft in der Lage sein wird, das alltägliche Sterben von Kindern und Erwachsenen an Unterernährung zu verhindern und der Verarmung eines großen Teils der Menschheit entgegenzuwirken.

Nichts spricht dafür, dass der Kapitalismus geeignet ist, kranke Menschen gut zu versorgen, Kinder und Alte menschenwürdig zu betreuen, allen Menschen Bildung und medizinische Versorgung zu gewähren sowie Diskriminierungen abzubauen zwischen Frau und Mann sowie Menschen verschiedener sexueller Orientierung und Lebensweise, zwischen alt und jung, Menschen mit und ohne Migrationshintergrund sowie körperlich unterschiedlich Leistungsfähigen.

So ist es nicht verwunderlich, dass der Wunsch, anders zu leben, weit verbreitet ist. Allerdings wird ein individuelles Streben nach einem guten Leben durch die derzeitige Verfasstheit der bundesdeutschen Gesellschaft für viele Menschen grundlegend blockiert. Dazu kommt, dass die nur individuelle Erfüllung der eigenen Wünsche für Menschen nicht erstrebenswert ist, deren Konzept eines guten Lebens auch Empathie und Solidarität mit anderen einschließt. Deswegen geht der Wunsch nach einem guten Leben häufig mit dem Streben nach gesellschaftlicher Veränderung einher, und viele würden dem ethischen Imperativ von Karl Marx durchaus zustimmen, dass es gilt, „*alle Verhältnisse umzuwerfen*, in denen der Mensch ein erniedrigtes, ein geknechtetes, ein verlassenes, ein verächtliches Wesen ist" (MEW 1: 385). Wie aber dies erreicht werden soll, scheint heute die entscheidende, offene Frage zu sein. Ein konsequentes politisches Handeln benötigt meiner Meinung nach Ideen und Konzepte, die eine Perspektive für die Zukunft aufzeigen und die gleichzeitig heute schon Schritte der Veränderung beinhalten.

So ist derzeit das größte Hindernis, um einen an menschlichen Bedürfnissen orientierten Transformationsprozess voranzubringen, nicht das beschränkte Wissen der großen Mehrheit der Menschen um soziale und ökologische Katastrophen, um die soziale Kluft und die damit verbundene Armut, um Kriege mit verheerenden Wirkungen. Bedeutsamer scheinen mir vielmehr Angst und Resignation, die es schwierig machen, eine Alternative überhaupt zu denken und somit gewohnte Deutungsmuster in Frage zu stellen (Listl 2013): Es herrscht gleichsam eine gesamtgesellschaftliche Depression. Dies wiederum hängt damit zusammen, dass konkrete Utopien fehlen. Mit diesem Begriff bezeichne ich alternative Gesellschaftsmodelle, die am gegenwärtigen Stand von Technik und Wissen anknüpfen und sich auf Wünsche und Handlungen der realen gesellschaftlichen Akteur_innen beziehen. Insofern ist eine konkrete Utopie in der Realität geerdet. Wenn ein solches Ziel als Bezugspunkt nicht vorhanden ist, dann bleibt auch unklar, wie der Weg einer gesellschaftlichen Transformation aussehen könnte.

An der Notwendigkeit, einen Weg zu skizzieren, auf dem durch grundlegende Umgestaltung eine humane Gesellschaft angestrebt wird, setzt die politische Strategie der Care Revolution an.[1] Care Revolution ist eine politische Transformationsstrategie, die anknüpfend an die Erkenntnisse feministischer Politik die grundlegende Bedeutung der Sorgearbeit ins Zentrum stellt und darauf abzielt, das gesellschaftliche Zusammenleben ausgehend von menschlichen Bedürfnissen zu gestalten. Damit wird Care-Arbeit, die in den meisten politischen Strategien ebenso wie in den ökonomischen Theorien keine Rolle spielt, als Bezugspunkt der Gesellschaftsveränderung gewählt.[2]

Das Ziel der Care Revolution ist eine an menschlichen Bedürfnissen, insbesondere an der Sorge füreinander, orientierte, radikal demokratisch gestaltete Gesellschaft. Sie lässt sich als humanistisch oder sozialistisch, als anarchistisch oder kommunistisch benennen. Ich habe mich entschlossen, sie weniger spektakulär als solidarische Gesellschaft zu bezeichnen und damit bewusst einen Begriff zu verwenden, der von vielen politischen Richtungen positiv verstanden wird. Mit dem Ziel einer solidarischen Gesellschaft als Bezug lassen sich die einzelnen Schritte der Care Revolution daran messen, ob sie zu einer möglichst weitgehenden Befriedigung menschlicher Bedürfnisse führen und dies nicht in Konkurrenz, nicht auf Kosten anderer, geschieht.

---

1 Der von mir 2009 zum ersten Mal benutzte Begriff der Care Revolution (Winker 2009) ist inspiriert von dem Begriff der „Pink-Grey-Red-Revolution", der von Georg Fülberth (2009) kreiert wurde. Mit ihm fordert er dazu auf, sich neben notwendiger Lohnsteigerung (red) auch für die Ausweitung des Vor- und Grundschulbereichs (pink) sowie die Aufwertung der Pflege (grey) einzusetzen. Hier fehlt allerdings die Farbe purple oder violet und damit ein Verweis auf die primär von Frauen ausgeführte Reproduktionsarbeit und damit ein politisches Konzept für deren Gestaltung.

2 Mario Candeias (2014: 322) plädiert ebenfalls dafür, „jene Bereiche *ins Zentrum* einer Transformation zu stellen, die gemeinhin unter einen (weiten Begriff) der Reproduktions- oder Sorgearbeit fallen" und ergänzt dabei den hier verwendeten Begriff der Sorgearbeit um Forschung, Ernährung und Umweltschutz.

Mit der Care Revolution ist also ein grundlegender Perspektivenwechsel verbunden. Es geht um nicht weniger als die Herausforderung, nicht weiter die Profitmaximierung, sondern stattdessen die Verwirklichung menschlicher Bedürfnisse ins Zentrum gesellschaftlichen und damit auch ökonomischen Handelns zu stellen. Ziel ist, all das bereitzustellen, was zur Befriedigung menschlicher Bedürfnisse erforderlich ist. Care Revolution stellt insofern auf den Gebrauchswert von Arbeitsergebnissen ab und folgt nicht der kapitalistischen Verwertungslogik.

Eine solche Gesellschaft, in der sowohl das Recht der Sorgebedürftigen auf Sorgeleistungen als auch das Recht der Sorgeleistenden auf menschenwürdige Arbeitsbedingungen und Existenzsicherung berücksichtigt wird (Knobloch 2013b), kann nur in demokratischen Prozessen gestaltet werden. Dies gilt schon deswegen, weil Bedürfnisse unmittelbar an die Wahrnehmung des jeweiligen Individuums gebunden sind, was es konzeptionell unmöglich macht, für eine andere Person zu entscheiden, ob ihr Bedürfnis befriedigt ist. Diese Frage muss in Gesprächen unter Gleichen verhandelt werden. In Gemeinschaften auf nachbarschaftlicher, kommunaler oder regionaler Ebene ebenso wie in Räten, die überregional zu lösende Probleme regeln, gilt es, sich über die konkrete Ausgestaltung dieser Gesellschaft zu verständigen. Das Ziel gesellschaftlicher Transformation auf der Grundlage von Solidarität ist in diesem Sinn ein gutes Leben für alle – mit Zeit für Care-Arbeit, Zeit für die Herstellung von gesellschaftlich nützlichen Gütern und Dienstleistungen und Zeit für politisches und zivilgesellschaftliches Engagement. Ebenso ist Zeit für Muße wichtig, für nicht an einen Zweck gebundene Tätigkeiten.

Ein solches bedürfnisorientiertes Gesellschaftsprojekt umfasst gerade auch die menschlichen Care-Bedürfnisse, da Menschen vom Augenblick ihrer Geburt an die Sorge anderer benötigen, ohne die sie nicht überleben könnten. Auch jenseits des Kinder- und Jugendalters und jenseits von Zeiten der Krankheit und Gebrechlichkeit sind Menschen alltäglich auf andere angewiesen. Wechselseitige Sorge füreinander steht deswegen im Zentrum einer lebenswerten Welt. Die Möglichkeit, in einer Situation der Hilfebedürftigkeit versorgt zu werden, ist ebenso wie die Möglichkeit, für andere sorgen zu können, ohne selbst unangemessene Opfer bringen zu müssen, ein wesentliches Kriterium für ein gutes Leben.

Was ich hier allgemein umrissen habe, werde ich im Folgenden zu konkretisieren beginnen. Dabei hoffe ich darauf, dass künftige Diskussionen zu einer Präzisierung dieser Ideen führen. Zunächst möchte ich aber begründen, weshalb für mich die Orientierung an je individuellen Bedürfnissen und die Tatsache, dass Menschen aufeinander angewiesen sind, nicht im Widerspruch stehen und gemeinsam den Kern meines Entwurfs bilden.

Martha C. Nussbaum geht von einem unhintergehbaren Anspruch aller Menschen auf die Befriedigung ihrer Bedürfnisse aus und plädiert dafür, gesellschaftliches Zusammenleben nach diesem Prinzip zu gestalten. Sie sieht „die Person von Beginn an als sowohl fähig wie bedürftig, ‚bedürftig nach einer reichen Vielfalt von Lebensäußerungen' – um eine Wendung von Marx zu benutzen –, deren Verfügbarkeit der Maßstab des Wohlbefindens ist" (Nussbaum 2003: 196f.). Nussbaum betont, dass der Anspruch auf ein solches reiches Leben, in dem Sinn, dass eine Vielzahl von Bedürfnissen lebbar wird, nicht durch einen Vertrag oder dadurch, dass Menschen produktiv sind, entsteht, sondern sich vielmehr auf das Vorhandensein menschlicher Bedürfnisse als solches gründet.

Sollen menschliche Bedürfnisse im Zentrum eines politischen Projekts stehen, erfordert das allerdings zunächst eine Klärung, was unter diesen verstanden werden soll. Manfred Max-Neef, Antonio Elizalde und Martin Hopenhayn (1990) fordern eine „Entwicklung nach menschlichem Maß" und entwickeln in diesem Zusammenhang eine Taxonomie menschlicher Bedürfnisse. Sie schlagen folgende neun Kategorien vor: Subsistenz, Schutz, Zuneigung, Verständnis (im Sinne von Verstehen), Partizipation, Muße, Kreativität, Identität und Freiheit (ebd.: 24). Hier wird deutlich, dass Bedürfnisse nicht auf materielle Versorgung mit Nahrung, Wasser oder Wohnung reduzierbar sind, sondern in vielfacher Hinsicht direkt auf andere Menschen bezogen sind.

Klaus Holzkamp (1984) weist im Rahmen der Analyse des Prozesses der Menschwerdung darauf hin, dass menschliche Bedürfnisse historisch veränderlich sind. Wichtig ist Holzkamp ferner, dass Bedürfnisbefriedigung nicht nur die aktuelle Beseitigung unmittelbarer Mangelzustände bedeutet, sondern gleichzeitig die Verfügung über die eigenen relevanten Lebensumstände erfordert. Am Beispiel des Hungers illustriert, heißt das, dass die Ernährung hungernder Menschen nicht ausreicht, sondern deren Bedürfnisse erst dann befriedigt sind, wenn das Leben von der allgegenwärtigen Bedrohung durch Hunger befreit ist. Damit ist für jeden Mensch „die *individuelle Teilhabe an der bewußt vorsorgenden Bestimmung über gesellschaftliche Lebensbedingungen*" (ebd.: 35) von enormer Bedeutung. In dem

Maß, wie menschliche Lebensbedingungen gesellschaftlich hergestellt werden, ist also die Bedürfnisbefriedigung abhängig von gesellschaftlichen Entscheidungen. Individuelle Existenzsicherung und Bedürfnisbefriedigung sind dann notwendig damit verbunden, dass Menschen teilhaben an gesellschaftlichen Prozessen und im Zusammenschluss mit anderen ihre eigenen Lebensumstände gestalten. Handlungsfähigkeit in diesem Sinn zu gewinnen, wird somit selbst zum grundlegenden Bedürfnis.

Da Menschen in ihrem ganzen Leben immer Sorge von anderen benötigen, können sie nicht völlig autonom leben. Vielmehr leben sie in interdependenten Beziehungen, wie es Joan Tronto bereits vor mehr als 20 Jahren formuliert hat:

> „While not all people need others' assistance at all times, it is a part of the human condition that our autonomy occurs only after a long period of dependence, and that in many regards, we remain dependent upon others throughout our lives. At the same time, we are often called upon to help others, and to care, as well. Since people are sometimes autonomous, sometimes dependent, sometimes providing care for those who are dependent, humans are best described as interdependent." (Tronto 1993: 162)

Das bedeutet, dass eine politische Strategie, die sich ausgehend von der Care-Arbeit für eine an Bedürfnissen orientierte Ökonomie einsetzt, Menschen als grundlegend aufeinander Angewiesene begreift. Die Vorstellung von einer solidarischen Gesellschaft, in der die Sorge umeinander im Mittelpunkt steht, nimmt die Interdependenz von Menschen wahr und baut auf menschliche Solidarität und Zusammenarbeit. Alltägliches Sorgen für andere und für sich selbst gilt es als Voraussetzung für menschliches Leben zu begreifen und entsprechend wertzuschätzen. Sabine Plonz (2011: 378) fordert ebenfalls „eine *Ökonomie und Politik nach menschlichem Maß*", die anerkennt, „dass die Lebensbedingungen der anderen für das eigene Menschsein relevant sind".

Derzeit ist die Chance der Bedürfnisbefriedigung sehr ungleich nach dem sozialen und ökonomischen Status verteilt. Dies gilt sowohl für den unterschiedlichen Zugang von Menschen zu Sorgeleistungen anderer als auch für die unterschiedlichen Rahmenbedingungen, unter denen sie Sorgearbeit leisten. Um dies zu verändern, müssen die Möglichkeiten der Befriedigung der unterschiedlichen mit Care verknüpften Bedürfnisse gerechter und unter Teilhabe aller Menschen gestaltet werden. Dazu schreibt Nancy Folbre (2008: 375) in Bezug auf die Kategorie Gender: „I believe that social provision of a generous, equitable, sustainable, and efficient supply of care is a prerequisite for genuine gender equality." Ich gehe ferner davon aus, dass das Ziel eine Gesellschaft ist, in der Unterschiede auch in Bezug auf verschiedenartige Berufe, in Bezug auf Sprache oder Religion, in Bezug auf geistige und körperliche Leistungsfähigkeit, auf sexuelle Orientierungen und Lebensweisen nicht mehr mit Diskriminierung und Unterdrückung einhergehen, sondern als menschliche Vielfalt positiv erlebt werden.

Und dies ist keine Träumerei, sondern eine konkrete Utopie. Denn eine solche bedürfnisorientierte, auf Care zentrierte Gesellschaft ist heute realisierbar. Der Kapitalismus hat die materiellen Voraussetzungen für eine Gesellschaft geschaffen, in der „die freie Entwicklung eines jeden die Bedingung für die freie Entwicklung aller ist" (MEW 4: 482). Gleichzeitig ist aber das kapitalistische System dabei, die Ressourcen, auf die es baut, nämlich den Mensch und die Natur, zu zerstören. Auch dies benennt Marx bereits in aller Deutlichkeit: „Die kapitalistische Produktion entwickelt daher nur die Technik und Kombination des gesellschaftlichen Produktionsprozesses, indem sie zugleich die Springquellen alles Reichtums untergräbt: die Erde und den Arbeiter." (MEW 23, S.529f.)

So ist eine Care Revolution derzeit nicht nur eine realistische Zielvorstellung, sondern sie ist gleichzeitig notwendig, um menschliches Leben in seiner ganzen Vielfalt – auch folgenden Generationen – zu ermöglichen, und zwar auf einem Planeten Erde, der nicht weiter durch profitinduziertes Wachstum zerstört wird. Mit Bezug auf die Krise sozialer und ökologischer Reproduktion schreibt in diesem Zusammenhang Lucien Sève (2011): „Was jetzt beginnen muss, ist nichts weniger als die Rettung der Menschheit."

Dies ist Begründung genug, um eine auf Care ausgerichtete Transformationsstrategie konsequent zu verfolgen. Ich führe im folgenden Abschnitt aus, welche Schritte in einem solchen Projekt denkbar sind. Um welche Inhalte letztlich die sozialen Auseinandersetzungen geführt werden und wie eine solidarische Gesellschaft ausgestaltet sein wird, ergibt sich konkret selbstverständlich aus den Diskussionen und Entscheidungen aller Beteiligten.

6.2 SCHRITTE IN EINE SOLIDARISCHE GESELLSCHAFT

In einer Zeit, in der mehrheitlich die Vorstellung vorherrscht, es gäbe keine Alternative zum kapitalistischen System, in der es selbst gesellschaftskritischen Menschen schwer fällt, sich Alternativen in ihrer Konkretion vorzustellen, sind Überlegungen zu einer bedürfnisorientierten, um Care zentrierten solidarischen Gesellschaft wichtig. Hierfür ist es gleichzeitig erforderlich, einen Übergang zu dieser Gesellschaft beschreiben zu können. Ansonsten wird diese Utopie schnell als unrealistischer Traum abgetan. Deswegen geht es in diesem Abschnitt darum, mögliche Schritte einer Care Revolution darzustellen.

In den sozialen Bewegungen stehen sich idealtypisch zwei Transformationsstrategien gegenüber: Eine reformistische Strategie geht davon aus, dass der Übergang zu einer humanen Gesellschaft schrittweise vollzogen werden kann, indem Reformen in Teilbereichen die kapitalistische Funktionslogik zurückdrängen. Der Übergang könne dann im Rahmen der parlamentarischen Spielregeln stattfinden. Eine revolutionäre Transformationsstrategie impliziert dagegen einen radikalen Bruch mit der bestehenden Ordnung und kann auch die gewaltsame Eroberung der politischen Macht einschließen (Listl 2013). Die Kunst ist meines Erachtens, unmittelbar erforderliche und die Kräfteverhältnisse verschiebende Schritte mit dem immer präsenten Ziel einer gesellschaftlichen Alternative zu verbinden.

In der gegenwärtigen Situation sind zunächst Reformen notwendig, um Veränderungen zu erreichen, welche die Arbeits- und Lebensbedingungen verbessern: Pflegende Angehörige benötigen umfassende finanzielle und personelle Unterstützung; Eltern brauchen an ihre Lebenssituation angepasste Erwerbsarbeitszeiten, Kinder aus finanziell und sozial benachteiligten Familien verbesserte Bildungsangebote; Haushaltsarbeiter_innen oder Sexarbeiter_innen benötigen grundlegenden arbeitsrechtlichen Schutz, illegalisierte und asylsuchende Menschen ein Bleiberecht, Zugang zur eigenen Wohnung und zum Arbeitsmarkt. Solche Verbesserungen zu erkämpfen, ist für viele erst die Voraussetzung, um darüber hinausgehend politisch aktiv sein zu können. Denn Menschen in permanent unsicheren und belastenden Lebensbedingungen bleibt häufig kaum Kraft, neben der Bewältigung des Alltags noch Auseinandersetzungen zu führen und sich zu organisieren.

Auch wird für viele Menschen der Kampf um unmittelbar zu verwirklichende, breit unterstützte Forderungen ein Grund sein, sich erstmals in politische Auseinandersetzungen zu begeben. Sie machen gemeinsam die notwendige Erfahrung des Widerstehens und lernen dabei etwas über die Funktionsweise dieser Gesellschaft. Werden in solchen Auseinandersetzungen Erfolge erzielt, ändern sich damit nicht nur für viele die Arbeits- und Lebensbedingungen, sondern die Menschen selbst verändern sich. An die Stelle von Resignation und Rückzug können aufgrund gemeinsamen politischen Handelns Mut, Energie und Selbstbewusstsein treten.

Die sozialen Auseinandersetzungen um all diese Reformziele gilt es jedoch permanent zu verbinden mit dem Eintreten für eine Gesellschaft, in der jede_r solidarisch und gemeinschaftlich organisiert die jeweils eigenen Fähigkeiten entwickeln kann. Dies bedeutet beispielsweise, dass bei Auseinandersetzungen um verbesserte Bildungsfinanzierung gleichzeitig die kollektive Selbstorganisation des Bildungssystems ohne Zugangsbeschränkungen eingefordert wird. Wird diese Verknüpfung bei allen politischen Aktionen konsequent durchgeführt, ist Care Revolution eine Strategie, die Reformen nutzt, damit möglichst viele Menschen bereits heute sinnvoller arbeiten und besser leben können, gleichzeitig aber in diesen Auseinandersetzungen erkennen, dass letztlich darüber hinausgehende gesellschaftliche Veränderungen erforderlich sind.

Gleichzeitig beinhaltet diese Strategie Formen der Solidarität zwischen Care-Geber_innen und Care-Nehmer_innen. So lässt sich beispielsweise bei einem Streik um die Mindestbesetzung von Stationen im Krankenhaus verdeutlichen, dass darüber den angestellten Pflegekräften ermöglicht wird, im Interesse der Patient_innen ihre Ziele einer guten Pflegearbeit zu realisieren. Gleichzeitig entlastet mehr Pflegepersonal in den Krankenhäusern Familienangehörige und Freund_innen, die ansonsten die erforderliche Unterstützungsarbeit leisten müssen. Ferner kann mit Aktionen von streikenden Ärzt_innen und Pflegekräften, die im Streik papierlose Menschen behandeln, öffentlich thematisiert werden, dass es auch bei einer besseren Personalausstattung noch viele Menschen gibt, die grundsätzlich von der Krankenversorgung ausgeschlossen sind. Auch lässt sich ein Streik im Krankenhaus mit Forderungen nach gesellschaftlicher Teilhabe verbinden, so dass alle als mögliche Patient_innen Einfluss auf politische und ökonomische Entscheidungen im Gesundheitswesen nehmen können.

Wichtig ist also, in sozialen Auseinandersetzungen um Reformen die Perspektive Anderer in den Blick zu nehmen, für die Inklusion aller Menschen einzutreten sowie eine grundlegende gesellschaftliche Teilhabe durch demokratische Strukturen einzufordern. Diese Ziele sind ohne Rücksicht auf die Frage zu verfolgen, ob sie im Rahmen des derzeitigen politisch-ökonomischen Systems realisierbar sind. Eine solche Strategie benennt Rosa Luxemburg 1903 als „*revolutionäre Realpolitik*" (1970: 373). Wenn mit Realpolitik erreichbare Ziele mit wirksamsten Mitteln auf dem kürzesten Wege verfolgt werden, wird sie, wie Luxemburg weiter erläutert, eine revolutionäre Realpolitik, „indem sie durch alle ihre Teilbestrebungen in ihrer Gesamtheit über den Rahmen der bestehenden Ordnung, in der sie arbeitet, hinausgeht" (ebd.: 374).

Dieses Projekt einer Care Revolution zu beginnen, bedeutet, sich auf einen langen Prozess einzulassen, dessen Verlauf niemand auch nur ansatzweise vorhersehen kann. Sicher ist nur, dass dieser Weg nicht geradlinig sein wird, da auch kleine Erfolge schnell wieder zurückgedrängt werden können. Zu verhindern ist dies nicht durch Verzicht auf diese Schritte, sondern am ehesten dadurch, dass es Transformationsakteur_innen gelingt, „den demokratisch-emanzipativen Charakter dieser Wandlungen zu stärken und sie in neue institutionelle Formen ‚zu gießen'" (Reißig 2014: 86). Solidarische Praxen zwischen Erzieher_innen und Eltern oder die Etablierung von Care-Räten im Gesundheitsbereich etwa können bestehen bleiben, auch wenn eine erkämpfte bessere Ausstattung der Einrichtungen wieder verloren geht. Der Vorstellung einer vorhersehbaren Entwicklung steht auch entgegen, dass nicht von vorneherein zu erkennen ist, was im Sinn einer Care Revolution kleine oder große Schritte sein werden.

„Man kann im voraus niemals sicher wissen, ob etwas, das [...] als ‚geringfügige' Maßnahme erscheint, nicht einen Prozeß in Gang setzen wird, der zu einer radikalen (ereignishaften) Transformation des gesamten Feldes führt. Es gibt Situationen, in denen eine minimale soziale Reformmaßnahme weitaus weitreichendere Folgen haben kann als selbsternannte ‚radikale' Veränderungen." (Žižek 2009: 192)

Auch wenn also der konkrete Transformationsprozess sinnvollerweise nicht zu beschreiben ist, geht es mir im Folgenden darum, nicht nur die allerersten derzeit aktuellen politischen Handlungsanforderungen darzustellen, sondern auch das Ziel, soweit ich es gegenwärtig zu erkennen vermag, zu skizzieren. Denn auch in den heutigen Auseinandersetzungen um unmittelbare Verbesserungen gilt es einen permanenten Austausch darüber zu initiieren, wie eine an Bedürfnissen orientierte zukünftige Gesellschaft aussehen kann.

Bei den ersten Schritten geht es mir darum, mittels einer Vernetzung möglichst vieler Care-Initiativen die zeitliche Reduktion von Erwerbsarbeit bei gleichzeitiger Existenzsicherung auch von Nicht-Erwerbstätigen sowie einen Ausbau von öffentlichen Care-Dienstleistungen durchzusetzen. Damit kann es gelingen, Arbeit im ganz umfassenden Sinn umzuverteilen und die diskriminierende geschlechtliche Arbeitsteilung aufzubrechen. Hierfür ist es wichtig, wie von Feminist_innen seit Jahrzehnten gefordert, einen umfassenden Arbeitsbegriff, der auch Reproduktionsarbeit umfasst, für die politische Praxis handlungsleitend zu machen sowie eine konsequente Umverteilungspolitik zur Absicherung der Lebensperspektiven aller Menschen zu betreiben. Es geht dabei um bessere Bedingungen für Beschäftigte im Care-Bereich, um gute Entlohnung und soziale Absicherung auch von Haushaltsarbeiter_innen, in Verbindung mit mehr Zeit und existenzieller Absicherung als Rahmen für die Ausübung familiärer Sorgearbeit. So eröffnen sich für viele Personen neue Handlungsmöglichkeiten. Auch werden in einem solchen Rahmen die heute bereits bestehenden kollektiv gestalteten Gemeinschaften wie Wohnprojekte, Produktionskollektive oder Nachbarschaftsläden im Alltag unterstützt. Eine solche Politik würde es auch Personen mit umfangreichen Sorgeaufgaben ermöglichen, Muße neu zu erfahren und oft schon gar nicht mehr wahrgenommene Wünsche zu realisieren.

Allerdings ist es wichtig, dass die Begrenztheit dieser ersten Schritte deutlich wird. Erst wenn auf diesem Weg gemachte Erfahrungen verbunden werden mit Debatten, die über sie hinausweisen, kann sich die Erkenntnis verbreiten, dass menschliche Bedürfnisse innerhalb der kapitalistischen Produktionsweise nicht umfassend zu verwirklichen sind. Es kommt deswegen darauf an, die soziale Infrastruktur möglichst weitgehend der Logik der Profitmaximierung zu entziehen und demokratischer Kontrolle zu unterstellen. Mittels einer Demokratisierung der Gesellschaft, der Etablierung kollektiver dezentraler und zentraler Strukturen, in denen Entscheidungen getroffen werden können, lassen sich Erfahrungen sammeln und Fähigkeiten erwerben, die es möglich machen, die Ökonomie insgesamt gesellschaftlich zu organisieren. Dafür ist von Anfang an ein Denken und Handeln bedeutsam, das an der Zentralität menschlicher Bedürfnisse und gemeinsamen Entscheidungen über die Organisation der Arbeit und die Verteilung der Ressourcen ausgerichtet ist. Wenn es dabei gelingt, eine Kultur des offenen und solidarischen Miteinanders zu etablieren, dann kann sich im Handeln vieler eine Gesellschaft entwickeln, in der sich Menschen nicht mehr als Konkurrent_innen gegenüberstehen, sondern deren zentrales Konstruktionsprinzip Solidarität ist.

Indem bisher unsichtbare Sorgearbeit ins Zentrum der Ökonomie geholt wird und dadurch Geschlechterkonstruktionen und geschlechtliche Arbeitsteilung grundlegend in Frage gestellt werden und so der Weg für vielfältige, selbstbestimmte Lebensweisen und Sorgebeziehungen geebnet wird, ist dieser Entwurf zutiefst feministisch. Dadurch, dass neben heteronormativen auch rassistische, klassistische und bodyistische Diskriminierungen mitgedacht werden, handelt es sich um eine intersektionale feministische Perspektive, die auch als queer-feministisch bezeichnet werden kann.

Im Folgenden werde ich die hier nur angedeuteten Schritte genauer beschreiben.

6.2.1 Vernetzung von Care-Aktivist_innen

Mir ist es wichtig zu betonen, dass die hier ausgeführte Strategie kein Modell darstellt, das nur zu propagieren und dann auf dem Weg parlamentarischer Mehrheiten umzusetzen wäre. Jeder kleinste Schritt muss vielmehr gegen machtvolle Interessen in Kämpfen durchgesetzt werden.

Ein wichtiger erster Schritt einer Care Revolution ist deshalb die Stärkung der im Werden begriffenen Care-Bewegung. Sie ist derzeit noch recht klein, allerdings stoßen Aktivitäten von Initiativen in diesem Bereich auf großen Zuspruch. Vielen Menschen ist klar, dass sich Bedürfnisse im Bereich der Sorge für sich und andere unter kapitalistischen Verhältnissen nur schwer realisieren lassen, und so „wohnt dem Anspruch auf gelingendes Sorgen eine an die Grundfeste der warenproduzierenden Gesellschaft reichende Kritikperspektive inne" (Aulenbacher/Dammayr 2014: 71). In der Tat erkennen viele Menschen, dass ihre Existenzsorgen und ihr Zeitstress nicht individuellem Verschulden zuzuschreiben sind, sondern mit der kapitalistischen Verwertungskrise zusammenhängen.

In Reaktion auf die Auswirkungen der neoliberalen Krisenpolitik bilden sich vielfältige Initiativen im Care-Bereich. Die politische Tätigkeit von neun Initiativen habe ich im vorherigen Kapitel beispielhaft beschrieben. Die Erfahrungen dieser Gruppen zeigen, dass jede auch kleine Verbesserung intensive Auseinandersetzungen erfordert. Die politischen Aufgaben sind riesig, die kleinen Gruppen stoßen schnell an ihre Grenzen. Dazu kommt, dass es auch viele Betroffene gibt, die in ihren Bereichen vereinzelt arbeiten, nicht in Initiativen zusammengeschlossen sind und damit kein Sprachrohr haben. Entsprechend geht es darum, existierende Gruppen, aber auch Einzelpersonen, als Mitstreiter_innen einer Care-Bewegung zu gewinnen und zu vernetzen. Im Rahmen einer solchen Vernetzung können Aktive auch über einzelne Bereiche hinaus ihre Kräfte bündeln, politische Kraft gewinnen und damit zeigen, dass Kämpfe für konkrete Verbesserungen auch erfolgreich sein können.

Nancy Folbre (2006) weist in diesem Sinn darauf hin, dass erstens Gruppen von entlohnten Care-Arbeitenden mit mehr Handlungsmacht und gesellschaftlichem Einfluss schwächere Gruppen in Konflikten unterstützen können. Deutlich an Kraft gewinnen kann eine solche Kooperation zweitens, wenn die entlohnten und nicht entlohnten Care-Beschäftigten stärker als bisher zusammen politisch auftreten, beispielsweise Eltern und Erzieher_innen oder Pflegekräfte und Angehörige. Deborah Stone (2000), die in den USA bereits frühzeitig für eine Care-Bewegung plädierte, verweist drittens darauf, dass in diese Bewegung Menschen, die Care benötigen, ebenso einbezogen werden müssen wie Sorgearbeitende in Familien und in Care-Berufen.

Erste Erfahrungen einer konstruktiven Zusammenarbeit von vielen heterogenen politischen Initiativen im Care-Bereich machten Aktive im Rahmen der im März 2014 in Berlin durchgeführten dreitägigen Aktionskonferenz Care Revolution. Im Mai 2014 wurde als ein Ergebnis dieser Konferenz das Netzwerk Care Revolution gegründet, in dem sich Initiativen im Care-Bereich verbinden und auch vor Ort bei politischen Aktionen zusammenarbeiten. Erste gemeinsame bundesweite Aktivitäten gab es 2014 bei den dezentralen Blockupy-Veranstaltungen sowie am 1. Mai, bei dem die Care-Bewegung in einzelnen Städten auf die unsichtbare Arbeit hinwies und darauf, dass es dringend notwendig ist, diese unentlohnte oder schlecht entlohnte Care-Arbeit menschenwürdig zu gestalten. Mit einem kleinen

Kampagnenbüro, das über einen gemeinnützigen Verein auch Spenden annehmen kann, wird die Vernetzung organisiert.[3]

Die Erfahrungen bei der Planung der Aktionskonferenz zeigen auch, wie wichtig es ist, die unterschiedlichen Schwerpunkte und Ansätze der verschiedenen Care-Initiativen ernst zu nehmen, sich dabei solidarisch aufeinander zu beziehen und voneinander zu lernen. Gleichzeitig muss es in einer Vernetzung gelingen, immer wieder die unterschiedlichen Interessen an die Öffentlichkeit zu tragen, die sich aus den jeweiligen Lebenslagen ergeben oder auch nur aus der Tatsache, dass Menschen zum Glück individuell verschieden sind. Sinnvoll ist es, dass unterschiedliche Care-Initiativen zu verschiedenen Zeiten und an verschiedenen Orten immer wieder andere Themen angehen und miteinander verknüpfen. Je mehr Aktive sich als Teil einer solchen sozialen Bewegung sehen, desto mehr Menschen werden darüber nachdenken, wie eine Gesellschaft gestaltet werden muss, in der für alle Menschen ein gutes Leben möglich ist. Das bedeutet auch darauf zu achten, dass diese Entwicklung nicht auf Kosten von Menschen in anderen Weltregionen geht.

Eine Kooperation, die von vielen aktiven Care-Gruppen getragen wird, kann die konkrete Utopie einer an Care orientierten Gesellschaft auch in andere soziale Bewegungen hineintragen, beispielsweise in gewerkschaftliche Auseinandersetzungen, die wachstumskritische ökologische Mobilisierung oder die globalen Krisenproteste. Andere soziale Bewegungen können hierdurch gestärkt werden und die Care-Bewegung kann gleichzeitig breiter und klarer, lauter und sichtbarer werden.

In der Darstellung der zunächst anzugehenden Ziele unterscheide ich zwischen individueller Absicherung, auf die ich im folgenden Abschnitt 6.2.2 näher eingehe, und dem Ausbau öffentlicher Care-Dienstleistungen, der Thema in Abschnitt 6.2.3 ist.

6.2.2 Realisierung von Zeitsouveränität und Existenzsicherheit

Menschen benötigen genügend Zeit, um diejenigen Sorgetätigkeiten tatsächlich zufriedenstellend ausüben zu können, die sie in familiären, nach-

3 Die Homepage des bundesweiten Netzwerks Care Revolution ist zu finden unter http://www.care-revolution.org

barschaftlichen oder zivilgesellschaftlichen Zusammenhängen übernehmen möchten. Grundvoraussetzung dafür ist zumindest für derzeit Vollzeitbeschäftigte eine drastische Reduktion der Erwerbsarbeitszeit. Gleichzeitig bedürfen alle Menschen einer umfassenden sozialen Absicherung ihrer Existenz.

Diese Rahmenbedingungen finden in vielen emanzipatorischen Konzepten zu wenig Beachtung, da ein großer Teil der Care-Arbeit, nämlich der unbezahlte, der meist in Familien getätigt wird, häufig unberücksichtigt bleibt. Ist dies der Fall, ignorieren solche Konzepte die Ergebnisse feministischer Diskussionen um die Erweiterung des Arbeitsbegriffs und um die Analyse geschlechterhierarchischer Arbeitsteilung. In der Folge zeigen sie auch meist keinen Weg auf, wie soziale Ungleichheiten zwischen den Geschlechtern überwunden werden können. Dies betont Christine Bauhardt (2013) in ihrer kritischen Auseinandersetzung mit den Konzepten des Green New Deal, der Postwachstumsgesellschaft und der Solidarischen Ökonomie.

Insofern ist es wichtig, auch bei der Diskussion von Konzepten, die auf eine Verbesserung der Erwerbsarbeitsbedingungen abzielen, die Reproduktionsarbeit mit in den Blick zu nehmen. Unter dieser Bedingung lässt sich an historisch von Gewerkschaften immer wieder mit Erfolg geführte Kampagnen zur Arbeitszeitverkürzung[4] mit Personal- und Lohnausgleich anschließen sowie an Ideen eines Bedingungslosen Grundeinkommens, das – seit Jahrzehnten diskutiert – auf wachsende Zustimmung stößt.

Diese Projekte stoßen allerdings auf massiven Widerstand der Unternehmensverbände, da sie eine Umverteilung zulasten der Profite bewirken. Dennoch führt kein Weg daran vorbei, diese Auseinandersetzungen zu führen. Ihre Notwendigkeit beschreibt auch Marx für seine Zeit: „Aber in seinem maßlos blinden Trieb, seinem Werwolfs-Heißhunger nach Mehrarbeit, überrennt das Kapital nicht nur die moralischen, sondern auch die rein physischen Maximalschranken des Arbeitstages. Es usurpiert die Zeit für Wachstum, Entwicklung und gesunde Erhaltung des Körpers." (MEW 23: 280)

4 Wegen des eingeführten Begriffs und um das Wortungetüm zu vermeiden, verwende ich durchgängig den Begriff der Arbeitszeitverkürzung anstatt den inhaltlich richtigen der Erwerbsarbeitszeitverkürzung.

Beim Kampf um Arbeitszeitverkürzung kann die Care-Bewegung mit einer Gewerkschaftsbewegung zusammenarbeiten, die eine lange Tradition in dieser Auseinandersetzung besitzt. In der BRD gab es in den 1980er Jahren große Tarifauseinandersetzungen mit dem Erfolg, dass in einigen Branchen die 35-Stunden-Woche erkämpft werden konnte. Allerdings ist seit Mitte der 1990er Jahre die Arbeitszeitverkürzung kein bedeutendes arbeitspolitisches Thema mehr, mit der Folge, dass erkämpfte Erfolge verloren gehen. So arbeiten derzeit Vollzeitbeschäftigte durchschnittlich 43 Stunden pro Woche und 16% sogar über 48 Wochenstunden (Lohmann-Haislah 2012: 50).

In jüngster Zeit kommt jedoch die Debatte um Arbeitszeitverkürzung wieder etwas in Gang. Anfang 2013 unterschrieben 100 Wissenschaftler_innen, Politiker_innen und Gewerkschafter_innen einen offenen Brief, in dem sie die 30-Stunden-Woche bei vollem Lohnausgleich fordern.[5] Die Argumentation hebt allerdings in ihrer politischen Stoßrichtung auf die Verringerung der Erwerbslosigkeit durch verkürzte Vollzeitarbeit ab und damit auch auf die Verschiebung des Kräfteverhältnisses auf dem Arbeitsmarkt; letztlich strebt sie die Bekämpfung von Niedriglöhnen an, die aus Angst vor Erwerbslosigkeit von Beschäftigten akzeptiert werden. Die Abschaffung von Niedriglöhnen, beispielsweise durch einen substanziellen Mindestlohn, ist dringend erforderlich. Gleichzeitig ist aber, das wird in den Debatten bisher viel zu selten thematisiert, eine deutliche Arbeitszeitverkürzung für Vollzeitbeschäftigte eine Möglichkeit, mehr Zeit für Selbstsorge und familiäre Sorgearbeit zu erhalten. Dabei ist es wichtig, eine Auseinandersetzung um vergeschlechtlichte Rollenbilder und Zuschreibungen zu führen. Gegenwärtig zementieren die langen Erwerbsarbeitszeiten insbesondere von Männern und die Teilzeitarbeit insbesondere von Frauen die ungleiche Verteilung der Reproduktionsarbeit. Eine deutlich verkürzte Erwerbsarbeitszeit der Vollzeitbeschäftigten stellt eine Grundbedingung dar, um die geschlechterungleiche Arbeitsverteilung aufzubrechen.

Heute wünschen sich in der BRD Eltern mehrheitlich mehr Zeit für sich (67%) und mehr Zeit für ihre Kinder (64%). Während von Vätern am häufigsten der Wunsch nach mehr Zeit, die sie mit Kindern verbringen können, genannt wird (72%), steht bei Müttern die Zeit für sich selbst an oberster Stelle (79%). Aber auch mehr Zeit für Freund_innen, für den Partner oder

5 http://www2.alternative-wirtschaftspolitik.de/uploads/m0413b.pdf

die Partnerin ist für die Mehrheit der Eltern wichtig. Die Hälfte der Väter würde es als zeitliche Entlastung empfinden, wenn sie ihre berufliche Arbeitszeit verkürzen könnten. Dies gilt auch für 57% der vollzeitberufstätigen Mütter (BMFSFJ 2012d: 65f.). Dieser Wunsch gerade von Vätern nach Arbeitszeitverkürzung wird gut nachvollziehbar, wenn man bedenkt, dass knapp ein Viertel der berufstätigen Väter mit minderjährigen Kindern regelmäßig über 50 Stunden pro Woche erwerbstätig ist und ein Drittel 41 bis 49 Wochenstunden im Beruf arbeitet (ebd.: 76). Auch die Kinder beklagen die wenige Zeit mit den Eltern. So sagt die Hälfte der Kinder zwischen sechs und 14 Jahren, dass der Vater aufgrund seiner Berufstätigkeit zu wenig Zeit für sie hat. In Bezug auf die Mutter teilen diese Aussage 36% der Kinder (ebd.).

Um diese zeitliche Überlastung von Vollzeitbeschäftigen zu reduzieren, hat Bundesfamilienministerin Manuela Schwesig Anfang 2014 den Vorschlag einer Familienarbeitszeit in die Debatte gebracht. Diese Familienarbeitszeit sieht vor, dass beide Eltern ihre Arbeitszeit auf 32 Stunden pro Woche angleichen können. Allerdings soll der dabei angedachte Lohnausgleich nicht aus den Erlösen der Unternehmen beglichen werden, sondern Eltern sollen nach dem Elterngeld für weitere drei Jahre eine Lohnersatzleistung vom Staat und damit aus Steuereinnahmen erhalten (vgl. zu den Kosten Müller/Neumann/Wrohlich 2013). Eine solche Lohnersatzleistung schreibt die Ungleichheit zwischen hohen und niedrigen Einkommen fort (vgl. Abschnitt 2.3.2). Der Vorschlag des Chefs des Deutschen Industrie- und Handelskammertages, Eric Schweitzer, geht in dieselbe Richtung. Er spricht allerdings von einer 35-Stunden-Woche für Eltern, um sicherzustellen, dass insgesamt mehr Arbeitszeit von Fachkräften zur Verfügung steht.[6] Im Zentrum steht immer wieder die Verfügbarkeit von Arbeitskraft, nicht das Wohl der Eltern und Kinder. Insgesamt scheinen sich Politik und Wirtschaft einmal mehr einig zu sein, dass gut ausgebildete junge Fachkräfte auch als Eltern zumindest vollzeitnah an Lohnarbeit gebunden werden müssen.

Auch wenn die dargestellten Modelle primär an der Verfügbarkeit von Arbeitskräften und weniger am Wohl von Eltern und Kindern ausgerichtet sind, halte ich es für sinnvoll, die Umsetzung einer substanziellen Arbeitszeitverkürzung bei Menschen mit hohen Sorgeverpflichtungen zu beginnen.

6 http://www.zeit.de/politik/deutschland/2014-04/32-stunden-woche-familien-dihk

Damit eine Arbeitszeitverkürzung wirklich eine Unterstützung für diese Familien darstellt, ist ein Lohnausgleich unabdingbar. Unter dieser Bedingung ist es unterstützenswert, wenn die Umsetzung der 30-Stunden-Woche bei Familien mit kleinen Kindern beginnt, so wie es Anfang 2014 der stellvertretende Vorsitzende der IG Metall Jörg Hofmann vorschlägt und in die nächste Tarifrunde einbringen will.[7] Für pflegende Angehörige und Freund_innen wiederum müssen Arbeitszeitmodelle mit nochmals deutlich reduzierter Stundenzahl durchgesetzt werden. Diese Überlegungen darüber, wo mit der Verkürzung der Erwerbsarbeitszeit begonnen werden könnte, relativieren selbstverständlich nicht meine eingangs getroffene Aussage, dass eine Arbeitszeitverkürzung für alle erforderlich ist.

In den sozialen Auseinandersetzungen um Arbeitszeitverkürzung lassen sich derzeit durchaus Erfolge erzielen. Bedingung ist allerdings, dass unterschiedliche Gruppen gemeinsam das Thema verstärkt auf die politische Agenda bringen. Wichtig ist, dass Gewerkschaften Arbeitszeitverkürzung wieder in die Tarifauseinandersetzungen tragen, dass sie auch in gesellschaftlichen Debatten an Bedeutung gewinnt und dass Care-Aktivist_innen Kampagnen für kürzere Vollzeit inhaltlich erweitern, indem sie auf die Belastungen der Sorgearbeitenden hinweisen und das Recht auf Selbstsorge und Muße betonen.

Interessant ist, dass sich auch bürgerliche Vordenker_innen bereits zur Realisierbarkeit einer massiven Arbeitszeitverkürzung geäußert haben. So geht John Maynard Keynes (1931) in einem Aufsatz mit dem Titel „Economic Possibilities for our Grandchildren“ davon aus, dass eine 3-Stunden-Schicht pro Tag oder eine 15-Stunden-Woche hundert Jahre später, also 2030, völlig ausreichend sein wird, um die menschlichen Bedürfnisse zu befriedigen. 1985 verweist Oswald von Nell-Breuning (1985: 98) darauf, „daß wir dahin kommen werden, daß zur Deckung des gesamten Bedarfs an produzierten Konsumgütern ein Tag in der Woche mehr als ausreicht“. Die Erwerbsarbeit wird seiner Ansicht nach eines Tages zur Nebenbeschäftigung. Dies eröffnet dann Spielräume, dass sich Familienmitglieder umeinander, aber auch um öffentliche Angelegenheiten kümmern können – also um „das, was früher einmal nur das Privileg der Honoratioren war“ (ebd.).

---

7 http://www.welt.de/wirtschaft/article124237668/IG-Metall-fordert-fuer-Familien-30-Stunden-Woche.html

Einen Ansatz, Erwerbsarbeit explizit als einen von mehreren Bereichen gesellschaftlich notwendiger Tätigkeit zu begreifen und dies bei der Bemessung und Verteilung der Erwerbsarbeitszeit zu berücksichtigen, bietet Frigga Haug (2008) an. Im Fokus ihrer Vier-in-einem-Perspektive steht eine gerechte Verteilung von Erwerbsarbeit, Familienarbeit, Gemeinwesenarbeit und persönlicher Entwicklung. Jedes dieser vier Felder wird als gleichwertig angesehen und jedem der gleiche zeitliche Umfang zugeordnet. Um geschlechtergerechte Arbeitsteilung zu erreichen, plädiert sie entsprechend für eine Vierteilung des Arbeitstages für alle Menschen und kommt so auf vier Stunden pro Tag für die Erwerbsarbeit.

Allerdings ist eine radikale Arbeitszeitverkürzung allein, auch bei vollem Lohnausgleich, zur Existenzsicherung nicht ausreichend. Da die kapitalistische Produktionsweise notwendig Erwerbslosigkeit mit sich bringt, ist eine hinreichende soziale Absicherung erforderlich, die auf qualitativ hohem Niveau die menschlichen Bedürfnisse abdeckt. Dies ermöglicht Menschen, beispielsweise mit Kindern oder pflegebedürftigen Angehörigen, sich für bestimmte Zeiträume auch bewusst für eine Auszeit aus der Erwerbsarbeit zu entscheiden.

Hier bietet sich das Konzept des Bedingungslosen Grundeinkommens (BGE) an, das ohne Bedarfsprüfung an jeden Menschen gezahlt wird und in der Höhe so ausgestattet ist, dass es die Existenz sichert und gesellschaftliche Teilhabe ermöglicht (Blaschke/Rätz 2013). Wichtig ist dabei, dass das Grundeinkommen tatsächlich bedingungslos ohne Zwang zur Erwerbsarbeit, aber auch ohne Zwang zur Reproduktionsarbeit für andere ausgezahlt wird. Das BGE ist eine individuelle Absicherung, die jedem Menschen von Geburt an zusteht und gleichzeitig allen ermöglicht, für sich selbst und andere tätig zu sein. Damit setzt das leistungsunabhängige und bedingungslose Grundeinkommen ebenso das grundlegende Recht jedes Menschen auf Befriedigung seiner Bedürfnisse voraus wie die grundsätzliche Bereitschaft, Sorgearbeit zu leisten. Gleichzeitig ist aber aus feministischer Perspektive klar, dass es nicht Ziel sein kann, über das Grundeinkommen die Individualisierung der Sorgearbeit auszuweiten. Nach wie vor sind hochwertige öffentliche Dienstleistungen erforderlich.

Über die Forderung eines bedingungslosen Grundeinkommens ist es unter dieser Voraussetzung möglich, die Zielsetzung der zweiten Frauenbewegung wieder aufzunehmen, dass Gegenstand politischer Auseinandersetzungen auch die zweite Arbeitsschicht, die unentlohnte Reproduktionsarbeit, und nicht nur die Lohnarbeit sein muss. Dies ist heute besonders wichtig, da es insbesondere für viele Frauen einen nicht zu bewältigenden Spagat darstellt, die eigene Arbeitskraft verkaufen zu müssen und gleichzeitig vor weiter steigende Anforderungen im Bereich der Reproduktionsarbeit gestellt zu sein.

Indem die Sorge füreinander als Bedürfnis benannt wird, erhält die Tatsache, dass Menschen aufeinander angewiesen sind, eine positive Konnotation (Knecht et al. 2012). Menschen sind bedürftig und damit abhängig von Lebensbedingungen, die sie nicht alleine und voraussetzungslos herstellen können; sie sind nicht nur abhängig von Wasser, Luft und Nahrung und damit von ihrer natürlichen Umwelt, sondern auch angewiesen auf andere Menschen, die einerseits benötigte Güter herstellen und sich andererseits um sie sorgen. Wird der Mensch in dieser Hinsicht als Gemeinschaftswesen verstanden, lässt sich einem rücksichtslosen Individualismus und einem in kapitalistischen Sozialbeziehungen tief verankerten Konkurrenzdenken begegnen. Ferner lässt sich darüber auch der verengte Arbeits- und Leistungsbegriff im Kapitalismus kritisieren. So können die Debatten rund um das BGE dazu beitragen, eine Neudefinition von Arbeit im Sinn der Vielfalt gesellschaftlich notwendiger Tätigkeiten jenseits der Lohnarbeit durchzusetzen. Ein bedingungsloses Grundeinkommen beinhaltet die Chance, Gedanken des gemeinschaftlichen und solidarischen Wirtschaftens und Lebens zu stärken.

6.2.3 Ausbau sozialer Infrastruktur

Neben der finanziellen Absicherung jedes Menschen und der Begrenzung der Erwerbsarbeitszeit ist der Ausbau öffentlicher Einrichtungen zur Unterstützung familiärer Reproduktionsarbeit unerlässlich. Auch gibt es viele Aufgaben, die nur gemeinschaftlich und mit professioneller Unterstützung organisiert werden können. Diese Aufgaben werden in einer sich in Richtung Care bewegenden Gesellschaft noch weiter zunehmen. Wichtig ist deswegen der Ausbau staatlich oder gemeinschaftlich angebotener Dienstleistungen bei gleichzeitiger Demokratisierung dieser Bereiche. Hochwertige Kinderbetreuung und Bildungsangebote, umfassende Gesundheitsversorgung und Altenpflege sowie Unterstützung in individuellen Notlagen durch professionell ausgebildete Personen müssen steuerfinanziert und gebührenfrei allen zur Verfügung stehen.

Zur kollektiven Daseinsvorsorge muss also eine umfassende soziale Infrastruktur geschaffen werden. Wie die AG links-netz (2013: 57) verstehe ich unter sozialer Infrastruktur „die in der Regel kostenlose oder gegen geringes Entgelt dargebotene Bereitstellung öffentlicher, für alle gleichermaßen zugänglicher Güter und Dienstleistungen". Allerdings begrenzen die Autor_innen ihre Definition sozialer Infrastruktur auf die Bereiche der Gesundheitsvorsorge, des Verkehrs, des Wohnens, der Bildung und der Kultur (ebd.). Ich denke, dass unter diesen Begriff auch explizit die Bildung und Begleitung von Kita-Kindern sowie die Aufgaben der Sozialen Arbeit gefasst werden sollten, ebenso Angebote gemeinschaftlicher Ernährung in Mensen und Kantinen.

Ein bedeutender Bereich der sozialen Infrastruktur ist die Bildung als „elementare Voraussetzung gesellschaftlicher Teilhabe" (Brüchert 2013: 118). Konsequent lautet der Titel des Aufsatzes von Oliver Brüchert auch „Bildung für alle – und zwar umsonst!". Da das deutsche Bildungssystem höchst selektiv wirkt, ist es besonders wichtig, dass allen Personengruppen der Zugang zu Bildungsmöglichkeiten eröffnet wird, dass also jede Person unabhängig von der sozialen Herkunft, dem Aufenthaltsstatus und dem Alter Partizipationschancen hat und, wenn nötig, besonders gefördert werden kann. Darüber hinaus sollten die öffentlich geförderten Bildungsinstitutionen auch Bildungskonzepte entwickeln, die Emanzipation und kritisches Denken unterstützen. Um diese Ziele zu erreichen und als Übungsfeld für eine umfassende Demokratisierung der Gesellschaft ist es erforderlich, konkrete Bildungsangebote und -inhalte mit den Beteiligten zusammen zu erarbeiten. Dort, wo es sich um kleine Kinder handelt, sollten auch Eltern einbezogen werden. Notwendig ist es ferner, die Bildungseinrichtungen mit den notwendigen personellen und finanziellen Ressourcen auszustatten, zumal wenn es darum geht, allen Menschen ungeachtet ihres sozialen und kulturellen Hintergrunds umfassenden Zugang zu Bildungsmöglichkeiten zu gewähren (Autorengruppe Bildungsberichterstattung 2014: 43). Auch im Bereich der Kitas gibt es großen Nachholbedarf. Diese sehe ich nicht primär als Betreuungsinstitutionen, sondern als enorm wichtige Bildungseinrichtungen, in denen grundlegende soziale Lernprozesse stattfinden.

Nach einer Studie, dem Monitor Familienleben 2013 des Instituts für Demoskopie Allensbach (IfD 2013: 9), wünschen sich Eltern von Kindern unter 18 Jahren mehrheitlich flexiblere Betreuungszeiten (62%), mehr Betreuungsmöglichkeiten für Schulkinder (57%) und Betreuungsangebote in den Ferien (57%) sowie mehr Betriebskindergärten (52%). Für Eltern von Schulkindern entstehen Probleme nicht selten durch die Notwendigkeit, mit den Kindern den Schulstoff zu wiederholen oder bei den Hausaufgaben zu helfen. 59% der Eltern mit Schulkindern berichten von solchen Schwierigkeiten. 76% sind deswegen der Meinung, dass Ganztagesschulen Eltern entlasten würden (ebd. 14-16).

Entsprechend der Konzeption der Care Revolution als revolutionärer Realpolitik ist die Verbindung der tagespolitischen Auseinandersetzungen mit weiterführenden Forderungen und Perspektiven wichtig. Das ist der Fall, wenn zum Beispiel beim Kampf um mehr Lehrer_innen oder Erzieher_innen in der Bildung und Betreuung gleichzeitig eine grundlegende Demokratisierung gefordert und propagiert wird in dem Sinn, dass Eltern und Schüler_innen über die Lernziele mit entscheiden.

Das gilt auch für den Umbau des Gesundheits- und Pflegebereichs. Dort muss erreicht werden, dass Patient_innen und unterstützungsbedürftige Menschen Einfluss darauf gewinnen, wie sie behandelt oder gepflegt werden, und dass ihre Interessen auch gegenüber Gesundheitsexpert_innen zur Geltung kommen (Krampe 2013, Rakowitz 2013). Wie die Gesundheitsversorgung konkret ausgestaltet wird, können nur die Menschen, die es betrifft, selbst entwickeln. Sie müssen auch Einfluss darauf haben, welche Art von medizinischer Versorgung sie erhalten. In jedem Fall ist ein institutioneller Rahmen notwendig, in dem Menschen auf die Gestaltung dieses Bereichs der öffentlichen Daseinsvorsorge tatsächlich Einfluss nehmen können. Die Arbeit in entsprechenden Gremien lässt sich auch als Übungsfeld für eine tatsächliche Vergesellschaftung des Care-Bereichs denken.

In Verbindung mit einer umfassend ausgebauten, allen Menschen zugänglichen sozialen Infrastruktur würde zügig das Zweiklassensystem im Gesundheitswesen seine Existenzgrundlage verlieren und dafür eine solidarische Bürgerversicherung ohne Beitragsbemessungsgrenzen und mit Freibeträgen für ärmere Menschen etabliert werden. Mit einer solchen Versicherung ließen sich die derzeitigen Einschränkungen in den gesetzlichen Krankenversicherungen aufheben, die Hilfsmittel wie Brillen oder notwendigen Zahnersatz nicht mehr oder nur noch teilweise bezahlen. Auch die derzeitige Teilkasko-Pflegeversicherung würde damit hinfällig; Pflegeleistungen würden ebenso wie Arztbesuche oder Krankenhausaufenthalte direkt über die Bürgerversicherung beglichen. Damit könnten unterstützungsbedürftige Personen und ihre Angehörigen selbstbestimmt und ohne Kostendruck entscheiden, inwieweit die Pflege im familiären Umfeld stattfindet. In dem Maß, in dem Ärzt_innen, Therapeut_innen und Pfleger_innen in Gesundheitszentren angestellt würden, verlöre das System der selbständig agierenden Ärzt_innen an Bedeutung. Sicherlich würden sich medizinische Zentren unter demokratischer Kontrolle auch deutlich mehr als bisher präventiv engagieren.

Parallel zum Ausbau der sozialen Infrastruktur ist eine gesellschaftliche Aufwertung und deutlich höhere Entlohnung der Care-Arbeit wichtig. Dies würde für alle Care-Beschäftigten, vor allem Frauen, endlich Existenz sichernde Löhne bedeuten. Es ist völlig unangemessen, dass die männlich konnotierte Arbeit mit und an Maschinen deutlich besser bezahlt wird als weiblich stereotypisierte Care-Arbeit mit Menschen. Mit der Aufwertung von Care-Arbeit – verbunden mit dem Abbau des diskriminierenden Migrationsregimes – ließen sich auch die Löhne und Arbeitsbedingungen von migrantischen Arbeiter_innen in der häuslichen Betreuungs- und Pflegearbeit verbessern und auf eine sichere Basis stellen.

Eine soziale Infrastruktur, die den Interessen aller Menschen gerecht wird, ist bereits heute finanzierbar. Möglich ist ein konsequenter Schuldenschnitt zu Lasten der großen Gläubiger. Christian Zeller (2012) weist darauf hin, dass die Lohnabhängigen nicht verantwortlich für öffentliche Schulden sind, die beispielsweise durch die Sozialisierung der Verluste des Finanzsektors hervorgerufen wurden, durch Rüstungsgeschäfte, Korruption oder hohe Zinssätze der Kreditgeber. Sie sollten darüber hinaus auch nicht für Schulden aufkommen, die durch die systematische Unterfinanzierung der öffentlichen Haushalte entstanden sind, indem die Steuern auf Vermögen, Einkommen und Gewinne gesenkt wurden. Hieraus ergibt sich ein weiterer wichtiger Ansatzpunkt: Eine deutlich stärkere Besteuerung der Reichen und der Unternehmensgewinne ist erforderlich und auch zur Bekämpfung sozialer Ungleichheit sinnvoll.

Nach aktuellen Analysen auf der Basis des Sozio-ökonomischen Panels (SOEP) belief sich das Nettovermögen der privaten Haushalte in Deutschland im Jahr 2012 auf 6,3 Billionen Euro (Grabka/Westermeier 2014: 153). Die Vermögen in der BRD sind gleichzeitig extrem ungleich verteilt. Innerhalb der Eurozone weist Deutschland mit 0,78 den höchsten Gini-

Koeffizienten auf, das bedeutet die höchste Vermögensungleichheit.[8] Bezieht man die untere Vermögensgrenze der reichsten zehn Prozent der Bevölkerung auf den Median der Vermögensverteilung,[9] so hatte 2012 die ‚ärmste' Person innerhalb der Top-Zehn-Prozent-Gruppe mehr als 13-mal so viel Vermögen wie die Person in der Mitte der Verteilung. Dabei gilt es noch zu beachten, dass das SOEP sehr hohe Vermögen tendenziell untererfasst und damit das Ausmaß der Vermögensungleichheit unterschätzt (ebd.: 156f.).

Wegen dieser sozialen Ungleichheit fordert beispielsweise die IG Metall die Wiedereinführung einer Vermögenssteuer von zwei Prozent auf Vermögen oberhalb einer Million Euro und die Erhöhung des Spitzensteuersatzes auf 49% für Einkommen über 150.000 Euro (IG Metall 2012: 6). Heinz-J. Bontrup (2012: 62) schlägt vor, den Spitzensteuersatz auf 53% anzuheben. Auch die Erbschaftssteuer ließe sich deutlich erhöhen. Darüber hinaus müsste die Deckelung der Abgeltungssteuer auf Kapitalerträge wieder abgeschafft und die Steuern auf Zins-, Miet- und Pachteinkünfte erhöht werden. Auch die Grunderwerbssteuer und die Grundsteuer ließen sich einkommensabhängig erhöhen.

Ferner ließen sich Gewinne wieder höher besteuern; diese Steuerquote ist in den letzten Jahren deutlich gesunken. Deutschland bewegt sich bei der tatsächlichen Besteuerung von Gewinnen im internationalen Vergleich am unteren Ende der Skala. Während der Gewinnsteueranteil am Gesamtsteueraufkommen 1960 noch bei 34,7% lag, ist er bis 2010 auf 19,2% gesunken. Umgekehrt ist der Lohnsteueranteil im gleichen Zeitraum von 11,8% auf 25,7% gestiegen (ebd.: 61f.). Auch die Gewerbesteuer, die den Kommunen zusteht, ließe sich erhöhen. Schließlich ist es sinnvoll, wie vom globalisierungskritischen Netzwerk Attac seit langem gefordert, eine Finanztransaktionssteuer einzuführen, durch die kurzfristige Transaktionen auf den Finanzmärkten, die nur der Spekulation dienen, verteuert werden.

---

8 Beim Gini-Koeffizient bedeutet 0 völlige Gleichverteilung und 1 maximale Ungleichverteilung.

9 Der Median ist die Größe, bei der 50% der Bevölkerung ein geringeres Vermögen zur Verfügung haben und 50% der Bevölkerung ein höheres Vermögen.

6.2.4 Demokratisierung und Selbstverwaltung des Care-Bereichs

Ein weiterer wichtiger Baustein der Care Revolution ist es, die Institutionen öffentlicher Daseinsvorsorge in Gemeinschaftseigentum zu überführen. Das gilt auch für die Einrichtungen, die in den letzten Jahrzehnten privatisiert worden sind. Ich gehe davon aus, dass es sinnvoll ist, mit der Vergesellschaftung und grundlegenden Demokratisierung beim Care-Bereich zu beginnen. Dafür spricht das Zusammentreffen mehrerer Faktoren. Die kollektive Organisation von Care ist für die existenzielle Absicherung sehr wichtig und ihre Gestaltung greift tief ins Leben der Menschen ein. Ferner wirkt im Care-Bereich die Profitorientierung besonders offensichtlich den menschlichen Bedürfnissen entgegen und schränkt viele Menschen in ihren Entwicklungsmöglichkeiten, ihrer Gesundheit und ihrer Kreativität ein. Es ist für viele Menschen deutlich wahrnehmbar, wie unsinnig und kontraproduktiv es ist, Menschen nach dem Prinzip maximaler Profitabilität heilen, lehren, unterstützen, beraten oder pflegen zu wollen. Darüber hinaus ist für viele klar, dass das derzeitige System sozialer Infrastruktur nicht nur zu mangelhafter Qualität, sondern auch zu sozialer Ungleichheit führt.

Gleichzeitig haben Menschen sehr unterschiedliche Wünsche an eine soziale Infrastruktur. Deswegen ist es etwa im Bereich der Kinderbetreuung, der Altenpflege, der gesundheitlichen Vorsorge und Prophylaxe oder der Bildungsangebote sinnvoll, durch Mitsprache aller und gemeinschaftliche Abwägung von Prioritäten vielfältige Angebote zu entwickeln. Dazu kommt, dass vieles hiervon auf kommunaler Ebene, in Stadtteilen oder Nachbarschaften gemeinsam planbar und umsetzbar ist, da die allermeisten Care-Angebote dezentral realisiert werden können. Hier lassen sich im gemeinschaftlichen Miteinander verhältnismäßig einfach konkrete Formen der Selbstverwaltung erproben, da von Angeboten im Care-Bereich alle Menschen, häufig auch existenziell, betroffen sind und deswegen als Expert_innen sprechen und entscheiden können.

Wenn Vermeidung von Ausschlüssen, demokratische Gestaltung und Bedürfnisorientierung die Ziele sind, an denen sich ein gemeinschaftlich organisierter Care-Bereich orientieren muss, sehe ich zwei gangbare Wege. Möglich sind zum einen eine schrittweise Demokratisierung der bislang privatwirtschaftlich, staatlich oder von Wohlfahrtsverbänden organisierten Infrastruktur und zum anderen eine auf kollektiven Projekten beruhende dezentrale Neugestaltung von Care. Beide Wege halte ich für so attraktiv, dass es sich lohnt, sie anzugehen. Selbstverständlich sind sie auch kombinierbar.

Bei der Demokratisierung der vorhandenen Care-Infrastruktur gilt es einerseits darum zu kämpfen, dass Privatisierungen, aber auch Übertragungen staatlicher Aufgaben an Wohlfahrtsverbände, zurückgenommen werden. Gleichzeitig geht es darum, demokratische Strukturen aufzubauen, die auf allen Ebenen die Bedürfnisse, Interessen und Wünsche von Beteiligten zusammenführen. Erst wenn Schulen, Krankenhäuser, Kitas, Altenheime und andere Einrichtungen der sozialen Infrastruktur in Formen der Selbstverwaltung organisiert sind, können Einwohner_innen entscheiden, welche Aufgaben diese Einrichtungen erfüllen sollen, mit welchen Ressourcen und mit welchen Zielen.

Eine Care-Bewegung muss deutlich machen können, wie die gesellschaftliche Teilhabe aller Betroffenen realisiert werden soll. Sinnvoll ist sicherlich, die Debatten und auch die Entscheidungsstrukturen so dezentral wie nur möglich anzulegen. Denn vor Ort ist direkte Demokratie am ehesten praktizierbar. Hier sprechen Menschen miteinander, deren Bedürfnisse von Entscheidungen über die örtliche soziale Infrastruktur berührt werden; hier können sie sich die für eine Selbstverwaltung der Ökonomie nötigen Kompetenzen aneignen. Die Fragen bezüglich Ausbau, Form und Inhalt von Kitas, Schulen und Gesundheitszentren können in Kommunen, teilweise selbst im Dorf oder im Stadtteil, entschieden werden.

Allerdings wird es sicherlich auch weiterhin Spezialkliniken und -schulen geben, die zum effizienten Einsatz von Ressourcen und spezialisierten Fachkenntnissen für eine größere Region zentral installiert werden. In diesen Fällen scheinen mir Formen der direkten Mitsprache nicht auszureichen. Als zusätzliche Ebene halte ich gewählte Care-Räte für denkbar, die jeweils für einen Bereich der Daseinsvorsorge ihre Kommune in regionalen oder überregionalen Care-Räten vertreten. Deren Arbeit wird durch Vollversammlungen von Einwohner_innen und Volksentscheide begleitet. Mit dem Begriff der Care-Räte verweise ich auf historische Erfahrungen auch in Deutschland. Während der Novemberrevolution 1918/19 gründeten sich Arbeiter_innen-Räte, die auch der planvollen Selbstorganisation dienen sollten (Hoffrogge 2011). Mit dem Begriff Care möchte ich gleichzeitig deutlich machen, dass diese Räte nicht als Selbstverwaltungsorgane von Produzent_innen zu fassen sind, sondern Care-Geber_innen und Care-

Nehmer_innen in ihnen vertreten sind. Denn sie haben die Erfahrungen und Interessenlagen auf beiden Seiten des Care-Verhältnisses zu berücksichtigen.

Dabei ist es wichtig, sich klar zu machen, dass es sich bei Care-Räten nicht um reine Repräsentationsorgane handelt. Damit haben Menschen im bürgerlichen Parlamentarismus, wie es ihn in der BRD gibt, genug negative Erfahrungen gemacht. Notwendig sind Ratsmitglieder, die durch gemeinsames Handeln und gemeinsame Erfahrungen mit den Menschen verbunden sind, die sie vertreten. Dies beschreibt Martin Buber in seinen Buch „Pfade in Utopia“ 1950 bereits recht treffend: „Ein Vertretungssystem wird es auch in der Gesellschaftsgestaltung, die ich meine, geben müssen; aber es wird sich nicht, wie die heutigen, in Scheinvertretern amorpher Wählermassen, sondern in den arbeitserprobten Vertretern der wirtschaftenden Gemeinschaften darstellen.“ (1985: 257) Darüber hinaus ist entscheidend, dass eine demokratische Kontrolle ausgeübt wird. Denkbar sind etwa erprobte Instrumente wie Rotation, regelmäßige Information und Rechenschaftslegung oder imperatives Mandat.

Wenn Menschen diese neuen und zunächst ungewohnten Formen der Selbstorganisation ausprobieren und sich aneignen, dann übernehmen sie auch Schritt für Schritt kollektive Verantwortung für notwendige Aufgaben sozialer Daseinsvorsorge. Die Krankenhäuser, Schulen und viele andere Institutionen werden enorm an Qualität gewinnen und Innovationsschübe erleben, da es zu einem direkten Erfahrungsaustausch zwischen Care-Beschäftigten und Einwohner_innen kommt. Lernen lässt sich diesbezüglich von Gemeinschaften, die beispielsweise in Mehrgenerationenhäusern, landwirtschaftlichen Kooperativen, Produktionsgenossenschaften und Kommunen bereits heute gemeinschaftliche Verantwortung füreinander und für gemeinsam hergestellte Güter und Dienstleistungen übernehmen.[10] Sie verfügen über breite Erfahrungen in der Organisation kollektiver Abstimmungsprozesse und haben über Mitgliederversammlungen, regelmäßige Projekttreffen oder Arbeitsgruppen bereits vielfältige Strukturen der Selbstbestimmung entwickelt.

10 Vgl. dazu die Darstellung vielfältiger Initiativen, die bereits heute anders arbeiten und leben, in Habermann (2009), Helfrich/Heinrich-Böll-Stiftung (2012) und Exner/Kratzwald (2012).

Die oben erwähnte zweite erfolgversprechende Strategie neben der Demokratisierung der öffentlichen Daseinsvorsorge sehe ich im Neuaufbau von Einrichtungen der sozialen Infrastruktur durch kollektiv organisierte Betriebe oder Gemeinschaften. Bereits heute gibt es viele Projekte, die im Bereich des Zusammenwohnens, der Lebensmittelproduktion, der digitalen Infrastruktur nicht nur für ihre Gruppe selbst Verantwortung übernehmen, sondern auch für all die anderen, die ihre Dienstleistungen und Güter nutzen. Bisher sind solche Gemeinschaften eher selten im Care-Bereich tätig, doch die Erfahrungen aus anderen Bereichen lassen sich übertragen.

Gegenwärtig haben für mich insbesondere landwirtschaftliche Kollektive Vorbildcharakter. Bei diesen handelt es sich häufig um Projektgemeinschaften zwischen Produzent_innen und Konsument_innen, die sich für eine ökologisch verträgliche Landwirtschaft einsetzen und gleichzeitig die Existenz der Produzent_innen und die Versorgung der Konsument_innen sichern wollen. Auf Jahresversammlungen geben alle Konsument_innen anonym bekannt, welchen Jahresbeitrag sie sich leisten können oder wollen. Durch Solidarbeiträge soll auch Studierenden, Erwerbslosen oder Rentner_innen die Teilnahme ermöglicht werden. Die Konsument_innen bezahlen ihren Beitrag im Voraus und teilen damit das Risiko mit den Produzent_innen. Auch helfen sie häufig auf freiwilliger Basis bei der Ernte, wenn viele Hände benötigt werden. Die Produzent_innen verpflichten sich im Gegenzug zur Bereitstellung der saisonal verfügbaren regionalen Produkte in ausreichender Vielfalt, so dass auch bei Schädlingsbefall oder schlechter Witterung noch genug Nahrungsmittel zur Verfügung stehen (Exner/Kratzwald 2012: 76-91).

Solche Gemeinschaften haben Erfahrungen damit gesammelt, die Produktion nach anderen Kriterien als denen von Marktkonkurrenz und Kapitalverwertung zu organisieren; dieses Wissen lässt sich auf den Care-Bereich übertragen. Nach einem ähnlichen Prinzip ließe sich beispielsweise auch die Organisation von Kitas im Stadtteil realisieren. Erzieher_innen, eventuell auch eine Architekt_in oder eine Ernährungswissenschaftler_in, schließen sich mit Eltern und weiteren interessierten Anwohner_innen zusammen und bauen ein bedarfsgerechtes Angebot auf. Dies lässt sich in ähnlicher Weise auf Schulen, aber auch auf Gesundheitszentren, die heutige Arztpraxen ersetzen können, übertragen. Mehrere Ärzt_innen, Physio- und Psychotherapeut_innen, Altenpfleger_innen und andere Vertreter_innen aus dem Gesundheitsbereich organisieren zusammen mit den zukünftigen Patient_innen ein ganzheitliches Gesundheitsangebot. Entsprechend aufzubauende Kollektive können sich um eine Gemeinschaftsküche im Stadtteil oder um die Sanierung und Verteilung des gemeinsamen Wohnbestands kümmern. Ich bin sicher: In dem Maß, wie alle Beteiligten in die Planung einbezogen werden, werden sich ganz neue Formen der Problemlösung entwickeln – allein darüber, dass Menschen in all ihrer Unterschiedlichkeit an den Beratungsprozessen teilnehmen.

So wird es in Zukunft viele Kollektive geben, die beispielsweise Gesundheits- und Bildungsangebote bereitstellen. Diese Gemeinschaften werden zu Subjekten der grundlegenden Demokratisierung des Care-Bereichs. Sie entwickeln angemessene Formen der Koordination und Entscheidungsfindung, um ein bedürfnisgerechtes Angebot vor Ort zu sichern und gleichzeitig dieses mit anderen Gemeinschaften abzusprechen. Insofern „impliziert die Transformation eine solche Demokratisierung, in der die demokratische Beteiligung selbst die Institutionen schafft, die demokratische Beteiligung und bindendes Entscheiden ermöglichen" (Demirović 2014: 433).

Auch wenn die bisher dargestellten Schritte einer Care Revolution durchaus im Rahmen eines kapitalistischen Systems denkbar sind, bedarf es zu deren Durchsetzung harter sozialer Auseinandersetzungen. Nur einer starken sozialen Bewegung kann es gelingen, materielle Existenzsicherheit für möglichst viele Personengruppen zu erkämpfen, die ausgedehnten Erwerbsarbeitszeiten zu verkürzen und an individuelle Lebenslagen anpassbar zu gestalten, die soziale Infrastruktur auszubauen sowie zunächst im Care-Bereich das Prinzip der Profitmaximierung weitgehend auszuschalten und stattdessen Bereiche der Selbstverwaltung aufzubauen. Sicher ist, dass jeder einzelne Erfolg immer wieder neu von Rückschlägen bedroht sein wird, umso mehr, wenn der vergesellschaftete Care-Bereich inmitten eines kapitalistischen Umfelds existiert. Deswegen ist es nicht wünschenswert und letztendlich auch nicht möglich, an diesem Punkt stehenzubleiben. Der nächste Schritt, die Vergesellschaftung aller Bereiche, ergibt sich sozusagen beinahe zwangsläufig, sollen bis dahin erstrittene Erfolge gesichert werden.

6.2.5 Vergesellschaftung aller Produktionsmittel

Je mehr es gelingt, den Care-Bereich der Privatwirtschaft und der staatlichen Bürokratie zu entziehen und personenbezogene Dienstleistungen in die demokratische Verwaltung zu überführen, umso näher rückt eine solidarische Gesellschaft. Doch auch wenn der Care-Bereich umfassend demokratisiert ist, ist damit das System kapitalistischer Warenproduktion nicht aufgehoben, es wird nur beschränkt (Hirsch 2009). Der Care-Bereich bleibt, auch wenn er demokratisch verwaltet und an Bedürfnissen orientiert ist, über Steuern und Lohnzahlungen mit dem kapitalistischen Sektor verbunden. Damit ist er auch vom Fortgang der Kapitalakkumulation abhängig. Auch ist der Care-Bereich auf Güter beispielsweise aus der medizintechnischen Industrie oder der Pharmaindustrie angewiesen, die zu diesem Zeitpunkt nach wie vor von privaten Unternehmen als Waren hergestellt werden. Weiter sind auch jenseits der Care-Arbeit viele Güter und Dienstleistungen für die Befriedigung menschlicher Bedürfnisse wichtig. Dies betrifft auch Infrastrukturmaßnahmen im Bereich des Wohnungsbaus, der Energie- und Wasserversorgung oder der räumlichen und digitalen Mobilität.

Da die mit dem Aus- und Umbau des Care-Sektors verbundene Umverteilung die Kapitalakkumulation stark einschränkt, geraten die Logiken von Bedürfnisorientierung und Kapitalverwertung in wachsenden Widerspruch zueinander, wenn der demokratisierte Teil der Wirtschaft größer wird. Deswegen ist es letztendlich notwendig, das Privateigentum an Produktionsmitteln vollständig abzuschaffen und damit auch den Verkauf von Arbeitskraft als Ware zu überwinden. Denn nur durch die Vergesellschaftung aller Produktionsmittel wird gewährleistet, dass Menschen darüber bestimmen können, was produziert und welche Dienstleistung angeboten wird.

Allerdings ist ein so grundlegender Systemwechsel, der letztlich die Abschaffung des Kapitalismus bedeutet, nur in heftigen sozialen Kämpfen durchsetzbar. Um diesen Schritt der Vergesellschaftung aller Produktionsmittel überhaupt angehen zu können, ist die Voraussetzung, dass Menschen als politische Akteur_innen zuvor konkrete Veränderungen ihrer Lebensrealität durchgesetzt und für eine Selbstverwaltung wichtige Erfahrungen gesammelt haben.

Das bedeutet: Viele Menschen haben zunächst individuell deutlich bessere zeitliche und materielle Rahmenbedingungen, um ihr Leben ihren

Bedürfnissen entsprechend zu gestalten. Sie haben damit auch mehr Zeit und Energie, um sich gemeinsam mit anderen direkt an der Gestaltung besserer Arbeits- und Lebensbedingungen zu beteiligen. Sie erfahren sich ferner in diesem Prozess immer wieder neu als gesellschaftlich Handelnde, die grundlegend auf Entwicklungen Einfluss nehmen, Erfolge erzielen und angemessene demokratische Strukturen weiterentwickeln können. Auch sind viele von ihnen im Rahmen der konkreten Auseinandersetzungen um Demokratisierung des Care-Bereichs an Debatten beteiligt, in denen konkrete Utopien einer solidarischen Gesellschaft thematisiert werden.

Ferner haben sich Gruppen und Organisationen, die Ideen der Care Revolution aktiv vertreten, in diesen Auseinandersetzungen zu einer großen sozialen Bewegung verbreitert und sind eng verbunden mit internationalen sozialen, aber auch ökologischen Bewegungen. Es gibt vielfältige miteinander vernetzte Initiativen, die vor Ort in den Nachbarschaften, auf kommunaler und regionaler Ebene politische Themen der Care Revolution vorantreiben. Es gibt kollektiv und solidarisch arbeitende Institutionen sowie Care-Räte in den unterschiedlichen Bereichen und auf regionaler und gesamtgesellschaftlicher Ebene. Wahrscheinlich sind zu einem solchen Zeitpunkt auch in den Parlamenten Parteien stark vertreten, die die für diese Veränderungen erforderlichen Reformen mittragen.

In einer solchen Situation entsteht die Chance, die Dynamik einer Care Revolution weiter zuzuspitzen und das Projekt einer solidarischen Gesellschaft auf die politische Agenda zu setzen. Dieses Projekt kann ich hier nur skizzieren; entscheidend sind letztendlich die Vorstellungen der Akteur_innen, die sich im Verlauf des Transformationsprozesses entwickeln.

Ich gehe davon aus, dass sich eine solidarische Gesellschaft nur auf Basis der Vergesellschaftung aller Produktionsmittel entfalten kann. Denn nur unter dieser Voraussetzung kann sich eine Gesellschaft direkt an menschlichen Bedürfnissen orientieren. Nur über diese Vergesellschaftung lässt sich auch die dem Kapitalismus eingeschriebene Trennung von Lohnarbeit und Reproduktionsarbeit aufheben zugunsten der gemeinschaftlichen, planvollen Organisation gesellschaftlich notwendiger Arbeit. Deren Ausmaß, Form und Inhalt wird dann von den Menschen bestimmt, die zugleich mit den Ergebnissen dieser Arbeit ihre Bedürfnisse befriedigen und als Arbeitende ihre Lebenszeit gestalten. Damit sind heteronormative, klassistische, rassistische und bodyistische Arbeitsteilungen nicht automatisch aufgehoben, da es sich um sozio-kulturelle Konstruktionen handelt, die nur mühsam zu überwinden sind. Deswegen gilt es an jedem Punkt des Kampfes um Veränderung danach zu streben, ein gutes Leben für alle ohne Ausschlüsse zu realisieren. Mit der Vergesellschaftung der Ökonomie entfällt jedoch die gesellschaftliche Funktion der Spaltung der Arbeitenden nach zugeschriebenen Eigenschaften.

Ein weiterer für mich wichtiger Grund für die Abschaffung des Privateigentums an Produktionsmitteln ist es, dass die große Mehrheit der Menschen nur so tatsächlich zu Subjekten politischen Handelns werden kann. Privateigentum an Produktionsmitteln koppelt die Verfügungsgewalt über ihren Einsatz an den Rechtstitel. Damit wird der Großteil der Bevölkerung von ökonomischen Entscheidungen ausgeschlossen. Das gilt für Entscheidungen darüber, was produziert wird, ebenso wie für Entscheidungen, wie es hergestellt wird. Insofern ist dieses mit dem Kapitalismus untrennbar verbundene Konzept grundlegend undemokratisch, auch wenn gerne die Zusammengehörigkeit von Marktwirtschaft und Demokratie behauptet wird. In dieser Hinsicht ist Angela Merkel durchaus konsequent und ehrlich, wenn sie von marktkonformer Demokratie spricht: Es seien Wege zu finden, „wie die parlamentarische Mitbestimmung so gestaltet wird, dass sie trotzdem auch marktkonform ist".[11] So wird im Zweifelfall die Demokratie dem Privateigentum unterworfen, nicht umgekehrt. Eine umfassende Teilhabe aller an der Gestaltung und Verwaltung der Ökonomie erfordert deswegen eine Form des gemeinsamen Besitzes an Produktionsmitteln.

Wie die Ablösung des kapitalistischen Systems erreicht werden kann, ist Gegenstand heftiger Diskussionen. Offen sind dabei die Fragen, ob es eines revolutionären Bruchs bedarf, wann er möglich ist und mit welchen Mitteln er vollzogen werden soll. Sicher ist, dass die Eigentümer der Produktionsmittel diese nicht freiwillig an die Einwohner_innen als Gemeingut übergeben werden. Sie werden wohl nur dann auf Gewalt verzichten, wenn die Situation aussichtslos ist. Deswegen ist es eine so bedeutsame Voraussetzung für einen gesellschaftlichen Umbruch, dass die hier geschilderte Transformationsstrategie zu diesem Zeitpunkt schon sehr weitgehend ihre Ziele als gesellschaftlich anerkannte verankern konnte. Die Erringung der Hegemonie in diesem Sinn ist für Antonio Gramsci (1998: 1947) die entscheidende Bedingung für die Eroberung der Macht. Gleichzeitig steht die

---

11 http://www.unwortdesjahres.net/fileadmin/unwort/download/pressemitteilung_unwort2011_01.pdf

Erringung gesellschaftlicher Hegemonie in positiver Wechselwirkung mit den zuvor skizzierten Schritten: Sie erfordern und sie befördern die Selbstermächtigung der Bevölkerung. Nur in diesem Prozess lässt sich die Frage nach einem Systemwechsel überhaupt sinnvoll stellen.

Wie eine solche von Grund auf demokratische und solidarische Gesellschaft aufgebaut sein wird, lässt sich von heute aus schwer abschätzen. Bis dieser Zustand erkämpft sein wird, wird es vielfältige Erfahrungen in der Organisation und im Zusammenleben von Gemeinschaften geben. Es wird bereits Bereiche geben, die der Gesamtgesellschaft unterstehen, insbesondere im Bereich der sozialen Infrastruktur. Michael Albert (2006: 94) verweist darauf, dass es sinnvoll ist, Entscheidungen auf der jeweils angemessenen gesellschaftlichen Ebene zu treffen. So betrifft der Bau eines Bahnnetzes den Großteil einer Bevölkerung und kann nur überregional entschieden werden. Fragen des konkreten Zusammenwohnens können dagegen in der Wohngemeinschaft gelöst werden, die Anlegung und Gestaltung eines Brunnens in der jeweiligen Nachbarschaft. Die Prämisse sollte lauten, Entscheidungen immer so dezentral wie möglich zu treffen, da dort eine direkte Demokratie und eine Selbstverwaltung von Menschen ausgeübt wird, die sich kennen und direkt miteinander kommunizieren können.

Für eine steigende Bedeutung der dezentralen Ebene spricht auch Folgendes: In Zukunft werden eher weniger als mehr Güter benötigt und primär personenbezogene Tätigkeiten, die zum großen Teil nicht überregional geplant werden müssen, gewinnen an Bedeutung. Ferner gehe ich davon aus, dass es bereits heute technisch möglich ist, viele Güter mit sogenannten Personal Fabricators (Gershenfeld 2005, Walter-Herrmann/Büching 2013), die dezentral in Nachbarschaftszentren oder in dafür spezialisierten Fablabs[12] stehen, vor Ort herzustellen. Frithjof Bergmann wies bereits 2004 darauf hin, dass sich mit Personal Fabricators auf hohem technischen Niveau viele Dinge des alltäglichen Lebens herstellen lassen. Bestimmte fortgeschrittene Technologien sollen es „kleinen Gruppen (also nicht iso-

12 Ein FabLab (Fabrikationslabor) ist eine offene, demokratische High-Tech-Werkstatt, in der Einzelnen industrielle Produktionsverfahren für Einzelstücke zur Verfügung gestellt werden. Typische Geräte sind 3D-Drucker, Laser-Cutter oder CNC-Maschinen, um unterschiedliche Materialien und Werkstücke bearbeiten zu können. FabLabs erlauben die unkomplizierte Anfertigung von hoch individualisierten Einzelstücken oder nicht mehr verfügbaren Ersatzteilen.

lierten, abgeschieden lebenden mönchischen Individuen, sondern Gruppen von 300 bis 800 Menschen) erlauben, einen großen Teil (grob gerechnet 80 Prozent) der Gesamtsumme von Produkten selbst zu erstellen." (Bergmann 2004: 117f.) Durch diese Form der *„Herstellung von Dingen*" (ebd.: 263) wird die Trennung von Produzent_innen und Konsument_innen tendenziell aufgehoben.

Die Frage einer bewussten gesellschaftlichen Gestaltung der Ökonomie ist hierdurch noch nicht erledigt. Denn es wird auch Produkte geben, die wegen aufwändiger Produktionsprozesse zentral hergestellt werden müssen, beispielsweise im Fahrzeugbau. Auch notwendige Infrastrukturmaßnahmen wie Verkehrs- und Energiesysteme sind sicherlich sinnvoll überregional zu planen und zu realisieren. Weiter wird regionsübergreifend auch zu verhandeln sein, wie mit der unterschiedlichen Ausstattung bestimmter Gebiete mit Rohstoffen oder auch mit der verschieden weit fortgeschrittenen Umweltzerstörung so umgegangen wird, dass Menschen in allen Regionen ähnliche Möglichkeiten haben, sich zu entwickeln. Auch werden, schon weil auf den gegebenen Strukturen regionaler Arbeitsteilung aufgebaut werden muss, die nach wie vor erforderlichen Industriebetriebe in manchen Gebieten gehäuft vertreten sein; deswegen wird dort viel gesellschaftliche Arbeit eingesetzt werden für Güter, die auch in anderen Regionen genutzt werden. Für diese Regionen gilt es über einen Ausgleich nachzudenken. Auch die Aufteilung der Arbeitszeit zwischen einerseits lokal und andererseits überregional wichtigen Aufgaben muss als Rahmenbedingung in die Planung eingehen.

Für diese und ähnliche Aufgaben können demokratisch legitimierte Räte wichtig sein. Sie erarbeiten auf der Basis einer gesamtgesellschaftlichen Prioritätensetzung, die nach breiten dezentralen Debatten festgelegt wird, die notwendigen Konkretisierungen. Für diese Planungs- und Entscheidungsprozesse sind digitale Medien sicherlich sinnvoll zu nutzen. Über sie kann die Arbeit der Räte transparent gemacht werden und es können auch Beteiligungsmöglichkeiten vor Ort organisiert werden. Sie können Selbstorganisation unterstützen, allerdings nicht die dezentralen Debatten im Vorfeld ersetzen, in denen sich Menschen direkt austauschen können.

Dabei ist eine wichtige Frage, wie gesellschaftlich notwendige Arbeit so verteilt werden kann, dass die Wirkungen der historisch übernommenen und reproduzierten Herrschaftsverhältnisse schrittweise aufgehoben werden. Ein entscheidender Fortschritt ist, dass es mit der Abschaffung der

Lohnarbeit als gesellschaftlichem Verhältnis auch keine Unterscheidung zwischen Lohn- und Reproduktionsarbeit und damit tendenziell keine Abwertung von Care-Arbeit mehr gibt. Dadurch wird der Spielraum von Menschen deutlich größer, unterschiedliche Tätigkeiten auszuprobieren. Sie können erfahren, wo ihre individuellen Interessen und Vorlieben liegen, die sie in der heutigen Gesellschaft meist nicht entfalten können. In der Folge kann dieses veränderte Handeln überholte Zuordnungen von Arbeitsinhalten an bestimmte Gruppen von Menschen aufbrechen.

Sollte es notwendige Tätigkeiten geben, die niemand gerne übernimmt, so kann ich mir vorstellen, dass bei einer deutlich verkürzten notwendigen Arbeitszeit auch eine Arbeit, die nicht gerne getan wird, für eine bestimmte Zeitspanne durchaus aus Einsicht in die Notwendigkeit von vielen übernommen wird. Gilt eine Arbeit allgemein als unattraktiv, aber notwendig, wird sicherlich auch viel kreatives Potenzial auf die Frage verwendet werden, wie sie sich angenehmer gestalten lässt. Dabei gilt es zu bedenken, dass diese solidarische Gesellschaft nicht mehr auf Konkurrenz aufbaut. Es wird miteinander gearbeitet und auch voneinander gelernt. Wissen und Innovationen geheim zu halten, bietet keine Vorteile mehr. Dies ist vielleicht zu vergleichen mit der Open-Source-Bewegung, in der Programmierer_innen nicht im Wettbewerb zueinander stehen, sondern kooperieren und sich gegenseitig unterstützen.

Die Befriedigung spezieller Konsumwünsche ist ein weiteres offenes Thema. Da ein Großteil der notwendigen Produkte und Leistungen ohne Gegenleistung zur Verfügung gestellt wird, kann es sich nur um ein kleines zusätzliches Budget handeln, das allen in gleicher Höhe zur Verfügung gestellt wird. So könnten sich einzelne Individuen einen Traum erfüllen, beispielsweise ein besonderes Musikinstrument oder eine Fernreise, die ansonsten Menschen in dem Ausmaß wie derzeit, zumindest mit der derzeitigen Flugzeug-Technologie, wegen der ökologischen Schäden nicht zur Verfügung stehen wird.

Zusammenfassend ist in dieser Phase einer Care Revolution die gesellschaftliche Organisation von Arbeit zentral, die alle Menschen einbezieht. Dabei finde ich Marx' Bild von einem „Verein freier Menschen" (MEW 23: 92) ansprechend. Menschen werden frei, indem sie handlungsfähig werden; indem sie also entscheiden können, was sie erzeugen und wie sie das tun, und wie sie das, was sie erzeugt haben, verteilen. Die Freiheit gilt dann auch für den Bereich der zwischenmenschlichen Sorge, wenn im gemeinschaftlichen Handeln einzelne entscheiden können, um wen sie sich auf welche Art und Weise kümmern und von wem sie versorgt werden möchten. Gleichzeitig steht der Begriff des Vereins für die Vorstellung von einem gesellschaftlichen Leben, in dem Menschen ihre je individuellen Bedürfnisse dadurch befriedigen, dass sie teilhaben an vielfältigen Formen der Selbstverwaltung in dezentralen und überregionalen Gemeinschaften und im Zusammenschluss mit anderen ihre eigenen Lebensbedingungen gestalten.

6.2.6 Kultur des Miteinanders und der Solidarität

Mit der Darstellung der Vergesellschaftung der Produktionsmittel soll diese konkrete Utopie nicht enden. Denn ich denke, dass damit erst die Grundlage geschaffen ist, auf der es tatsächlich zu einer Kultur des Miteinanders und der Solidarität kommen kann. Die Entwicklung dieser Kultur begleitet die Care Revolution permanent, aber sie ist auch nach der Vergesellschaftung der Produktionsmittel nicht abgeschlossen, im Gegenteil, sie kann sich jetzt erst entfalten.

Versuche, eine solche Kultur zu entwickeln, stoßen auf das Problem, dass mit dem sich weltweit durchsetzenden neoliberalen Kapitalismus der soziale Zusammenhalt zunehmend aufgelöst wird. Ein starker Individualismus ist die Folge, Einsamkeit ist weit verbreitet. Gleichzeitig gewinnen traditionelle Gemeinschaftsformen wie die Institution der Ehe mit ihren Hierarchien und Verpflichtungen im hegemonialen Diskurs und in den Hoffnungen vieler Menschen wieder an Bedeutung. Dahinter steckt der Wunsch, hier einen Kern verlässlicher, dauerhafter Beziehungen zu finden. Die Befriedigung menschlicher Bedürfnisse und die Entfaltung menschlicher Kreativität benötigt jedoch eine solidarische Gesellschaft, die selbstbestimmter Kollektivität Raum gibt. Sie braucht Menschen mit vielfältigen Gemeinschaftserfahrungen, die in der Lage sind, miteinander zu lernen und Unterschiede zu respektieren.

So sehe ich eine zentrale Herausforderung im Prozess einer Care Revolution in dem Erlernen von Praxen des Miteinanders und der Solidarität. Die menschliche Angewiesenheit auf Sorge weist dabei den Weg. Da alle Menschen zeitweise auf andere angewiesen und zeitweise auch verantwortlich für andere sind, gilt es alle Formen der gegenseitigen Unterstützung von individueller Hilfe bis zur Organisation der gemeinschaftlichen Sorge zu entwickeln. Dabei wird auch immer wieder aufs Neue die Unterschiedlichkeit von Menschen klar. Sie benötigen nicht nur ein unterschiedliches Ausmaß von Sorge, sondern sie sind auch in unterschiedlichem Maß bereit, Sorgetätigkeiten zu übernehmen. Auch gibt es derzeit unterschiedliche kulturelle Normen, wer Care benötigt, wer die Sorgeverantwortung trägt und wie sie ausgefüllt werden kann. Diese gilt es kritisch zu reflektieren und gleichzeitig muss der individuell unterschiedliche Umgang mit Sorgeaufgaben und -bedürfnissen ernst genommen werden. Dies gilt entsprechend auch für andere menschliche Bedürfnisse, die sich nicht auf das Sorgen beziehen.

Eine Kultur des Miteinanders und der Solidarität kann sich nur mit der Zeit, nur im Laufe der politischen Auseinandersetzung herausbilden. Sie kann sich nur dort weiterentwickeln, wo Menschen Arbeit miteinander teilen, sich im gemeinsamen Leben erfahren. Deswegen beginnt dieser Lernprozess für solidarisches Handeln auch dort, wo diese Auseinandersetzungen geführt werden, etwa in Care-Initiativen. An diesen Orten können nicht nur humane, auf Solidarität beruhende Visionen entwickelt werden, sondern hier kann auch der solidarische Umgang miteinander erprobt werden – über alle Ausgrenzungen und Diskriminierungen hinweg, die Menschen derzeit erfahren. So kann es gelingen, die bestehende Individualisierung und die sozialen Praxen der Spaltung schrittweise zu überwinden (Hausotter/Wiesental 2014). Auf diese konkreten Erfahrungen mit politischer Selbstorganisation ist eine Care-Bewegung von Beginn an angewiesen, um das Prinzip der Solidarität nach und nach mit Leben zu erfüllen.

Wichtig für diese Lernprozesse sind auch kollektive Strukturen im beruflichen und familiären Umfeld. Menschen erfahren dort, wie gut es tut, gemeinsam zu handeln. In Wohnprojekten, in Gruppen, die sich für ein Gemeingut verantwortlich fühlen, in Produktionskollektiven, in Kommunen, die sich gemeinsam um ihren Lebensunterhalt kümmern, ist es möglich, Selbstreflexion zu lernen, sich zusammen zu entwickeln, die alltäglichen Dinge gemeinsam zu gestalten und sich über gesellschaftliche Visionen auszutauschen. Gemeinschaften können also nicht nur heute ein befriedigenderes Leben ermöglichen, sondern darüber hinaus auch hilfreich sein, um solidarisches Verhalten zu üben.

So stellen Aktivist_innen in unterschiedlichen Gemeinschaftsprojekten den Erfahrungen der Ohnmacht Momente der Selbstbestimmung gegenüber (Exner/Kratzwald 2012: 8). Diese Gemeinschaften sind in einer kapitalistischen Gesellschaft ein wichtiges Übungsfeld, das bei aller Bedrängung durch den äußeren Rahmen deutlich machen kann, wie in einer zukünftigen solidarischen Gesellschaft zusammengearbeitet und zusammengelebt werden kann. In diesem Sinn schreibt das trouble everyday collective (2014: 67) treffend, dass für eine queer-feministische Perspektive die Erkenntnis zentral sein sollte, „dass nur *solidarische* und *kollektiv verhandelte* Projekte zu einer Überwindung von Herrschaft führen werden". Entsprechend verstehen die Autor_innen Kollektivierung „als Prinzip und Verantwortungsstruktur, die die ganze Gesellschaft betrifft" (ebd.).

Im Rahmen dieses Prozesses gemeinsamer Entwicklung ist schließlich von Bedeutung, dass sowohl in einzelnen Kollektiven und Gemeinschaften als auch im Prozess der Herausbildung und Weiterentwicklung einer solidarischen Gesellschaft immer wieder Hierarchien, Abwertungen und Ausgrenzungen einzelner Menschen oder Gruppen bewusst reflektiert werden. Die Ausgeschlossenen immer wieder wahrzunehmen und einzubeziehen, ist ein nie endender Prozess, aber eine unabdingbare Notwendigkeit. In der heutigen Kultur sind Prinzipien der Über- und Unterordnung entlang von Kategorien wie Geschlecht, sexueller Orientierung, rassistischen Zuschreibungen, Religion, beruflicher Kompetenz und Leistungsfähigkeit fest verankert. Nur indem eine Care Revolution sich gegen damit verbundene Diskriminierungen aktiv zur Wehr setzt, aber auch in ihren eigenen Reihen ihr Verhalten gegenüber den konstruierten Anderen reflektiert, ist eine solidarische Gesellschaft überhaupt denkbar. Nur indem diese Reflexion zur Selbstverständlichkeit wird, kann sich eine solidarische Gesellschaft zum Wohle aller weiterentwickeln.

Wo es Menschen gelingt, über Fragen des gemeinsamen Lebens solidarisch miteinander zu beraten und zu entscheiden, entstehen Kollektive, entstehen Initiativen mit gemeinsamen Interessen, die für die ihnen anvertrauten Gemeingüter Verantwortung übernehmen. Dort revolutionieren Menschen im wahrsten Sinn des Wortes ihre Lebensbedingungen und damit auch sich selbst!

7 Ausblick

Die Sorge für das eigene Wohlergehen ist ebenso essenzieller Bestandteil des Menschseins wie die Sorge für andere. Das Gemeinschaftswesen Mensch zeichnet aber auch aus, von anderen vielfältige Unterstützung zu erfahren. Im Miteinander lernen Menschen gleichzeitig, sich und ihr Umfeld besser zu verstehen und ihre Bedürfnisse gemeinsam zu realisieren. Entsprechend wichtig ist es, über genug Zeit und Freiräume für die Gestaltung der je individuellen und der kollektiven Lebensbedingungen zu verfügen. Diese Grundvoraussetzung guten menschlichen Lebens scheint selbstverständlich, trifft aber auf eine kapitalistische Gesellschaft, in der Zeit für Tätigkeiten jenseits der Lohnarbeit und der dringlichsten Reproduktionsarbeit knapp ist. Vielen Menschen fehlen aktuell die Rahmenbedingungen, um sich gesund zu erhalten und sich weiterzubilden, um das eigene Leben zu organisieren und dabei auf gesellschaftliche Absicherung vertrauen zu können. Zu kurz kommt auch der freundschaftliche Kontakt zu anderen. Die einen sind in ihrer eigenen Existenz bedroht, die anderen zu erschöpft, um sich so um ihre Nächsten zu kümmern, wie sie es gerne täten, andere bedrücken die übermäßigen Sorgeaufgaben, mit denen sie alleine gelassen werden. Diese Diskrepanz zwischen dem Wunsch nach gutem Leben in Gemeinschaft mit anderen und den engen Grenzen, die die kapitalistische Ökonomie der Sorge und Selbstsorge setzt, zieht sich durch das Buch.

Die kapitalistische Produktionsweise ist auf der Kombination von Lohnarbeit und unentlohnter Reproduktionsarbeit, der Verfügungsgewalt von Privateigentümer_innen über die Ergebnisse gesellschaftlicher Arbeit und dem Primat der Kapitalakkumulation aufgebaut. Die Produktion von Gebrauchswerten und die Absicherung grundlegender menschlicher Bedürfnisse sind nicht Zweck einer so organisierten Ökonomie. In der neoliberalen Krisenbearbeitung wird die Kluft zwischen dem, was beim gegenwärtigen Stand von Technologie und Bildung möglich wäre, und dem realen Ausmaß an Ungleichheit und Existenzunsicherheit besonders augenfällig. Es wird an Betreuungs- und Bildungsausgaben ebenso gespart wie an der Gesundheitsvorsorge oder der Unterstützung älterer und kranker Menschen. Das Ausmaß, in dem den Arbeitenden für die Sorgearbeit nötige Ressourcen entzogen werden, führt mittlerweile in eine Krise der sozialen Reproduktion: Es stehen nicht mehr genug gesunde, qualifizierte und motivierte Arbeitskräfte zur Verfügung. So werden die Probleme in der Reproduktion der Arbeitskraft zum integralen Teil der Überakkumulationskrise. Die Aktualität der Krise bedeutet jedoch umgekehrt, dass das Kapital kaum Ressourcen für eine umfassendere Sorge bereitstellen wird. Denn zusätzliche Kosten für die Reproduktion der Arbeitskräfte vertiefen die Krise der Kapitalverwertung. Somit wird jeder Schritt hart umkämpft sein, der darauf abzielt, die Bedingungen für Sorgearbeit zu verbessern, und selbst kleine Erfolge sind ständig in Gefahr, zurückgedrängt zu werden. Reformkonzepte, die sich auf das einfach Durchsetzbare beschränken, werden neoliberal als Förderung der Leistungsträger_innen vereinnahmt oder scheitern.

Immer mehr Menschen nehmen diese systemische Unfähigkeit, die Befriedigung grundlegender menschlicher Bedürfnisse zu gewährleisten, deutlich wahr. In den verschiedenen Reproduktionsmodellen, in denen sie versuchen, ihren Alltag zu bewältigen, leiden sie auf unterschiedliche Weise unter Stress und Überforderung. Existenzsicherheit, Selbstsorge, Zeit, sich um nahe Menschen zu kümmern – etwas kommt immer zu kurz. Eine wachsende Zahl Betroffener aus allen Care-Bereichen und Care-Positionen will diesen Zustand jedoch nicht mehr hinnehmen. Sie schließen sich zusammen und wehren sich. Bemerkenswert ist, wie häufig sie sich hierbei auf ihre Würde als Sorgearbeitende und als sorgebedürftige Menschen beziehen und auch die Bedürfnisse von Menschen in anderer Lage nicht aus dem Blick verlieren. Gleichzeitig fordern sie die Notwendigkeit eines grundlegenden Wandels der Organisation von Sorgearbeit ein.

Somit kann das Konzept der Care Revolution, das auf diesen beiden Prämissen – radikale Bedürfnisorientierung und grundlegender Wandel der Organisation von Sorgearbeit – beruht, für viele Menschen attraktiv sein. Es steht zu den Grundpositionen vieler Initiativen im Care-Bereich nicht im Widerspruch, sondern möchte das, was dort ansatzweise oder für Teilbereiche formuliert wird, weiterentwickeln. Care Revolution als Transformationsstrategie strebt eine Gesellschaft an, die auf Solidarität und Achtsamkeit beruht und in der alle Menschen sich ihren Bedürfnissen gemäß entwickeln können. Diese Gesellschaftsformation kann wegen der Unvereinbarkeit der zugrundeliegenden Funktionslogiken nicht kapitalistisch sein. Das bedeutet, dass eine Care Revolution über den Bereich der Sorgearbeit hinausgehen muss, damit eine umfassende und konsistente Umgestaltung möglich wird. Gerade in der gegenwärtigen Krise des Kapitalismus setzt dieser selbst die Systemfrage auf die Agenda, denn er ist nicht in der Lage, in hinreichendem Maß der Kapitalverwertung entzogene Räume zuzulassen und die Kosten für eine humane Organisation von Care zu tragen. Entsprechend müssen Gruppen, die eine Care Revolution anstreben, in Rechnung stellen, dass ein ruhiger, konfliktfreier Übergang zwischen Kapitalismus und solidarischer Gesellschaft so wenig vorstellbar ist wie ein Kapitalismus, der ausreichende Ressourcen für Sorge und Selbstsorge bereitstellt.

Vor diesem Hintergrund ist eine breite gesellschaftliche Bewegung von unten notwendig, eine Care-Bewegung. Diese benötigt einen Zusammenschluss Aktiver über Care-Bereiche und über Positionen im Sorgeverhältnis hinweg. Dies ist im Selbstverständnis der hier dargestellten Initiativen bereits angelegt. Weiter müssen bisher noch nicht aktive Care-Arbeitende erreicht werden. Ausgangspunkt können etwa kollektive reflektierende Auseinandersetzungen mit den alltäglichen Erfahrungen sein. Diese werden deutlich machen, dass die je persönlichen Beschränkungen und Überlastungen nicht individuelles Versagen darstellen, sondern auf strukturelle und gleichzeitig veränderbare Bedingungen zurückzuführen sind. Von hier aus liegt jenseits der praktischen Auseinandersetzung mit diesen Rahmenbedingungen die Frage nahe, wodurch sie ersetzt werden können.

Derzeit ist zunächst wichtig, eine existenzielle Absicherung aller Menschen durchzusetzen. Eine Begrenzung der Erwerbsarbeitszeit als notwendiger Bestandteil der Care Revolution kann darüber hinaus mehr Zeit für Sorgearbeit, für zivilgesellschaftliches und politisches Engagement und auch mehr Zeiten der Muße ermöglichen. Die Arbeitszeitverkürzung unterstützt die Wahrnehmung, dass Lebensqualität nicht von der Produktion und dem Verkauf von immer mehr Waren abhängt. Dies ermöglicht auch eine Verbindung mit ökologischen Bewegungen. Weiterhin geht es um den Ausbau und die qualitative Verbesserung der öffentlichen Daseinsvorsorge. Bezüglich der sozialen Infrastruktur sind neben ihrer materiellen Verbesserung auch Institutionen wichtig, die ihrer demokratischen Kontrolle dienen.

Darüber hinaus steht die Care-Bewegung vor der Herausforderung, die Privatisierung von Care-Aufgaben zu stoppen und stattdessen auf Selbstverwaltung beruhende Projekte wie Gesundheitszentren, Nachbarschaftsläden oder alternative Bildungsangebote aufzubauen. Hier gibt es in vielen Bereichen bereits Gemeinschaftsprojekte, von deren Experimenten mit Selbstverwaltung und Kollektivität sich viel lernen lässt. So kann ein Bereich der Ökonomie ausgebaut werden, in dem Kostensenkung und Rentabilität nicht die zentralen Entscheidungskriterien sind. Ziel der Transformation ist, die Versorgung mit allen Gütern und Unterstützungsleistungen nach Kriterien der Bedürfnisbefriedigung und Ressourcenschonung zu organisieren. Dazu bedarf es jedoch eines langen Prozesses von Auseinandersetzungen und auch vieler offener Debatten und Lernprozesse aller an der Bewegung Beteiligten. Gegenstand des nötigen Lernens ist sicherlich auch das solidarische Handeln selbst. Dieses ist in einer Gesellschaft, die auf sozialer Ungleichheit und damit auch auf Ausgrenzung, Abwertung und Unterdrückung beruht, überhaupt nicht selbstverständlich, aber eine notwendige und spannende Herausforderung.

Auf diesem Weg, der vom gegenwärtigen Standpunkt aus fast unüberschaubar weit aussieht, wird es Rückschläge und Umwege geben, manche heute wichtig scheinende Konzepte werden die Bewährungsprobe der Praxis nicht bestehen. Es wird aber auch überraschende Erfolge und neue Ideen geben, die von Akteur_innen kommen, die bisher noch kaum Teil der Bewegung sind und ihre Erfahrungen und Gedanken zum Tragen bringen. Das werden völlig verschiedene Menschen sein: Visionär_innen, die schon konkret im Auge haben, wie ein gutes, besseres, schöneres Leben aussehen könnte. Realist_innen, die sehr klar sehen, wo im Detail die derzeitigen konkreten Arbeits- und Lebensbedingungen ihre Handlungsmöglichkeiten einschränken. Suchende, die für sich selbst derzeit keinen angemessenen Platz finden. Mitfühlende, die nicht ertragen wollen, wie andere an Ausgrenzung und Diskriminierung leiden und damit auch ihr eigenes Leben beeinträchtigt ist. Je unterschiedlicher diese Mitstreiter_innen sind, desto vielfältigere und interessantere Wege und Konzepte werden entstehen, die auch durch globalen Wissens- und Gedankenaustausch bereichert werden. Die geteilte Erfahrung, dass solidarisch Handelnde tatsächlich ihre Welt gestalten können, kann die nötige Energie freisetzen, um den Weg in eine solidarische Gesellschaft zu gehen.

Literatur

AG links-netz (2013): Sozialpolitik als Bereitstellung einer Sozialen Infrastruktur. In: Hirsch, Joachim; Brüchert, Oliver; Krampe, Eva-Maria et al. (Hg.): Sozialpolitik anders gedacht: Soziale Infrastruktur. Hamburg: VSA, 50-74.

Albert, Michael (2006): Parecon. Leben nach dem Kapitalismus. Grafenau, Frankfurt/Main: Trotzdem Verlagsgenossenschaft.

Allmendinger, Jutta; Haarbrücker, Julia (2013): Lebensentwürfe heute. Wie junge Frauen und Männer in Deutschland leben wollen. Kommentierte Ergebnisse der Befragung 2012. http://bibliothek.wzb.eu/pdf/2013/p13-002.pdf

Anderson, Bridget (2001): Reproductive Labour and Migration. http://www.transcomm.ox.ac.uk/working%20papers/WPTC-02-01%20Anderson.doc.pdf

Annesley, Claire (2007): Lisbon and social Europe: towards a European ‚adult worker model' welfare system. In: Journal of European Social Policy, 17(3), 195-205.

Aulenbacher, Brigitte; Dammayr, Maria (2014): Krise des Sorgens. Zur herrschaftsförmigen und widerständigen Rationalisierung und Neuverteilung von Sorgearbeit. In: dies. (Hg.): Für sich und andere sorgen. Krise und Zukunft von Care in der modernen Gesellschaft. Weinheim, Basel: Beltz Juventa, 65-76.

Autorengruppe Bildungsberichterstattung (2014): Bildung in Deutschland 2014. Ein indikatorengestützter Bericht mit einer Analyse zur Bildung von Menschen mit Behinderungen. http://www.bildungsbericht.de/daten2014/bb_2014.pdf

Backes, Gertrud M.; Amrhein, Ludwig; Wolfinger, Martina (2008): Gender in der Pflege. Herausforderungen für die Politik. http://library.fes.de/pdf-files/wiso/05587.pdf

Bakir, Erdogan; Campbell, Al (2010): Neoliberalism, the Rate of Profit and the Rate of Accumulation. In: Science & Society, 74(3), 323-342.

Bauhardt, Christine (2013): Wege aus der Krise? Green New Deal – Postwachstumsgesellschaft – Solidarische Ökonomie: Alternativen zur Wachstumsökonomie aus feministischer Sicht. In: Gender, Heft 2, 9-26.

Baumol, William J. (1967): Macroeconomics of Unbalanced Growth: The Anatomy of Urban Crisis. In: The American Economic Review, 57(3), 415-426.

Baumol, W. J.; Oates, W. E. (1997 [1972]): The Cost Disease of the Personal Services and the Quality of Life. In: Towse, Ruth (Hg.): Baumol's Cost Disease. The Arts and other Victims. Cheltenham: Elgar, 82-92.

Bergmann, Frithjof (2004): Neue Arbeit, Neue Kultur. Freiamt: Arbor.

Berninger, Ina; Dingeldey, Irene (2013): Familieneinkommen als neue Normalität? In: WSI Mitteilungen, Heft 3, 182-191.

Bertelsmann Stiftung (2014): Qualitätsausbau in KiTas. http://www.laendermonitor.de/laendermonitor/aktuell/index.html

BKK Dachverband (Hg.) (2013): BKK Gesundheitsreport 2013. http://www.bkk-dachverband.de/images/bkk/gesundheitsreport/2013/materialien/BKK-Gesundheitsreport_2013.pdf

Blaschke, Ronald; Rätz, Werner (Hg.) (2013): Teil der Lösung. Plädoyer für ein bedingungsloses Grundeinkommen. Zürich: Rotpunktverlag.

Bock, Gisela; Duden, Barbara (1977): Arbeit aus Liebe – Liebe als Arbeit. Zur Entstehung der Hausarbeit im Kapitalismus. In: Gruppe Berliner Dozentinnen (Hg.): Frauen und Wissenschaft. Beiträge zur Berliner Sommeruniversität für Frauen. Berlin: Courage Verlag, 118-199.

Bontrup, Heinz-J. (2012): Der diskreditierte Staat. Alternativen zur Staatsverschuldung und zu Schuldenbremsen. Bergkamen: pad-Verlag.

Brenke, Karl; Grabka, Markus M. (2011): Schwache Lohnentwicklung im letzten Jahrzehnt. In: DIW Wochenbericht Nr. 45, 3-15.

Bruckmeier, Kerstin; Eggs, Johannes; Himsel, Carina; Trappmann, Mark; Walwei, Ulrich (2013): Aufstocker im SGB II. Steinig und lang – der Weg aus dem Leistungsbezug. In: IAB-Kurzbericht, Nr. 14, 1-8.

Brüchert, Oliver (2013): Bildung für alle – und zwar umsonst! In: Hirsch, Joachim; Brüchert, Oliver; Krampe, Eva-Maria et al. (Hg.): Sozialpolitik anders gedacht: Soziale Infrastruktur. Hamburg: VSA, 118-134.

Brückner, Margrit (2010) Entwicklung der Care-Debatte – Wurzeln und Begrifflichkeiten. In: Apitzsch, Ursula; Schmidbaur, Marianne (Hg.): Care und Migration. Opladen & Farmington Hills: Barbara Budrich, 43-58.

Brückner, Margrit (2012): Selbstsorge im Spannungsfeld von ‚Care' und ‚Caritas'. In: Jansen, Mechthild M. et al. (Hg.): Selbstsorge als Thema in der (un)bezahlten Arbeit. Wiesbaden: Hessische Landeszentrale für politische Bildung, 9-28.

Buber, Martin (1985 [1950]): Pfade in Utopia. In: ders.: Pfade in Utopia. Über Gemeinschaft und deren Verwirklichung. Heidelberg: Verlag Lambert Schneider, 15-258.

Bundesagentur für Arbeit (Hg.) (2014a): Der Arbeitsmarkt in Deutschland – Menschen mit Migrationshintergrund auf dem deutschen Arbeitsmarkt. https://statistik.arbeitsagentur.de/Statischer-Content/Arbeitsmarktberichte/Personengruppen/generische-Publikationen/Broschuere-Migranten-2014-07.pdf

Bundesagentur für Arbeit. Zentrale Auslands- und Fachvermittlung (Hg.) (2014b): Vermittlung von europäischen Haushaltshilfen. http://www.arbeitsagentur.de/web/wcm/idc/groups/public/documents/webdatei/mdaw/mjiz/~edisp/l6019022dstbai641662.pdf

Bundesinstitut für Bevölkerungsforschung (Hg.) (2013): Familienleitbilder. Vorstellungen, Meinungen, Erwartungen. http://www.bib-demografie.de/SharedDocs/Publikationen/DE/Broschueren/familien_leitbilder_2013.pdf?__blob=publicationFile&v=7

Bundesministerium für Arbeit und Soziales (BMAS) (Hg.) (2013a): Sozialbudget 2013. http://www.bmas.de/SharedDocs/Downloads/DE/PDF-Publikationen/a230-13-sozialbudget-2013.pdf?__blob=publicationFile

Bundesministerium für Arbeit und Soziales (BMAS) (Hg.) (2013b): Alleinerziehende unterstützen – Fachkräfte gewinnen. Report 2013. Berlin.

Bundesministerium für Arbeit und Soziales (BMAS) (Hg.) (2013c): Lebenslagen in Deutschland. Der Vierte Armuts- und Reichtumsbericht der Bundesregierung. https://www.bmas.de/SharedDocs/Downloads/DE/PDF-Publikationen-DinA4/a334-4-armuts-reichtumsbericht-2013.pdf?__blob=publicationFile

Bundesministerium für Arbeit und Soziales (BMAS) (Hg.) (2014): Rentenversicherungsbericht 2014. http://www.bmas.de/SharedDocs/Downloads/DE/Thema-Rente/rentenversicherungsbericht-2014-kabinettvorlage.pdf?__blob=publicationFile

Bundesministerium für Familie, Senioren, Frauen und Jugend (BMFSFJ) (Hg.) (2008): Sozialbilanz Familie. Eine ökonomische Analyse mit Schlussfolgerungen für die Familienpolitik. http://www.bmfsfj.de/RedaktionBMFSFJ/Abteilung2/Pdf-Anlagen/sozialbilanz-familie,property=pdf,bereich=bmfsfj,sprache=de,rwb=true.pdf

Bundesministerium für Familie, Senioren, Frauen und Jugend (BMFSFJ) (Hg.) (2012a): Achter Familienbericht. Zeit für Familie – Familienzeitpolitik als Chance einer nachhaltigen Familienpolitik. Berlin.

Bundesministerium für Familie, Senioren, Frauen und Jugend (BMFSFJ) (2012b): Familienreport 2011. Leistungen, Wirkungen, Trends. Berlin.

Bundesministerium für Familie, Senioren, Frauen und Jugend (BMFSFJ) (2012c): Ausgeübte Erwerbstätigkeit von Müttern. Erwerbstätigkeit, Erwerbsumfang und Erwerbsvolumen 2010. Berlin.

Bundesministerium für Familie, Senioren, Frauen und Jugend (BMFSFJ) (2012d): Familienreport 2012. Leistungen, Wirkungen, Trends. http://www.bmfsfj.de/RedaktionBMFSFJ/Broschuerenstelle/Pdf-Anlagen/Familienreport-2012,property=pdf,bereich=bmfsfj,sprache=de,rwb=true.pdf

Bundesministerium für Familie, Senioren, Frauen und Jugend (BMFSFJ); Statistisches Bundesamt (Hg.) (2003): Wo bleibt die Zeit? Die Zeitverwendung der Bevölkerung in Deutschland 2001/02. Berlin.

Bundespsychotherapeutenkammer (BPtK) (Hg.) (2013): BPtK-Studie zur Arbeits- und Erwerbsunfähigkeit. Psychische Erkrankungen und gesundheitsbedingte Frühverrentung. http://www.bptk.de/uploads/media/20140128_BPtK-Studie_zur_Arbeits-und_Erwerbsunfaehigkeit_2013_1.pdf

Butterwegge, Christoph (2014): Krise und Zukunft des Sozialstaates. 5., aktualisierte Auflage. Wiesbaden. Springer VS.

Candeias, Mario (2014): Szenarien grüner Transformation. In: Brie, Michael (Hg.): Futuring. Münster: Westfälisches Dampfboot, 303-329.

Carstensen, Tanja; Ballenthien, Jana; Winker, Gabriele (2014): Arbeitsalltag im Internet. Umgang mit mehrdimensionalen Entgrenzungen. In: Carstensen, Tanja et al. (Hg.): Digitale Subjekte. Praktiken der Subjektivierung im Medienumbruch der Gegenwart. Bielefeld: transcript, 29-80.

Carstensen, Tanja; Derboven, Wibke; Winker, Gabriele (2012): Soziale Praxen Erwerbsloser. Gesellschaftliche Teilhabe – Internetnutzung – Zeithandeln. Münster: LIT-Verlag.

Demirović, Alex (2014): Transformation und Ereignis. Zur Dynamik demokratischer Veränderungsprozesse der kapitalistischen Gesellschaftsformation. In: Brie, Michael (Hg.): Futuring. Münster: Westfälisches Dampfboot, 419-435.

Deutsche Rentenversicherung (Hg.) (2014a): Rentenversicherung in Zeitreihen. http://www.deutsche-rentenversicherung.de/Allgemein/de/Inhalt/6_Wir_ueber_uns/03_fakten_und_zahlen/03_statistiken/02_statistikpublikationen/03_rv_in_zeitreihen.pdf;jsessionid=2DE1EC3BE12FA64CCEA6E33A21E5D9E25.cae01?__blob=publicationFile&v=15

Deutsche Rentenversicherung (Hg.) (2014b): Indikatoren zu Erwerbsminderungsrenten (EM-Renten) im Zeitablauf. http://www.deutsche-rentenversicherung.de/cae/servlet/contentblob/238686/publicationFile/34841/indikatoren_zu_erwerbsminderungsrenten.pdf

DIHK (Hg.) (2014): Fachkräftesicherung – Unternehmen aktiv. DIHK-Arbeitsmarktreport. Ergebnisse einer DIHK-Unternehmensbefragung 2013/2014. http://www.dihk.de/ressourcen/downloads/dihk-arbeitsmarktsreport-2013-14/at_download/file?mdate=1394632466652

Donath, Susan (2000): The Other Economy: A Suggestion for a Distinctively Feminist Economics. In: Feminist Economics, 6(1), 115-123.

Düvell, Franck (2002): Die Globalisierung des Migrationsregimes. Berlin, Hamburg, Göttingen: Assoziation A.

Ehm, Simone; Rinderspacher, Jürgen P. (2013): Ein Jahr Familienpflegezeitgesetz – Welche Erfahrungen gibt es und wie kann es weitergehen? In: Feministische Studien, Heft 2, 315-323.

Ehrenberg, Alain (2004): Das erschöpfte Selbst. Depression und Gesellschaft in der Gegenwart. Frankfurt/Main, New York: Campus.

Ehrenberg, Alain (2011): Das Unbehagen in der Gesellschaft. Berlin: Suhrkamp.

Emunds, Bernhard; Schacher, Uwe (2012): Ausländische Pflegekräfte in Privathaushalten. Abschlussbericht zum Forschungsprojekt. http://www.boeckler.de/pdf_fof/S-2009-253-4-1.pdf

England, Paula (2005): Emerging Theories of Care Work. In: Annual Review of Sociology, 31, 381-399.

England, Paula; Folbre, Nancy (2003): Contracting for Care. In: Ferber, Marianne A.; Nelson, Julie A. (Hg.): Feminist Economics Today. Beyond Economic Man. Chicago, London: The University of Chicago Press, 61-79.

Exner, Andreas; Kratzwald, Brigitte (2012): Solidarische Ökonomie & Commons. INTRO. Eine Einführung. Wien: Mandelbaum.

Federici, Silvia (2012): Die Reproduktion der Arbeitskraft im globalen Kapitalismus und die unvollendete feministische Revolution. In: dies.: Aufstand aus der Küche. Münster: edition assemblage, 21-86.

Feministische Autorinnengruppe (2013): Das Theorem der Neuen Landnahme: Eine feministische Rückeroberung. In: Baumann, Hans et al. (Hg.): Care statt Crash. Sorgeökonomie und die Überwindung des Kapitalismus. Zürich: Edition 8, 99-118.

Fisher, Berenice; Tronto, Joan (1990): Toward a Feminist Theory of Caring. In: Abel, Emily K.; Nelson, Margaret K. (Hg.): Circles of Care. Work and Identity in Women's Lives. New York: State University of New York Press, 35-62.

Folbre, Nancy (1995): „Holding Hands at Midnight“: The Paradox of Caring Labor. In: Feminist Economics, 1(1), 73-92.

Folbre, Nancy (2006): Demanding Quality: Worker/Consumer Coalitions and „High Road“ Strategies in the Care Sector. In: Politics & Society, 34(1), 11-31.

Folbre, Nancy (2008): Reforming Care. In: Politics & Society, 36(3), 373-387.

Fraser, Nancy (2009): Feminismus, Kapitalismus und die List der Geschichte. In: Blätter für deutsche und internationale Politik, Heft 8, 43-57.

Freudenberger, Herbert J. (1974): Staff Burn-Out. In: Journal of Social Issues, 30(1), 159-165.

Fuchs, Tatjana; Trischler, Falko (2008): Arbeitsqualität aus Sicht von Erzieherinnen und Erziehern. Ergebnisse aus der Erhebung zum DGB-Index Gute Arbeit. http://www.gew.de/Binaries/Binary40336/Brosch%C3%BCre_DGB-index_Arbeitspapier_Erzieherinnen-kurz%20%C3%BCbera.pdf

Fülberth, Georg (2009): Wieder einmal Krise? In: Luxemburg, Heft 1, 52-57.

Ganz, Kathrin (2007): Neoliberale Refamiliarisierung & queer-feministische Lebensformenpolitik. In: Groß, Melanie; Winker, Gabriele (Hg.): Queer-|Feministische Kritiken neoliberaler Verhältnisse. Münster: Unrast, 51-77.

Gather, Claudia; Schürmann, Lena (2013): „Jetzt reicht's. Dann machen wir eben unseren eigenen Pflegedienst auf." Selbständige in der Pflegebranche – Unternehmertum zwischen Fürsorge und Markt. In: Feministische Studien, Heft 2, 225-239.

Gershenfeld, Neil (2005): FAB: The Coming Revolution on Your Desktop – from Personal Computers to Personal Fabrication. New York: Basic Books.

Grabka, Markus M.; Goebel Jan (2013): Rückgang der Einkommensungleichheit stockt. In: DIW Wochenbericht, Nr. 46, 13-23.

Grabka, Markus M.; Westermeier, Christian (2014): Anhaltend hohe Vermögensungleichheit in Deutschland. In: DIW Wochenbericht, Nr. 9, 151-164.

Graefe, Stefanie (2012): Vom Recht, ich sein zu dürfen. Einige Überlegungen zum Thema psychische Belastung durch Arbeit. In: Emanzipation, 2(2), 23-31.

Gramsci, Antonio (1996 [1932-1934]): Gefängnishefte. Band 7, Heft 13. Hamburg: Argument.

Gramsci, Antonio (1998 [1934-1935]): Gefängnishefte. Band 8, Heft 19. Hamburg: Argument.

Gubitzer, Luise; Mader, Katharina (2011): Care-Ökonomie. Ihre theoretische Verortung und Weiterentwicklung. In: Kurswechsel, Heft 4, 7-21.

Habermann, Friederike (2009): Halbinseln gegen den Strom. Anders leben und wirtschaften im Alltag. Königstein/Taunus: Ulrike Helmer.

Haidinger, Bettina (2008): Prekarität mit Geschichte. Die Care-Ökonomie der Privathaushalte. In: Kurswechsel, Heft 1, 34-45.

Hajek, Katharina; Opratko, Benjamin (2010): Welche Wirtschaft, wessen Krise? In: Perspektiven 9, 22-31. http://www.perspektiven-online.at/2010/01/20/welche-wirtschaft-wessen-krise

Haug, Frigga. (2008): Die-Vier-in-einem-Perspektive. Eine Utopie von Frauen, die eine Utopie für alle ist. In: dies.: Die Vier-in-einem-Perspektive. Hamburg: Argument, 13-23.

Hausotter, Jette; Wiesental, Ann (2014): Care Revolution. Eine Care-Bewegung tritt an, um die Lebensverhältnisse zu revolutionieren! In: Femina Politica, 23(2), 125-128.

Helfrich, Silke; Heinrich-Böll-Stiftung (Hg.) (2012): Commons. Für eine neue Politik jenseits von Markt und Staat. Bielefeld: transcript.

Heiden, Mathias; Jürgens, Kerstin (2013): Kräftemessen. Betriebe und Beschäftigte im Reproduktionskonflikt. Berlin: edition sigma.

Hielscher, Volker; Nock, Lukas; Kirchen-Peters, Sabine; Blass, Kerstin (2013): Zwischen Kosten, Zeit und Anspruch. Das alltägliche Dilemma sozialer Dienstleistungsarbeit. Wiesbaden: Springer VS.

Himmelweit, Susan (2007): The prospects for caring: economic theory and policy analysis. In: Cambridge Journal of Economics, 31(4), 581-599.

Hirsch, Joachim (2009): Die Krise des neoliberalen Kapitalismus: welche Alternativen? http://www.links-netz.de/pdf/T_hirsch_alternativen.pdf

Hochschild, Arlie Russell (2001): Globale Betreuungsketten und emotionaler Mehrwert. In: Hutton, Will; Giddens, Anthony (Hg.): Die Zukunft des globalen Kapitalismus. Frankfurt/Main, New York: Campus, 157-176.

Hochschild, Arlie Russell (2003): Love and Gold. In: Ehrenreich, Barbara; Hochschild, Arlie Russell (Hg.): Global Woman. New York: Metropolitan Books, 15-30.

Hoffrogge, Ralf (2011): From Unionism to Workers' Councils. The Revolutionary Shop Stewards in Germany 1914-1918. In: Ness, Immanuel; Azzellini, Dario (Hg.): Ours to Master and to Own. Workers' Control from the Commune to the Present. Chicago: Haymarket Books, 84-103.

Holzkamp, Klaus (1984): Zum Verhältnis zwischen gesamtgesellschaftlichem Prozeß und individuellem Lebensprozeß. In: Konsequent, Sonderband 6: Streitbarer Materialismus, 29-40.

IG Metall (Hg.) (2012): Deutschland als Wachstumsanker in Europa stabilisieren. http://www.igmetall-kurswechselkongress.de/wp-content/uploads/2012/11/2012-10-09_DEUTSCH_Europapapier-IG-Metall.pdf

International Labour Office (ILO) (Hg.) (2013): Domestic workers across the world: Global and regional statistics and the extent of legal protection. http://www.ilo.org/wcmsp5/groups/public/---dgreports/---dcomm/---publ/documents/publication/wcms_173363.pdf

Institut für Demoskopie Allensbach (IfD) (Hg.) (2013): Monitor Familienleben 2013. Einstellungen der Bevölkerung zur Familienpolitik und zur

Familie. http://www.ifd-allensbach.de/uploads/tx_studies/7893_Monitor_Familienleben_2013.pdf

Jochimsen, Maren A. (2003): Integrating vulnerability. On the impact of caring on economic theorizing. In: Barker, Drucilla K.; Kuiper, Edith (Hg.): Toward a Feminist Philosophy of Economics. London: Routledge, 231-246.

Jürgens, Kerstin (2006): Arbeits- und Lebenskraft. Reproduktion als eigensinnige Grenzziehung. Wiesbaden: VS Verlag für Sozialwissenschaften.

Jürgens, Kerstin (2010): Deutschland in der Reproduktionskrise. In: Leviathan, 38(4), 559-587.

Jurczyk, Karin (2010): Care in der Krise? Neue Fragen zu familialer Arbeit. In: Apitzsch, Ursula; Schmidbauer, Marianne (Hg.): Care und Migration. Opladen & Farmington Hills: Barbara Budrich, 59-76.

Jurczyk, Karin; Schier, Michaela; Szymenderski, Peggy; Lange, Andreas; Voß, G. Günter (2009): Entgrenzte Arbeit – entgrenzte Familie. Grenzmanagement im Alltag als neue Herausforderung. Berlin: edition sigma.

Kalina, Thorsten; Weinkopf, Claudia (2014): Niedriglohnbeschäftigung 2012 und was ein gesetzlicher Mindestlohn von 8.50 € verändern könnte. http://www.iaq.uni-due.de/iaq-report/2014/report2014-02.pdf

Kemper, Andreas; Weinbach, Heike (2009): Klassismus. Eine Einführung. Münster: Unrast.

Keynes, John Maynard (1931): Economic Possibilities for our Grandchildren. In: ders.: Essays in Persuasion. London: Macmillan, 358-373.

Knecht, Ursula; Krüger, Caroline; Markert, Dorothee; Moser, Michaela; Mulder, Anne-Claire; Praetorius, Ina; Roth, Cornelia; Schrupp, Antje; Trenkwalder-Egger, Andrea (2012): ABC des guten Lebens. Rüsselsheim: Christel Göttert Verlag.

Knobloch, Ulrike (2013a): Sorgeökonomie als kritische Wirtschaftstheorie des Sorgens. In: Baumann, Hans et al. (Hg.): Care statt Crash. Sorgeökonomie und die Überwindung des Kapitalismus. Zürich: Edition 8, 9-23.

Knobloch, Ulrike (2013b): Sorgekrise. Ein Handbuchartikel. In: Baumann, Hans et al. (Hg.): Care statt Crash. Sorgeökonomie und die Überwindung des Kapitalismus. Zürich: Edition 8, 24-32.

Köcher, Renate (2012): Das Unbehagen am Kapitalismus. Dokumentation eines Beitrags in der Frankfurter Allgemeinen Zeitung Nr. 45 vom 22.

Februar 2012. http://www.ifd-allensbach.de/uploads/tx_reportsndocs/Februar12_Kapitalismus.pdf

Körner, Thomas; Puch, Katharina (2011): Coherence of German Labour Market Statistics. https://www.destatis.de/DE/Publikationen/Statistik Wissenschaft/Band19_CoherenceLabourMarket1030819119004.pdf?__blob=publicationFile

Kontos, Silvia; Walser, Karin (1979): … weil nur zählt, was Geld einbringt. Probleme der Hausfrauenarbeit. Gelnhausen, Berlin, Stein/Mfr.: Burckhardthaus-Laetare.

Krämer, Hagen (2011): Die Entwicklung der funktionalen Einkommensverteilung und ihrer Einflussfaktoren in ausgewählten Industrieländern 1960-2010. http://www.boeckler.de/pdf/p_imk_study_1_2011.pdf

Krampe, Eva-Maria (2013): Gesundheitswesen: für alle gleich, dezentral und steuerfinanziert. In: Hirsch, Joachim; Brüchert, Oliver; Krampe, Eva-Maria et al. (Hg.): Sozialpolitik anders gedacht: Soziale Infrastruktur. Hamburg: VSA, 95-117.

Krüger, Stephan (2010): Allgemeine Theorie der Kapitalakkumulation. Konjunkturzyklus und langfristige Entwicklungstendenzen. Hamburg: VSA.

Lehndorff, Steffen (2011): Deutschland in der europäischen Krise: Teil der Lösung oder Teil des Problems? In: WSI Mitteilungen, Heft 12, 650-658.

Lenze, Anne (2008): In schlechter Verfassung. Die Familienpolitik in Deutschland. In: Vorgänge, 47(3), 47-60.

Lewis, Jane (2001): The Decline of the Male Breadwinner Model: Implications for Work and Care. In: Social Politics, 8(2), 152-169.

Listl, Walter (2013): Die Bedingungen einer Transformation des neoliberalen Kapitalismus. In: ISW – Institut für sozial-ökologische Wirtschaftsforschung. http://www.isw-muenchen.de/download/transformation-ref-wl-201306.pdf

Lohmann-Haislah, Andrea (2012): Stressreport Deutschland 2012. Psychische Anforderungen, Ressourcen und Befinden. Dortmund, Berlin, Dresden: Bundesanstalt für Arbeitsschutz und Arbeitsmedizin.

Lutz, Helma (2010): Unsichtbar und unproduktiv? Haushaltsarbeit und Care Work – die Rückseite der Arbeitsgesellschaft. In: Österreichische Zeitschrift für Soziologie, 35(2), 23-37.

Lutz, Helma; Palenga-Möllenbeck, Ewa (2012): Care Workers, Care Drain, and Care Chains: Reflections on Care, Migration, and Citizenship. In: Social Politics, 19(1), 15-37.

Lutz, Ronald (2012): Soziale Erschöpfung – Erschöpfte Familien. In: ders. (Hg.): Erschöpfte Familien. Wiesbaden: VS Verlag für Sozialwissenschaften, 11-67.

Luxemburg, Rosa (1970 [1903]): Karl Marx. In: dies.: Gesammelte Werke, Band 1, Zweiter Halbband. Berlin: Dietz, 369-377.

Luxemburg, Rosa (2000 [1918]): Nationalversammlung oder Räteregierung. In: dies.: Gesammelte Werke, Band 4, 6., überarbeitete Auflage. Berlin: Dietz, 460-463.

Lynch, Kathleen; Walsh Judy (2009): Love, Care and Solidarity: What Is and Is Not Commodifiable. In: Lynch, Kathleen; Baker, John; Lyons, Maureen (Hg.): Affective Equality. Love, Care and Injustice, Basingstoke: Palgrave Macmillan, 35-53.

Madörin, Mascha (2006): Plädoyer für eine eigenständige Theorie der Care-Ökonomie. In: Niechoj, Thorsten; Tullney, Marco (Hg.): Geschlechterverhältnisse in der Ökonomie. Marburg: Metropolis, 277-297.

Madörin, Mascha (2007): Neoliberalismus und die Reorganisation der Care-Ökonomie. Eine Forschungsskizze. In: Denknetz-Jahrbuch 2007. Zürich: edition 8, 141-162.

Madörin, Mascha (2011): Das Auseinanderdriften der Arbeitsproduktivitäten. Eine feministische Sicht. In: Denknetz-Jahrbuch 2011. Edition 8: Zürich, 56-70.

Marx, Karl: (1976 [1844]): Zur Kritik der Hegelschen Rechtsphilosophie. Einleitung. MEW Band 1. Berlin: Dietz.

Marx, Karl: (1977 [1848]): Manifest der Kommunistischen Partei. MEW Band 4. Berlin: Dietz.

Marx, Karl (1979 [1867]): Das Kapital. Kritik der politischen Ökonomie. Erster Band. MEW Band 23. Berlin: Dietz.

Marx, Karl (1979 [1894]): Das Kapital. Kritik der politischen Ökonomie. Dritter Band. MEW Band 25. Berlin: Dietz.

Matuschek, Ingo; Kleemann, Frank; Voß, G. Günter (2008): Subjektivierte Taylorisierung als Beherrschung der Arbeitsperson. In: Prokla, Heft 150, 38(1), 49-64.

Max-Neef, Manfred; Elizalde, Antonio; Hopenhayn, Martin (1990): Entwicklung nach menschlichem Maß. Eine Option für die Zukunft. Kassel: Gesamthochschule-Bibliothek.

May, Michael (2014): Auf dem Weg zu einem dialektisch-materialistischen Care-Begriff. In: Widersprüche, Heft 134, 34(4), 11-51.

McDowell, Linda (2009): The Rise of the Service Economy. In: dies. (Hg.): Working Bodies. Interactive Service Employment and Workplace Identities. Chichester u.a.: Wiley-Blackwell, 25-48.

Metscher, Thomas (2013): Utopia oder die Konstruktion des geschichtlich Möglichen. In: Koop, Hermann (Hg.): Wovon wir träumen müssen… Marxismus und Utopie. Hamburg: LAIKA, 123-149.

Meyer, Markus; Mpairaktari, Paskalia; Glushanok, Irina (2013): Krankheitsbedingte Fehlzeiten in der deutschen Wirtschaft im Jahr 2012. In: Badura, Bernhard et al. (Hg.): Fehlzeiten-Report 2013. Berlin, Heidelberg: Springer, 263-445.

Meyer, Markus; Weirauch, Henriette; Weber, Fabian (2012): Krankheitsbedingte Fehlzeiten in der deutschen Wirtschaft 2011. In: Badura, Bernhard et al. (Hg.): Fehlzeiten-Report 2012. Berlin, Heidelberg: Springer, 291-467.

Mies, Maria (1983): Subsistenzproduktion, Hausfrauisierung. Kolonisierung. In: Beiträge zur feministischen Theorie und Praxis, Heft 9/10, 6. Jg., 115-124.

Müller, Kai-Uwe; Neumann, Michael; Wrohlich, Katharina (2013): Bessere Vereinbarkeit von Familie und Beruf durch eine neue Lohnersatzleistung bei Familienarbeitszeit. In: DIW Wochenbericht, Nr. 46, 3-11.

Naegele, Gerhard (2014): 20 Jahre Verabschiedung der Gesetzlichen Pflegeversicherung. Eine Bewertung aus sozialpolitischer Sicht. http://library.fes.de/pdf-files/wiso/10541.pdf

Neckel, Sighard; Wagner, Greta (2014): Einleitung: Leistung und Erschöpfung. In: dies. (Hg.): Leistung und Erschöpfung. Burnout in der Wettbewerbsgesellschaft, 2. Auflage. Berlin: Suhrkamp, 7-25.

Nell-Breuning, Oswald von (1985): Arbeitet der Mensch zuviel? Freiburg: Herder.

Nink, Marco (2014): Good News From Germany – But Still More Work to Do. In: Gallup Business Journal, May 15. http://www.gallup.com/businessjournal/168860/good-news-germany-work.aspx

Notz, Gisela (2010): Unbezahlte Arbeit. http://www.bpb.de/themen/NZTUQ6.0,Unbezahlte_Arbeit.html

Nowak, Iris; Hausotter, Jette; Winker, Gabriele (2012a): Entgrenzung in Industrie und Altenpflege: Perspektiven erweiterter Handlungsfähigkeit der Beschäftigten. In: WSI Mitteilungen, Heft 4, 272-280.

Nowak, Iris; Hausotter, Jette; Winker, Gabriele (2012b): Handlungsfähigkeit in entgrenzten Verhältnissen. Subjektkonstruktionen von Beschäftigten in Industrie und Altenpflege. http://doku.b.tu-harburg.de/volltexte/2012/1138/pdf/Handlungsfhigkeit_Entgrenzung.pdf

Nussbaum, Martha C. (2003): Langfristige Fürsorge und soziale Gerechtigkeit. Eine Herausforderung der konventionellen Ideen des Gesellschaftsvertrages. In: Deutsche Zeitschrift für Philosophie, 51(2), 179-198.

Paulus, Stefan (2013): Hausarbeitsdebatte Revisited. Zur Arbeitswerttheorie von Haus- und Reproduktionsarbeit. https://doku.b.tu-harburg.de/volltexte/2013/1203/pdf/Hausarbeitsdebatte_Revisited._Zur_Arbeitswerttheorie_von_Haus_und_Reproduktionsarbeit._Von_Stefan_Paulus.pdf

Plonz, Sabine (2011): Mehrwert und menschliches Maß. Zur ethischen Bedeutung der feministisch-ökonomischen Care-Debatte In: Das Argument 292, 53(3), 365-380.

Rakowitz, Nadja (2013): Gesundheit ist eine Ware. Mythen und Probleme des kommerzialisierten Gesundheitswesens. http://www.rosalux.de/fileadmin/rls_uploads/pdfs/Argumente/lux_argu_Gesundheit_dt.pdf

Rau, Renate (2012): Erholung als Indikator für gesundheitsförderlich gestaltete Arbeit. In: Badura, Bernhard et al. (Hg.): Fehlzeiten-Report 2012. Berlin, Heidelberg: Springer, 181-190.

Rau, Renate; Henkel, Dajana (2013): Zusammenhang von Arbeitsbelastungen und psychischen Erkrankungen. Review der Datenlage. In: Der Nervenarzt, 84(7), 791-798.

Reißig, Rolf (2014): Transformation – ein spezifischer Typ sozialen Wandels. In: Brie, Michael (Hg.): Futuring. Münster: Westfälisches Dampfboot, 50-100.

Rosa, Hartmut (2009): Kapitalismus als Dynamisierungsspirale – Soziologie als Gesellschaftskritik. In: Dörre, Klaus; Lessenich, Stephan; Rosa, Hartmut: Soziologie – Kapitalismus – Kritik. Eine Debatte: Frankfurt/Main: Suhrkamp, 87-125.

Rothgang, Heinz (2011): Solidarität in der Pflegeversicherung: Das Verhältnis von Sozialer Pflegeversicherung und Privater Pflegepflichtversicherung. In: Sozialer Fortschritt, 60(4/5), 81-87.

Rothgang, Heinz; Müller, Rolf; Unger, Rainer (2013): Barmer GEK Pflegereport 2013. Siegburg: Asgard-Verlagsservice.

Rürup, Bert; Gruescu, Sandra (2003): Nachhaltige Familienpolitik im Interesse einer aktiven Bevölkerungsentwicklung. Gutachten im Auftrag des Bundesministeriums für Familie, Senioren, Frauen und Jugend. http://www.bmfsfj.de/RedaktionBMFSFJ/Broschuerenstelle/Pdf-Anlagen/broschuere-nachhaltige-familienpolitik-r_C3_BCrup,property=pdf.pdf

Runde, Peter; Giese, Reinhard; Kaphengst, Claudia; Hess, Jürgen (2009): AOK-Trendbericht Pflege II. Entwicklungen in der häuslichen Pflege seit Einführung der Pflegeversicherung. http://www.aok-bv.de/imperia/md/aokbv/gesundheit/pflege/ambulant/aok_trendbericht_pflegeii_231009.pdf

Sachverständigenrat zur Begutachtung der Entwicklung im Gesundheitswesen (Hg.) (2009): Koordination und Integration – Gesundheitsversorgung in einer Gesellschaft des längeren Lebens. Sondergutachten 2009, Kurzfassung. http://www.svr-gesundheit.de/fileadmin/user_upload/Gutachten/2009/Kurzfassung-2009.pdf

Schilliger, Sarah (2013): Care-Migration. Kampf der Hausarbeiterinnen um transnationale Wohlfahrt und Rechte. In: Widerspruch, Heft 62, 32. Jg., 51-59.

Schrader, Kathrin; Langsdorff, Nicole von (2014): Im Dickicht der Intersektionalität. Münster: Unrast.

Schulten, Thorsten (2013): Europäischer Tarifbericht des WSI – 2012/2013. In: WSI Mitteilungen, Heft 8, 588-597.

Schutter, Sabina; Zerle-Elsäßer, Claudia (2012): Das Elterngeld: Wahlfreiheit und Existenzsicherung für (alle) Eltern? In: WSI Mitteilungen, Heft 3, 216-225.

Senghaas-Knobloch, Eva (2008): Care-Arbeit und das Ethos fürsorglicher Praxis unter neuen Marktbedingungen am Beispiel der Pflegepraxis. In: Berliner Journal für Soziologie, 18(2), 221-243.

Sennett, Richard (1998): Der flexible Mensch. Die Kultur des neuen Kapitalismus. Frankfurt/Main, Wien: Büchergilde Gutenberg.

Sève, Lucien (2011): Der Mensch im Kapitalismus. In: Le Monde diplomatique vom 11. November 2011. http://www.monde-diplomatique.de/pm/2011/11/11.mondeText.artikel,a0056.idx,17

Statistische Ämter des Bundes und der Länder (2013) (Hg.): Kindertagesbetreuung regional 2013. Ein Vergleich aller 402 Kreise in Deutschland. http://www.statistikportal.de/statistik-portal/kita_regional.pdf

Statistisches Bundesamt (Hg.) (2013a): Statistisches Jahrbuch 2013. Wiesbaden: Statistisches Bundesamt.

Statistisches Bundesamt (Hg.) (2013b): Pflegestatistik 2011. Pflege im Rahmen der Pflegeversicherung. Deutschlandergebnisse. https://www.destatis.de/DE/Publikationen/Thematisch/Gesundheit/Pflege/PflegeDeutschlandergebnisse5224001119004.pdf?__blob=publicationFile

Statistisches Bundesamt (Hg.) (2013c): Hochschulen auf einen Blick. https://www.destatis.de/DE/Publikationen/Thematisch/BildungForschungKultur/Hochschulen/BroschuereHochschulenBlick0110010137004.pdf?__blob=publicationFile

Statistisches Bundesamt (Hg.) (2014a): Mikrozensus. Bevölkerung und Erwerbstätigkeit. Stand und Entwicklung der Erwerbstätigkeit in Deutschland, Fachserie 1, Reihe 4.1.1. https://www.destatis.de/DE/Publikationen/Thematisch/Arbeitsmarkt/Erwerbstaetige/StandEntwicklungErwerbstaetigkeit2010411137004.pdf?__blob=publicationFile

Statistisches Bundesamt (Hg.) (2014b): Bevölkerung und Erwerbstätigkeit. Haushalte und Familien. Ergebnisse des Mikrozensus, Fachserie 1, Reihe 3. https://www.destatis.de/DE/Publikationen/Thematisch/Bevoelkerung/HaushalteMikrozensus/HaushalteFamilien2010300137004.pdf?__blob=publicationFile

Statistisches Bundesamt (Hg.) (2014c): Familien mit minderjährigen Kindern und deren Nettoäquivalenzeinkommen. Sonderauswertung des Mikrozensus 2013.

Statistisches Bundesamt (Hg.) (2014d): Wirtschaftsrechnungen 2012. Leben in Europa (EU-SILC), Fachserie 15, Reihe 3. https://www.destatis.de/DE/Publikationen/Thematisch/EinkommenKonsumLebensbedingungen/LebeninEuropa/EinkommenLebensbedingungen2150300127004.pdf?__blob=publicationFile

Statistisches Bundesamt (Hg.) (2014e): Gesundheit. Ausgaben 2012, Fachserie 12, Reihe 7.1.1. https://www.destatis.de/DE/Publikationen/Thema

tisch/Gesundheit/Gesundheitsausgaben/AusgabenGesundheitPDF_2120711.pdf?__blob=publicationFile

Statistisches Bundesamt (Hg.) (2014f): Gesundheit. Grunddaten der Krankenhäuser, Fachserie 12, Reihe 6.1.1. https://www.destatis.de/DE/Publikationen/Thematisch/Gesundheit/Krankenhaeuser/GrunddatenKrankenhaeuser2120611137004.pdf?__blob=publicationFile

Statistisches Bundesamt (Hg.) (2014g): Bildungsfinanzbericht 2013. https://www.destatis.de/DE/Publikationen/Thematisch/BildungForschungKultur/BildungKulturFinanzen/Bildungsfinanzbericht1023206137004.pdf?__blob=publicationFile

Statistisches Bundesamt; Wissenschaftszentrum Berlin für Sozialforschung (WZB) (Hg.) (2013): Datenreport 2013. Ein Sozialbericht für die Bundesrepublik Deutschland. Bonn: Bundeszentrale für politische Bildung.

Stiegler, Barbara (2009): Zur Care-Arbeit in Deutschland. In: Friedrich-Ebert-Stiftung (Hg.): Antworten aus der feministischen Ökonomie auf die globale Wirtschafts- und Finanzkrise. Bonn: Friedrich-Ebert-Stiftung, 27-31.

Stone, Deborah (2000): Why We Need a Care Movement. In: The Nation, March 13.

Tronto, Joan C. (1993): Moral Boundaries. A Political Argument for an Ethic of Care. New York, London: Routledge.

Trouble everyday collective (2014): Die Krise der sozialen Reproduktion. Kritik, Perspektiven, Strategien und Utopien. Münster: Unrast.

Unger, Brigitte; Bispinck, Reinhard; Pusch, Toralf; Seils, Eric; Spannagel, Dorothee (2013): Verteilungsbericht 2013. Trendwende noch nicht erreicht. http://www.boeckler.de/pdf/p_wsi_report_10_2013

Ver.di. Bereich Gesundheit, Soziale Dienste, Wohlfahrt und Kirchen (Hg.) (2011): „Grauer Pflegemarkt" und Beschäftigung ausländischer Pflegehilfskräfte. https://gesundheitspolitik.verdi.de/++file++507fb6e06f684406d6000008/download/Argumentatsionshilfe-Grauer-Pflegemarkt.pdf

Viernickel, Susanne; Voss, Anja (2012): STEGE – Strukturqualität und Erzieher_innengesundheit in Kindertageseinrichtungen. Wissenschaftlicher Abschlussbericht. https://www.gew.de/Binaries/Binary109551/STEGE_NRW_Abschlussbericht.pdf

Voß, G. Günter; Pongratz, Hans J. (1998). Der Arbeitskraftunternehmer. Eine neue Grundform der „Ware Arbeitskraft"? In: Kölner Zeitschrift für Soziologie und Sozialpsychologie, 50(1), 131-158.

Walter-Herrmann, Julia; Büching, Corinne (Hg.) (2013): FabLab. Of Machines, Makers and Inventors. Bielefeld: transcript.

Wiethölter, Doris (2012): Berufstreue in Gesundheitsberufen in Berlin und Brandenburg. Die Bindung der Ausbildungsabsolventen an den Beruf: Ausgewähltc Gesundheitsberufe im Vergleich. IAB-Regional, Nr. 3. http://doku.iab.de/regional/BB/2012/regional_bb_0312.pdf

Winker, Gabriele (2009): Care Revolution – ein Weg aus der Reproduktionskrise. http://www.feministisches-institut.de/wp-content/uploads/2009/12/CareRevolution.pdf

Winker, Gabriele (2012): Intersektionalität als Gesellschaftskritik. In: Widersprüche, Heft 126, 32(4), 13-26.

Winker, Gabriele; Carstensen, Tanja (2007): Eigenverantwortung in Beruf und Familie – vom Arbeitskraftunternehmer zur ArbeitskraftmanagerIn. In: Feministische Studien, Heft 2, 277-288.

Winker, Gabriele; Degele, Nina (2009): Intersektionalität. Zur Analyse sozialer Ungleichheiten. Bielefeld: transcript.

Wissenschaftliches Institut der AOK (WIdO) (2012). Fehlzeiten-Report 2012. Zu viel berufliche Flexibilität schadet der Psyche. Pressemitteilung vom 16. August 2012. http://www.wido.de/fileadmin/wido/downloads/pdf_pressemitteilungen/wido_pra_pm_fzr12_082012.pdf

Wolf, Christof (2006): Psychosozialer Stress und Gesundheit. Belastungen durch Erwerbsarbeit, Hausarbeit und soziale Beziehungen. In: Kölner Zeitschrift für Soziologie und Sozialpsychologie, Sonderheft 46, 158-176.

Wolf, Luigi (2013): „Patienten wegstreiken". Arbeitskämpfe an der Charité. In: Luxemburg, Heft 1, 58-63.

Zeller, Christian (2011): Verschiebungen der Krise im globalen Rentierregime. Ungleichgewichte und Suche nach neuen Feldern. In: Zeitschrift für Wirtschaftsgeographie, 55(1-2), 65-83.

Zeller, Christian (2012): Streichung der illegitimen Schulden statt Rettungsschirme für die Rentiers. In: Emanzipation, 2(1), 7-33.

Ziegler, Jean (2013): Wir lassen sie verhungern. Die Massenvernichtung in der Dritten Welt, 2. Auflage. München: btb Verlag.

Zimmerman, Mary K.; Litt, Jacquelyn, S.; Bose, Christine E. (2006): Global Dimensions of Gender and CareWork. Stanford: University Press.

Žižek, Slavoy (2009): Die Gewalt der Substraktion. In: ders.: Auf verlorenem Posten. Frankfurt/Main: Suhrkamp, 181-226.

Tabellen

Tabelle 1: Familien mit minderjährigen Kindern nach Nettoäquivalenzeinkommen, Familienform und Erwerbsbeteiligung – ökonomisiertes Reproduktionsmodell | 202
Tabelle 2: Familien mit minderjährigen Kindern nach Nettoäquivalenzeinkommen, Familienform und Erwerbsbeteiligung – paarzentriertes Reproduktionsmodell | 203
Tabelle 3: Familien mit minderjährigen Kindern nach Nettoäquivalenzeinkommen, Familienform und Erwerbsbeteiligung – prekäres Reproduktionsmodell | 204
Tabelle 4: Familien mit minderjährigen Kindern nach Nettoäquivalenzeinkommen, Familienform und Erwerbsbeteiligung – subsistenzorientiertes Reproduktionsmodell | 205

Tabelle 1: Familien mit minderjährigen Kindern nach Nettoäquivalenzeinkommen, Familienform und Erwerbsbeteiligung – ökonomisiertes Reproduktionsmodell (Anzahl der Haushalte in 1000 – in Prozent aller Haushalte mit minderjährigen Kindern)

> 150%	120 < 150%
beide vollzeittätig 349 – 4,5%	beide vollzeittätig 240 – 3,1%
alleinerziehend vollzeittätig 51 – 0,7%	alleinerziehend vollzeittätig 61 – 0,8%
alleinerziehend teilzeittätig 15 – 0,2%	alleinerziehend teilzeittätig 26 – 0,3%
vollzeit-/teilzeittätig (50% der Gruppe) 322 – 4,2%	
Im ökonomisierten Reproduktionsmodell befinden sich 13,8% aller Haushalte mit minderjährigen Kindern.	

Quelle: Statistisches Bundesamt (2014c)

Tabelle 2: Familien mit minderjährigen Kindern nach Nettoäquivalenzeinkommen, Familienform und Erwerbsbeteiligung – paarzentriertes Reproduktionsmodell (Anzahl der Haushalte in 1000 – in Prozent aller Haushalte mit minderjährigen Kindern)

> 150%	120% < 150%	100% < 120%	80% < 100%
vollzeit-/ teilzeittätig (50% der Gruppe) 323 – 4,2%	vollzeit-/ teilzeittätig 562 – 7,3%	vollzeit-/ teilzeittätig 593 – 7,7%	vollzeit-/ teilzeittätig 654 – 8,5%
beide teilzeittätig 13 – 0,2%	beide teilzeittätig 12 – 0,2%	beide teilzeittätig 15 – 0,2%	beide teilzeittätig 19 – 0,2%
		beide vollzeittätig 212 – 2,7%	
vollzeittätig/ erwerbslos 166 – 2,1%	vollzeittätig/ erwerbslos 156 – 2,0%	vollzeittätig/ erwerbslos 189 – 2,4%	
teilzeittätig/ erwerbslos 5 – 0,1%	teilzeittätig/ erwerblos 7 – 0,1%	teilzeittätig/ erwerblos 11 – 0,1%	
Im paarzentrierten Reproduktionsmodell befinden sich 38,0% aller Haushalte mit minderjährigen Kindern.			

Quelle: Statistisches Bundesamt (2014c)

Tabelle 3: Familien mit minderjährigen Kindern nach Nettoäquivalenzeinkommen, Familienform und Erwerbsbeteiligung – prekäres Reproduktionsmodell (Anzahl der Haushalte in 1000 – Prozent aller Haushalte mit minderjährigen Kindern)

100% < 120%	80% < 100%	60% < 80%
	beide vollzeittätig 201 – 2,6%	beide vollzeittätig 100 – 1,3%
		vollzeit-/teilzeittätig 407 – 5,3%
		beide teilzeittätig 30 – 0,4%
	vollzeittätig/erwerbslos 309 – 4,0%	vollzeittätig/erwerbslos 406 – 5,2%
	teilzeittätig/erwerbslos 16 – 0,2%	teilzeittätig/erwerbslos 56 – 0,7%
	beide erwerbslos 9 – 0,1%	
alleinerziehend vollzeittätig 84 – 1,1%	alleinerziehend vollzeittätig 120 – 1,6%	alleinerziehend vollzeittätig 133 – 1,7%
alleinerziehend teilzeittätig 45 – 0,6%	alleinerziehend teilzeittätig 97 – 1,2%	alleinerziehend teilzeittätig 186 – 2,4%
alleinerziehend erwerbslos 8 – 0,1%	alleinerziehend erwerbslos 20 – 0,3%	
Im prekären Reproduktionsmodell befinden sich 28,8% aller Haushalte mit minderjährigen Kindern.		

Quelle: Statistisches Bundesamt (2014c)

Tabelle 4: Familien mit minderjährigen Kindern nach Nettoäquivalenzeinkommen, Familienform und Erwerbsbeteiligung – subsistenzorientiertes Reproduktionsmodell (Anzahl der Haushalte in 1000 – Prozent aller Haushalte mit minderjährigen Kindern)

60% < 80%	< 60%
alleinerziehend erwerbslos 105 – 1,3%	alleinerziehend erwerbslos 312 – 4,0%
	alleinerziehend teilzeittätig 222 – 2,9%
	alleinerziehend vollzeittätig 82 – 1,1%
beide erwerbslos 40 – 0,5%	beide erwerbslos 175 – 2,3%
	teilzeittätig/erwerbslos 120 – 1,5%
	vollzeittätig/erwerbslos 273 – 3,5%
	beide teilzeittätig 36 – 0,5%
	vollzeit-/teilzeittätig 115 – 1,5%
	beide vollzeittätig 24 – 0,3%
Im subsistenzorientierten Reproduktionsmodell befinden sich 19,4% aller Haushalte mit minderjährigen Kindern.	

Quelle: Statistisches Bundesamt (2014c)

X-Texte zu Kultur und Gesellschaft

Uwe Becker
Die Inklusionslüge
Behinderung im flexiblen Kapitalismus

April 2015, ca. 210 Seiten, kart., ca. 19,99 €,
ISBN 978-3-8376-3056-5

Stefanie Graefe
Burnout
Unglückliche Arbeitskämpfe
im flexiblen Kapitalismus

August 2015, ca. 200 Seiten, kart., ca. 19,99 €,
ISBN 978-3-8376-2614-8

Les Convivialistes
Das konvivialistische Manifest
Für eine neue Kunst des Zusammenlebens
(herausgegeben von Frank Adloff und
Claus Leggewie in Zusammenarbeit
mit dem Käte Hamburger Kolleg/
Centre for Global Cooperation Research
Duisburg, übersetzt aus dem Französischen
von Eva Moldenhauer)

2014, 80 Seiten, kart., 7,99 €,
ISBN 978-3-8376-2898-2

Leseproben, weitere Informationen und Bestellmöglichkeiten finden Sie unter www.transcript-verlag.de

X-Texte zu Kultur und Gesellschaft

Christoph Bieber, Claus Leggewie (Hg.)
Unter Piraten
Erkundungen in einer neuen politischen Arena
2012, 248 Seiten, kart., 19,80 €,
ISBN 978-3-8376-2071-9

Ilja Braun
Grundeinkommen statt Urheberrecht?
Zum kreativen Schaffen in der digitalen Welt
2014, 192 Seiten, kart., 21,99 €,
ISBN 978-3-8376-2680-3

Luca Di Blasi
Der weiße Mann
Ein Anti-Manifest
2013, 112 Seiten, kart., 18,99 €,
ISBN 978-3-8376-2525-7

Kai Hafez
Freiheit, Gleichheit und Intoleranz
Der Islam in der liberalen Gesellschaft Deutschlands und Europas
2013, 376 Seiten, kart., 29,80 €,
ISBN 978-3-8376-2292-8

Karin Harrasser
Körper 2.0
Über die technische Erweiterbarkeit des Menschen
2013, 144 Seiten, kart., 17,99 €,
ISBN 978-3-8376-2351-2

Felix Hasler
Neuromythologie
Eine Streitschrift gegen die Deutungsmacht der Hirnforschung
(5., unveränderte Auflage 2015)
2012, 264 Seiten, kart., 22,80 €,
ISBN 978-3-8376-1580-7

Harald Lemke
Politik des Essens
Wovon die Welt von morgen lebt
2012, 344 Seiten, kart., 27,80 €,
ISBN 978-3-8376-1845-7

Werner Rügemer
Rating-Agenturen
Einblicke in die Kapitalmacht der Gegenwart
(2., unveränderte Auflage 2012)
2012, 200 Seiten, kart., 18,80 €,
ISBN 978-3-8376-1977-5

Werner Rügemer
»Heuschrecken« im öffentlichen Raum
Public Private Partnership – Anatomie eines globalen Finanzinstruments
(2., aktualisierte und erweiterte Auflage)
2011, 204 Seiten, kart., 18,80 €,
ISBN 978-3-8376-1741-2

Imke Schmincke, Jasmin Siri (Hg.)
NSU-Terror
Ermittlungen am rechten Abgrund. Ereignis, Kontexte, Diskurse
2013, 224 Seiten, kart., 22,99 €,
ISBN 978-3-8376-2394-9

Dierk Spreen
Upgrade-Kultur
Der Körper in der Enhancement-Gesellschaft
Oktober 2015, ca. 160 Seiten, kart., ca. 19,99 €,
ISBN 978-3-8376-3008-4

Gesa Ziemer
Komplizenschaft
Neue Perspektiven auf Kollektivität
2013, 200 Seiten, kart.,
inkl. Begleit-DVD, 19,99 €,
ISBN 978-3-8376-2383-3